語りによる保育者の省察論
――保育との関連をふまえて――

守隨　香著

風間書房

まえがき

　1989年度に改定された幼稚園教育要領で，我が国の保育は人間関係および環境を重視して子どもの成長発達を援助するというガイドラインを明確化した。現行の保育もその方針の基礎を踏襲している。その後，子育て支援が保育の範疇でとらえられるようになり，さらに現在は制度の転換期をも迎えている。我が国の保育は平成に入ってから大きく枠組みを広げ，変革し続けているといって過言ではないだろう。また保育制度刷新に関しては，社会の経済理論による要請が発端であるために，子ども一人ひとりの育ちを第一義に重要視する保育学の見地から新制度を立ち上げることが困難な現状ともいえる。従来の幼稚園と保育所に加え，新たに認定こども園というスタイルが登場したわけだが，これによりますます保育のとらえ方は多元化し，現場の保育が混乱するであろうことを危惧せずにはいられない。

　しかしこうした変動の著しい時代にあっても，子どもが育つ現場では，保育者個々人の見識や人柄により子どもの日々の生活には安定と安寧が保たれなければならない。また筆者は，それが可能であると信じている者の一人である。制度によって揺るがされる部分とそうでない部分があり，後者はとりもなおさず保育者の在りようであると考えている。本研究はこの，保育者の背負っている責任と日々の営みに注目し，幼稚園・保育所等の違いを超えた保育者の視点からの省察論を展開したい。保育者が保育者である限り引き受ける責務であり職業的喜びを感じる営みでもある省察が，いかに深くあり得るか，いかに保育実践を豊かにし得るかを探究したいのである。省察は保育を謙虚にする営みであり，かつ謙虚に省察することが保育者の専門性の端緒であると考えるものである。

目　　次

まえがき

序章　保育者の省察論の展開―先行研究の概観と検討― …………………… 1
第1節　保育者の省察が重視される背景 …………………………………… 2
1．初等教育と保育の差異が曖昧であった時代の保育 …………………… 2
2．活動の生まれ方への着目 ………………………………………………… 4
3．求められる省察の質 ……………………………………………………… 6
4．省察研究の現在 …………………………………………………………… 8
第2節　保育行為の判断の根拠を問う視点からの省察 ………………… 10
1．保育行為の判断の根拠を問う省察とは ……………………………… 10
2．省察内容としての判断の根拠を問うことの限界 …………………… 12
　（1）判断の根拠を問うことでは想起されない現象　12
　【事例A】M男のジャンプ　12
　（2）目的的でない省察の始まり方　14
第3節　保育記録論から読み取る省察論 …………………………………… 16
1．明日の保育の構想につなげる保育記録と省察 ……………………… 17
2．長期的にみた保育者の成長に資する保育記録と省察 ……………… 19
3．省察する保育者のパースペクティヴと省察内容 …………………… 23
第4節　動機理論からみる省察 ……………………………………………… 25
1．保育者が省察する目的動機 ……………………………………………… 26
2．理由動機への着目 ………………………………………………………… 27
3．子ども理解における理由動機の必然性 ……………………………… 28
4．動機の理解から現象の理解へ ………………………………………… 30

第5節　省察における過去把持と想起……………………………………31
　　　1．省察における過去把持と想起…………………………………………32
　　　2．〈保育〉の途上性と循環過程…………………………………………35
　　第6節　本章のまとめ………………………………………………………39
　　　1．記録論からみる省察……………………………………………………39
　　　2．動機理論からみる省察…………………………………………………41
　　　3．想起と過去把持の問題が指し示すこと………………………………42

第1章　本研究の目的と方法……………………………………………………45
　　第1節　本研究の目的………………………………………………………45
　　　1．本研究の主題……………………………………………………………45
　　　2．本研究の前提……………………………………………………………46
　　　　（1）子どもの主体性を尊重する保育　46
　　　　（2）保育者の省察　47
　　　　（3）語り　47
　　　　（4）言語表記の問題　48
　　　3．本研究の目的……………………………………………………………49
　　第2節　観察と聴きとりによる質的研究方法の検討……………………50
　　　1．参与観察という方法……………………………………………………52
　　　　（1）保育者の主体性の尊重による内在的理解の実現として　53
　　　　（2）保育者と研究者の協働として　55
　　　2．語りの聴きとりという方法……………………………………………56
　　　　（1）語りの方法論的利点　56
　　　　（2）語り手と聴き手の関係性を前提とすること　58
　　　　（3）ナラティヴとして聴くこと　59
　　　3．対象の選定………………………………………………………………62
　　　4．現象学的研究における分析の妥当性の担保…………………………63

第3節　本研究の方法……………………………………………………65
　　　1．保育観察………………………………………………………………66
　　　　（1）観察を行った期間　66
　　　　（2）対象の選定　66
　　　　（3）観察のスタイル　69
　　　　（4）保育記録の作成　72
　　　2．保育者の語りの聴きとり……………………………………………73
　　　　（1）語りについての取り決め　73
　　　　（2）逐語録作成　74
　　　3．事例の作成と考察……………………………………………………74
　　　　（1）事例の作成　74
　　　　（2）事例の考察　75

第2章　省察の表現としての語り－事例分析の経過①－………………77
　第1節　語りに表れることば…………………………………………………77
　　【事例2-1】心を動かしてほしい　77
　　【事例2-1の考察】　81
　　　1．保育記録の資料性とジャーゴン……………………………………81
　　　2．ジャーゴンを用いない表現…………………………………………83
　　　3．語りに表れる保育場面の背景………………………………………85
　第2節　保育者と聴き手の関係性……………………………………………86
　　【事例2-2】「せんせい」「せんせい」　87
　　【事例2-2の考察】　89
　　　1．聴き手との関係の変容………………………………………………89
　　　2．ことばと沈黙…………………………………………………………91
　第3節　省察のはじまり方……………………………………………………92
　　【事例2-3】夏期保育の一日を終えて　93

【事例2-3の考察】逡巡から想起へ　96
第4節　語りだから聴けることば……………………………………………97
　【事例2-4a】手が語る①—大きなカエル—　97
　【事例2-4b】手が語る②—痣だらけの腕—　98
　【事例2-4abの考察】受け入れ難きを受け入れようとする　99
第5節　事例考察のまとめ—語りという省察様式—………………………100

第3章　保育者の語りから人間関係の創出性を読み解く試み
　　　　—事例分析の経過②—……………………………………………103
第1節　3才児と保育者の人間関係創出過程……………………………105
　【事例3-1】「なんか嬉しい感じ」「なんか楽しい感じ」を味わう　106
　【事例3-1の考察】関係の相乗効果　107
　【事例3-2a】先生が保育室から出ること　109
　【事例3-2b】子どもに行き先を知らせる　110
　【事例3-2abの考察】見えない糸が意識される時　110
　【事例3-3】靴下を履かせる　112
　【事例3-3の考察】見えない糸をたぐり寄せる　114
　【事例3-4】スーパーマンのジャンプ　115
　【事例3-4の考察】保育行為の根拠と判断　118
　【事例3-5】豆に手を伸ばす　120
　【事例3-5の考察】子どもが見えない糸を調整する　121
　【事例3-6】山への道を引き返す　122
　【事例3-6の考察】子どもの行為に映る保育者の姿　123
第2節　事例考察のまとめ—構築されていく関係性を支える省察—………124
　1．子どもの育ちと保育行為……………………………………………124
　2．〈保育〉における保育者の在りよう…………………………………126
　3．保育と省察の関連……………………………………………………128

第4章　保育者の語りから子どもの主体性の尊重を読み解く試み
　　　　―事例分析の経過③― ……………………………………………131
第1節　選択の主体であること ……………………………………………131
【事例4-1】映画館をやりたい　134

【事例4-1の考察】憧れが目的動機に　136

【事例4-2】ゲーム機づくりかピストルか　139

【事例4-2の考察】保育者の関与と役割　141

【事例4-3】薄紙の花づくり　144

【事例4-3の考察】子どもの経験と保育者の役割の変容　145

第2節　事例考察のまとめ－保育のさなかにおける選択とその主体―……146
第3節　子どもの主体性を尊重する保育 ……………………………………148
1．子どもの目的動機を基点とする保育………………………………………148
2．保育と省察の関連 …………………………………………………………152

第5章　省察におけるパースペクティヴの移動
　　　　―事例分析の経過④― ……………………………………………155
第1節　省察対象とパースペクティヴの移動 ………………………………156
1．省察対象 ……………………………………………………………………157
2．省察対象の変容 ……………………………………………………………158
3．A保育者の省察内容の変容 ………………………………………………159

【事例5-1a】一緒にあそびたいのに　159

【事例5-1aの考察】パースペクティヴの違い　161

【事例5-1b】群がる子どもと遠くで待つ子ども　163

【事例5-1bの考察】省察内容の客観化　164

【事例5-1c】先生はどうすればいいの　166

【事例5-1cの考察】過去把持の統合　167

4．A保育者の事例考察のまとめ……………………………………………168

第2節　過去把持の様相……………………………………………………172
　　【事例5-2a】ブロックを奪われる　172
　　【事例5-2b】金メダルがほしい　174
　　【事例5-2abの考察】過去把持から次の保育へ　175
　第3節　理由動機の発見……………………………………………………177
　　【事例5-3】保育者としての私の特徴　178
　　【事例5-3の考察】発見する私　180
　第4節　理由動機の保持……………………………………………………182
　　【事例5-4a】私の目指す保育　182
　　【事例5-4b】群れてきた子どもたち　184
　　【事例5-4abの考察】意識にとどまっている私　186
　第5節　事例考察のまとめ―パースペクティヴの移動がもたらすこと―……189

第6章　保育者の企図と目的動機―事例分析の経過⑤―………………………193
　第1節　目的動機と企図……………………………………………………194
　　1．反省から導き出す企図…………………………………………………195
　　【事例6-1】イメージどおりにしてあげられない　195
　　【事例6-1の考察】企図した行為の実現可能性　196
　　2．省察における目的動機…………………………………………………199
　　【事例6-2a】色水あそびがしたいけど　199
　　【事例6-2aの考察】行為化の好機を待つ　200
　　【事例6-2b】職員室への出入り　201
　　【事例6-2bの考察】実現しなかった目的動機　202
　　【事例6-2c】フルーツバスケットができた　202
　　【事例6-2cの考察】実現したい自己像および関係としての目的動機　204
　第2節　事例考察のまとめ―目的動機と企図―………………………………205

終章　直接体験と間接体験の往還としての保育と省察
　　　―総括と考察―……………………………………………………209
　第1節　事例分析の総括……………………………………………209
　第2節　子どもの主体性を尊重する保育における保育者の経験………216
　　1．保育者の直接体験としての保育………………………………216
　　2．保育者の間接体験としての省察………………………………218
　　3．結論―〈保育〉の対話性を生きる保育者―……………………221
　さらなる研究課題………………………………………………………223
　　1．語りの身体性について…………………………………………223
　　2．本当に子どもが選択しているのではないという見方について……223

注 …………………………………………………………………………225
引用文献 …………………………………………………………………229
あとがき …………………………………………………………………235
謝辞 ………………………………………………………………………237

序章　保育者の省察論の展開
―先行研究の概観と検討―

　本研究は実践としての保育を，限られた時間の中で生活という仕方で織りなす子どもと保育者の相互作用の連続であり，その相互作用において保育者が子ども主体の園生活をつくる営みであると考える。それは日常の積み重ねであるが故に，何気なく繰り広げられる行為の交叉で成り立っている。保育者とは，小さな出来事の意味の集積を大切にする生き方である。本論文をつうじて保育者という生き方の一端を対象化し，よりリアルに明文化することを試みたい。大場（2013）は，保育者の省察について次のように述べている。

> 日常的な生活の営みという文脈の只中に生成されるかかわりや行為について，人と人とが共に生きる在りようを問う視点を，"臨床的な視点"と名付けることは許されるだろう。保育臨床とは，このように，保育者がこどもと共に生きる在りようを問う視点からの省察と対応である。保育の営みは日常生活の積み重ねである。
> 　　　　　　　　　　　　　　　　　　　　　　　　（大場幸夫，2013，p.117）

保育者が保育後に子どもと共に在る生き方を自ら問う営みを省察とすると，保育とは実践と省察の往還であり，その総体であると考えるべきであろう。また本研究は，保育者たちが子どもについて，あるいは出来事について，「私の認識と感覚」をたぐり寄せことばに変換することが，'私の保育'を創造する建設的な基盤になるとも考えている。本研究では保育を実践と省察の総体であるととらえるが，本文の記載は便宜上，実践を保育と表す。慣例として既に，保育現場でも保育研究でも行為としての実践を保育と言い表すことが一般的であるからだ。そこで本研究は，実践としての保育と省察の循環過程を包括した意味で用いる場合，〈保育〉と記す。本研究は，保育者のどのような省察が保育を成立させているのかと問うことから出発した。保育者

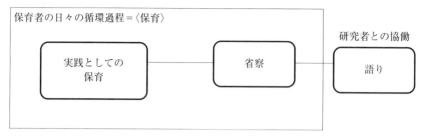

図1　本研究における保育の内実

の経験する省察に定位して保育の理解を深めようと努めた研究者が，保育に迫る一つのアプローチを示すものとして行ったものである。

第1節　保育者の省察が重視される背景

　本研究は，保育という営みが子どもの成長発達を助長する営みであることから，子どもの伸びようとする方向に添って，子どもの選択したあそびの実現を援助する実践であると考えている。しかし保育の定義や目的には，明文化された指標とは別に，幾度かの変遷があった。そこでまず，現行保育の定義の成立経緯と省察についてのとらえ方を確認することから始める。

1．初等教育と保育の差異が曖昧であった時代の保育

　保育にも様々な保育観に依拠するそれぞれのスタイルがある。「一斉保育」と称される，保育者主導の活動を主とする保育もあるし，対照的に「自由保育」といわれるスタイルは，子どもの自由なあそびを保育の内容・方法の中核とするものである。本論文では，厳密に無制限とはいえないまでも子どもが各々好きなあそびをみつけて取り組み，保育者がそれぞれのあそびの場に出向いて保育の課題を意識した援助を行うスタイルの保育を対象とする。そのような保育のスタイルが，我が国の現行保育の本質である「子どもの主体

性を尊重する」保育を実現するための最適な方法だと考えるからである。以下で，「子どもの主体性を尊重する」保育観がどのような歴史的経緯を礎として成り立ったかを概観し，そのようなスタイルの保育が定着するに伴って，保育者の省察が質的にどう変容したかを論じることとする。

1989年度に告示された幼稚園教育要領は，それまでの保育観を大きく揺るがして子どもの主体性を尊重すべきことを打ち出した。1964年度に告示された幼稚園教育要領では，「学校教育の目的や目標を有効に達成するための教育内容を幼児，児童の心身の発達に応じ，組織，配列した学校における教育計画の全体」として「教育課程」の語を用いていた。そのため初等教育以上の教科教育（以下，初等教育とする）と保育の差異が不明確であったと考えられる。だがその一方で，保育の「領域」の解説は初等教育との違いを次のように強調してもいる。

> 幼稚園における領域と小学校における教科の違いに留意しなければならない。領域に示されている事項は「ねらい」であるが，小学校学習指導要領の教科に示されているのは，主として具体的な「内容」である。幼稚園の場合は，「ねらい」を示すことによって内容を示唆し，それぞれの幼稚園は，これによって，幼児の心身の発達の実情などに合うように具体的な内容を選択して，幼児に望ましい経験や活動を行わせ，ねらいを達成するのである。　（1964年度版幼稚園教育要領）

またさらに領域は「ねらいという性格をもって」おり，「互いに有機的に関連しながら幼児の具体的，総合的な経験や活動を通して達成されるものである」とも述べられている。具体的な活動はねらいを示すことで示唆されるとしながら，あくまでも保育者が活動を選択し子どもに「行わせる」という（少なくとも表記上の）矛盾が読み取れる。

そのためか，この時代に，初等教育と保育の差異を強調する真意は保育現場に伝わっていたとは言い難い。文字どおり具体的で望ましい（と保育者が判断した）活動を選択，配列し，子どもに行わせるスタイルの保育が定着していったのである。この時代を振り返って，平井（1990）が「幼稚園にせよ

保育所にせよ，原点を見失って小学校化した時代」と批判する所以である。保育の原点とは何であったのだろうか。

2．活動の生まれ方への着目

　前出の平井が保育の原点としているのは，子どもの自主性の発達を援助することであった。平井の述べる「自主性」は「自発性」と「自己統制の能力」に分けて考えられており，平井は特に「自発性」を強調し次のように定義している。

　　自己課題の発見と選択，自己決定，自己実現によって構成されている
　　　　　　　　　　　　　　　　　　　　　　　　　　（平井信義，1990，p.2）

また「援助」については次のように定義した。

　　保育者が先導して指導することではなく，「環境」を豊かにすること
　　　　　　　　　　　　　　　　　　　　　　　　　（平井信義，同上，pp.2-3）

平井が子どもの「自主性」を保育の原点として強調するその考え方は，その後も幼稚園教育要領の改訂のたびに引き継がれ，現在，同様のことが小川によってもさらに具体的に主張されている。

　　遊び保育とは何なのか，なぜ必要なのかを考え直す…（省略）…その際，最も重要なのは子どもの遊びの成立を保障する保育者の役割をめぐって議論をすることだと考えるのである。
　　遊び保育は，子どもの学びへの主体的構えが生涯にわたって保障されるようにするための基礎的体験なのである。　　　　　（小川博久，2011，p.142）

　1989年に改訂された幼稚園教育要領（以下，1989年度版幼稚園教育要領とする）および1990年改訂の保育所保育指針では，上述した初等教育との異同について表記上の矛盾が解消されたばかりでなく，平井が原点とする子どもの自主性と保育者の援助が保育の支柱とされた。

1989年度版幼稚園教育要領では，特に子どもの主体性にかかわる保育者の省察課題として，「活動の生まれ方の理解」が挙げられている。1964年度版幼稚園教育要領が，活動を保育者が選択し配列するとしていたのに対し，1989年度版では「幼児が幼児をとりまくさまざまな環境と出会い，そのなかで幼児の発達，興味・関心とのかかわりで，幼児自身が選択・展開」することとされた。ここにみられる我が国の保育の大きな転回は，従前の工夫ある活動の設定によって子どもに主体的なあそび方をさせる保育から，子ども自身が環境に刺激され，環境にはたらきかけてあそび出し，主体的に展開できる環境を構成する保育へと，保育者の意識を転換することを求めていた[1]。あそびの原点ともいえる動機の所在を，子どもの内面に認め，積極的に求めていこうとする保育を目指し始めたのである。子どもの主体性をあそびの動機に見出す発想で，保育はどのように行われるか，保育者との関係において子どもが受動的になる保育との対比を端的に表した保育者の記述がある。

> 一斉保育ではどうしても教師の考えたことが中心になり，子どもより先に立ち，教師主導型になりがちです。そして子どもは教師の考えたことに沿って行動するようになります。例えば「母の日だからお母さんの顔を書きましょう」とか「カーネーションの花をつくりましょう」と言われて，そのやり方を教わります。もちろん教わることの内容は良いことが多いのですが，そこでは教師が考えたことが中心になり，子どもはそれについていくという受動的な生活の場がつくられています。子どもが中心になり，主体となって生活する場とはいいがたいところがあります。カーネーションの花を先生から教えてもらって作ること，それも良いことだと思いますが，例えば子どもが自分でお母さんに何かプレゼントをしたいと思い，小さなクローバーをつんで束にしてリボンをかける，あるいは何かバッグをつくって上げようと思って紙でハンドバッグをつくる，子どもの気持ちが込められています。先生はこの時，子どもの考えたことをたくさんほめてあげましょう。そしてきれいにリボン結びをするのを手伝ってあげましょう。これは教師が教えたものではなくて，子どもが自分からやりたいと思ってやり出したものですから，子どもの思いが込められています。ですから大切にしたいのです。結局，私たち保育者は子どもに何かを教えるのではなく，子どもの心を育てているのだ

と考えます。　　　　　　　　　　　　（村石京，1992，pp. 184-185）

　ここでいわれている主体性とは，子どもがあそびを選択する意思と行為であると解釈できる。子どもの主体性は，保育者が選択し提示したあそびの中でも育たないものではないだろう。しかし現行保育で特に重要視しているのは，あそびの生まれ出る時点において既に，子どもの主体性を認め尊重することであると考えられる。子どもを，大人が望ましいと考える子ども像に近づける保育をするのであれば，保育者が明確な望ましさの枠組みをもつことが重要となる。だが前述のように現行保育が目指しているのは，子どもには自分の文脈を創り出しながら生活しようとする意思があると信じて，援助するための環境構成であり，子どもが創り出そうとする文脈を保育者が理解しようと出向くところに出発点を求めているのである。

3．求められる省察の質

　保育者が望ましいと判断した経験内容を保育者が選択し配列する保育環境では，保育者の省察は必然的に，子どもの活動への参加意欲や態度，成果などの評価と反省が中心になる。たとえば導入の仕方が適切でなかったために子どもの参加意欲を十分引き出せなかった，というような省察がそれに当たる。そのような省察は，次回は導入のこの部分をこう工夫しようというふうに，次の活動に直接，即生かされるものが多いだろう。可能な限り計画どおりの活動を実現し，計画とのズレを抽出して反省するという意味で，教育学的な Plan-Do-See に合致するものである[2]。

　そうではなくて，子どもの経験内容を子どもが選択し，そこに保育の課題を背負って保育者が援助に出向く保育では，保育者が意図や願いを込めて構成した環境を子どもがどのように受け止めたか，つまり環境の何に目をとめ心をどう動かしたか，どのような関心をもって環境にどうはたらきかけたかなど，子どもの選択の前提や背景までが省察の関心事となる。保育者の提示

した活動の適切さや活動の運営が「計画どおりうまくいったか」を評価する前述の省察とは質が異なり，省察対象が広範にわたる。しかも前者は保育者自身の保育の出来映えを評価するにとどまるのに対し，後者は子どもの身の内にある経験の質や，子どもの心情といった不可視の領域にまで及ぶこととなる。保育の場でもたれる様々な人間関係，その関係において交わされる相互のまなざし，保育者のありようなど不可視な事象は，保育の一見混沌とした場面のいたるところで重要な意味を呈している。次の引用は，身体に泥を塗りたくるあそびを毎日反復する子どもを理解しようと奮闘努力していた保育者の省察である。津守は平成の幼稚園教育要領および現場の保育にも多大な影響を与える者である。

> 泥に対して，この子どもは特別に強い関心を持っている。泥はS子にとって単なる対象物ではない。自分自身と分かちがたい不思議さや魔性を感じさせるのである。その泥に対する自分の疑問を解こうとし，それを分ろう（意識しよう）と求めているが，それができないでいる。その感情が，泥水への固執とこの象徴的行為をひき起こしているのだろう。S子の泥のあそびの傍らにいて，私にはこのように思えた。とくに，たらいの中に手放した泥を体にぬったときには，それが便の問題と関連していることを想像させた。　　　　　（津守真，1987，p.153）

　子どもの行為の意味を，まず知りたがっているのが当の子ども自身であることを，この保育者は知っており，子どもの自己理解の行程に同行しようとして傍らに在るのである。この引用からわかるように，不可視な領域にまで視野を広げる保育者の省察は，子どもの行為を何らかの基準に照らして優劣を評価するのではなく，行為の背景に想像をめぐらせるものとなる。

　さらに，子どもが主体的に選択する経験内容を主たる保育内容とし，その経験の意味に関心を向ける保育者の省察は，基本的には個々の子どもを省察対象とするだろう。「最近の発達研究におけるもっとも大きな転換は，能力論的発達観から行為論的発達観への転換だといってもよいでしょう」と森上（2001）が述べるように，何かができる，あるいはできないという指標で個

性を見極めようとする見方が1990年代より変化してきたのは，幼稚園教育要領の影響も大きかっただろう．何かができること，あるいはできないことが，その子どもの成長や生活にとってどのような意味をもつのかを探る方向に転じたことで，保育者は子ども一人ひとりを背景や経験の意味に踏み込んで省察するようになったのである．保育の転回は，子ども一般でなく個々の存在としての子どもをもたらし，その子どもを保育者自身との関係の中で理解することの価値を正当に評価したといえる（森上，2001．金，2001）．

　子ども理解へ向かう省察は，子どものあそぶ姿から保育者が何をどう理解したか，保育者自身の理解のありようにも目が向けられることになるが，自身の理解が妥当であったかどうかは即時に確認されるより，その後の子どもとの生活の中で徐々に確認され自覚される場合が多いだろう．保育者の理解の修正と日々の保育は同時に絡み合いながら進んでいくのである．また，省察における計画は，今日の保育の反省や評価と明日の保育の展望を直結させるばかりではないと考えられる．

　このように，あそびの生まれ方への着目は，あそびの選択と展開に子どもの主体性を認め尊重する精神に発している．子どもの主体性を保育のどこに，どれだけ認めるかによって，保育者の省察内容や保育と省察の繋がり方は異なってくる．子どもの主体性についてのとらえ方が転回したことで，保育者に求められる省察の質もまた，変容した．この現実に，保育者の省察を子どもの主体性を尊重する現行保育の視座から改めて研究すべき根拠があるといえよう．

4．省察研究の現在

　現在，保育者の省察の質を高める必要性について，研究者，保育現場ともに関心は高くなっている．日本保育学会の大会（2011，2012）においては，保育者の省察を主題あるいは話題の一つとした発表がそれぞれ11件，15件なされた．それらで用いている用語は，「省察」の他，「振り返り」「リフレク

ション」も含まれているが，内容として「省察」を意味するものである。それら省察をめぐる諸研究のキーワードは，概ね「子ども理解」「遊びの保育」「チーム保育（ティーチング）」「気づき」「保育者の成長，資質，力量」などであることから，省察は現在，これらの概念との関連において用いられ，理解され，研究対象とされていることがわかる。

　ではもう少し具体的に，省察概念がどのように用いられているかを概観してみることとする。第一に連携を見据えた研究で，これには二つの方向性がみられる。一つには，保育者同士の連携に資するものとして，保育者個々の省察から語り合いへの昇華を提唱するもの（植村，2011．上田，2011．中橋ら，2011．井上，2012．勝野，2012），二つ目は，研究者との関係性に着目し，双方的に省察内容を洗練していくことで関係性から保育を創り出していくという発想に立脚するものである（吉村ら，2008．児玉，2011）。第二に，保育で生じた悩みを最終的には解決する方途と位置づけるもの（八代，2012．武山ら，2012）。第三に，保育者の研修の前提として個々の省察をとらえ，研修の方法論との関連で論じているもので，この中には省察の二つの位置づけが含まれる。一つは省察内容の検討から研修の成果を問うもの（中島，2011），二つ目は研修の方法の工夫によって省察内容が深まることに注目するもの（久保寺，2011．古金ら，2012）。第四に，子ども理解を深める気づきが得られる機能を例証したもの（川﨑，2011．2012．久保ら，2012），以上4つのとらえ方が確認できた。

　こうした省察への関心の高まりと，一定の視点から保育者の省察を研究する流れにあって，本論文の冒頭で紹介した大場（2007）が述べたことは，改めて保育を実践と省察の連関でとらえ直すこと，そこに保育者の専門的な存在意義をとらえようとする保育の世界の温故知新を訴えているようでもある。田代（2013）が「こどもと共に生きる在りようを問う視点」（p.299）から保育者の省察を考究していることからも，省察は個々の保育者が子どもと共に生きる生き様を謙虚に自覚し，'私の保育'を生成する基盤であるといえよ

う。

　保育者が成長することは保育の改善力が高まり，子ども理解が深まることを意味する。上記の諸研究は，保育中の出来事を振り返って想起し，その中に子どもの経験の意味を見出し，自身の行った援助の適切さを評価する省察が，保育者の成長を促す営みとして，既に保育の概念の一部に位置づけられていることを総じて表している。しかし一方で，上で触れたとおり未だ「省察」は「リフレクション」「振り返り」等の用語と簡易に置き換えられる曖昧さを拭えてはいないのも事実である。

　以下，第2節では省察内容について，第3節では省察方法について，第4節では本研究が着目する動機理論の保育学への援用に関する先行研究の知見を概観する。それらを踏まえ，第5節では省察に機能していると考える想起と過去把持の問題を整理し，保育学とりわけ子ども理解への有用性を検討する。

第2節　保育行為の判断の根拠を問う視点からの省察

　保育者が何を省察すべきかについては，戸田（1992）が提唱した保育学の定義がそのまま適用され，保育現場でも定着し既に前提となっているといって過言ではない。「保育行為の判断の根拠を検討する」というものである。本節ではこの戸田の提唱する省察内容について概観し，保育行為の判断の根拠を問うことの意味を考えると共に，その限界について論じる。

1．保育行為の判断の根拠を問う省察とは

　戸田はその後も保育者の有する「価値」との関連で考察を展開しており，主題をもって保育を検討する園内研究会の議論で，保育者が保育行為の判断の根拠を検討することによって，保育者自らが価値をおいているなにがしかに気づくことを例証した（戸田，1999）。確かに，保育者は保育のねらいとい

う形で価値を表明しているし，その前提となる保育者の主体性が，保育中の援助を責任ある行為にしていると考えられる。

　またさらに戸田は，ねらいとして表明されたもの以外にも，保育者は多くの価値を抱え持つ存在であると述べる。保育者は時として矛盾する価値同士を調整し，さらに子ども一人ひとりの行為の意味解釈との調整をはかりながら保育を行っている。保育の実際は，子ども一人ひとりに別の価値をもって保育者がかかわることも少なくない。また，ねらいには一貫性があっても，その内実である保育行為の一つひとつが必ずしも同じ価値を基盤に選択されるとは限らない（戸田，2008）。何気ない保育場面においても，このように不可視な位相で実に複雑きわまる価値の葛藤と選択が連続して起きていることが，保育の特質であるといえる。ここでいわれている「諸『価値』間の調整」を，戸田は価値判断と呼んだ。価値判断がなぜ必要になるかについては，戸田自身のことばを引用することとする。

> （子どもによって様々に意味づけられた）現実の豊穣さに応じて行う（援助）行為は，単純に「ねらい」を達成するためだけをめざした「価値判断」によるものではなく，常に，複雑にからみ合う諸「価値」間の調整を精妙にはかる「価値判断」に支えられる必要があるからである。
> 　　　　　　　　　　　　　　　　　　カッコ内は筆者。（戸田雅美，1999，p.61）

　保育行為の判断の根拠を検討する過程で，保育者が自らの価値に気づいた事例は，様々な研究主題の中で報告されている（渡邉，2008．佐藤，2011．久保寺，2007）。つまり，一人ひとりの子どもの課題に添ってなされる保育行為の判断の根拠には，それぞれにその保育者の価値が潜んでいて，それらの価値を保育者がいかに調整してその場を生きたかを保育後に明らかにすることが，保育を検討すること，すなわち保育学の探求であるということになる。保育後に保育者が保育について様々な見地から思考をはたらかせることを，本研究では省察ととらえるものである。

2．省察内容としての判断の根拠を問うことの限界

(1) 判断の根拠を問うことでは想起されない現象

　保育者が保育行為の判断の根拠を検討することは，保育者が有意とする価値を自覚し，さらに保育中にそれら諸価値間の調整をいかに行って保育行為を決定していたかにまで踏み込んで省察することを意味する。そこで意識化された内容が，今後の保育の礎となるであろうことに異論はない。しかしたとえば，次のような事例は，この省察の筋道において説明できないものではないだろうか。

【事例A】M男のジャンプ　　　　　　　　　　　　　（記録者は研究者K）

　M男は3才児クラスでも活発な男児で，好きなあそびを見つけて取り組むことのできる子どもである。他児ともイメージを共有して一緒にあそぶことができる。その反面，未経験のあそびや日頃あそび慣れていない他児とのかかわりには躊躇する，新奇さに対して慎重な一面も持ち合わせているようだ。一学期途中から始まったお弁当も，幼稚園で食べられるようになるまで日数を要した。

　10月のある日，T保育者は保育室内に跳び箱を組み立て始めた。M男は最近よく一緒にあそんでいるS太ら男児4名で，T保育者の組み立てを取り巻いて見ている。階段が出来上がると，M男以外の3名の男児たちは順々に上って飛び下りるあそびをし始めた。高いところから飛び下りるスリルを繰り返し味わっている他児の中で，M男だけが，上るには上るのだがジャンプできない。その都度T保育者に手をとってもらい，飛ばずに下りることを4，5回繰り返した。ジャンプできないからといって，あそびから離れる気もないらしく，何度でも列の最後尾につく。次はまたM男の番である。

　跳び箱に上ったM男の表情は，それまでとは明らかに違って口元が引き締まっている。何かを決意したような顔に見える。前をじっと見た後，M男は

跳び箱の脇に立っているＴ保育者に視線を移した。しかし，その目はそれまでのように照れくさそうではないし，Ｔ保育者に向けて手も伸ばさない。Ｍ男は腕を前に伸ばし，飛ぶ前のポーズをとった。Ｔ保育者もＭ男に手を伸ばそうとはせず，Ｍ男と目を合わせたまま跳び箱の横に移動して立ち，背筋をスッと伸ばし，両腕を水平に指先まで伸ばした。飛行機のポーズのようである。その姿を見た次の瞬間，Ｍ男は前方に視線を戻し，一旦かがんで勢いよくジャンプした。飛び下りたＭ男の背中に向かって，Ｔ保育者が「おー」と声を発した。

〈保育後にＴ保育者と観察した研究者Ｋが語り合ったこと〉

　　Ｋ：この（保育記録の記述部分を指して）Ｍ君のジャンプは，観ていて胸がすくようでした。
　　Ｔ保育者：ああ…（記録を急いで読んで）え？　私？　Ｍ君がジャンプした時，こういうポーズをとったんですか？
　　Ｋ：…？…ええ
　　Ｔ：（座ったまま両腕を水平に伸ばして宙をみる）。全然憶えてない。えー，本当？…
　　まったく憶えてないです。うーん…。憶えてない。ここは全然，意識なかったです。私こんなことしたんですね（両腕を伸ばしながら）。
　　Ｋ：そうなんです。
　　Ｔ：これ，（笑）おかしい。全然記憶がないなと思って。結構意識的にいろいろしてるけど，あ，全然意識しないでやってることもあるんだと思って（笑）。
　　Ｋ：なんか，マスゲームの一コマみたいなポーズで（笑）。
　　　　　　　　　　　―途中省略―
　　Ｔ：スーパーマンだと言ってる人が何人かいて，…（省略）…「スーパーマンのマントがほしい」って言われたんです，先学期。…（省略）…とにかくスーパーマンって言われたので，あれならきっとスーパーマン空飛んでるから，こう（ポーズ）なのかなと，ちょっと，きっと思ったんだと思う。

このＴ保育者とＫはその後も10年以上にわたり，保育の研究でかかわりが

続いており，何度となくM男のジャンプが話題になっているのだが，T保育者が保育行為を思い出すことはなかった。

　この場面は保育者が見ていなかったことを研究者が目撃したというものではない。保育者はその場に居合わせて跳び箱の脇に立ち，けがのないよう見守って，M男には手助けもしていたし，現実に飛行機のポーズのような行為を行ったのである。なのに，T保育者はそのことを憶えていない。このように保育者が憶えていない保育行為については，保育行為の判断の根拠を検討する省察は始動しようがない。つまり戸田の提唱する現行保育学の定義にしたがって行う省察は，保育者が保育中に知覚し，省察時に想起できる内容にのみ有効なのである。上に示した事例はこの，現行保育学の定義に沿った省察が現在ほぼ保育現場に定着し，既にその有効性について保育の世界で共通認識が成立しているからこそ，その省察で取りこぼされてしまうものとして浮かび上がってきたととらえるべきであろう。この事例のように保育者が憶えていない保育行為は，検討のステージにのせる必要がないのだろうか。ひとりジャンプできないでいたM男が，意を決して挑戦する瞬間を支えた保育行為である。この保育行為の判断の根拠は，このジャンプがM男にとってどのような意味をもったかを考える糸口になりそうである。保育学はこの現実をどう理解し得るだろうか。

　河邊（1992）は，第三者がとる記録の有効性の一つに，保育の当事者である保育者が知覚し得なかった出来事の情報をもたらすことを挙げている。そうだとすれば，保育者が知覚し憶えている事象のみが検討に値するとは，やはり言えない。この事例と河邊の言及を合わせて考えると，保育行為の判断の根拠を検討しようとする省察では見落としてしまう相があることがわかる。T保育者が憶えていない以上，根拠はつかみようがないのである。

（2）目的的でない省察の始まり方

　津守の紹介する保育実習生が語った省察は，この問いに示唆を与えてくれ

る。

> この日,保育のあと,話し合いのときに,その実習生は,K夫の一日の生活を追って,くわしく話してくれた。ドアをあけて廊下に出たあと,階段から二階へと通り抜けるのを何度も繰り返したこと,実習生の腕の中にくるまるようにして抱かれたこと,モップをふりまわして追いかけてよろこんだことなど,その実習生と一日中一緒に過ごした話は次つぎとつづいた。…(省略)…最初は,K夫は私のわきを通りすぎて,実習生と一緒にドアの方に向かった。いつもだったら,私に声をかけたり,私の手を引くことも多いのである。そして,私が予想したように,階段から二階へと通り抜けた。このことは,かなり以前に何度もやっていたが,最近はほとんどしていなかった。…(省略)…この日に,実習生をつかまえて,ふだんより幼い仕方で一日を過ごしたのには,それなりの意味があったのだと思う。積極的で活発な日がつづいた後,もっと幼かった日にもどりたいと思ったのだろう。…(省略)…保育者は,子どもの一連の行為をともに過ごすことにより,子どもの世界をともに生きている。あとになって話をするときに,大人の意識に残るのは,行為の結果として記憶にとどまりやすい部分である。子どもがドアのノブに手をかけるところは,意識にとどまりやすい部分であるが,その以前に,私の傍らを通りすぎて歩いてゆくところで,すでに,より幼い時期の行動様式にもどろうとする心が彼の心に動いていたと言ってよいであろう。その部分は,あとの話し合いのときには省略されてしまう。だが,保育の実践の最中に重要なのは,その部分を子どもとともに過ごすことだろう。そのときに,未来の展開はまだ分っていない。この実習生は,この一日を過ごすのに,未来は未知のままに,子どもの世界をともに生きることによって,ここに叙述したような行為が,結果として生まれたのである。こう考えると,保育の実践は,まだ形にならない子どもの世界をともに生きることだといってよいだろう。後になってふりかえるとき,そのある部分が意味を与えられて,大人の意識の中に位置づけられる。
>
> (津守真,1997,pp.52-54)

　津守の視点で語られている実習生の省察の描写からは,実習生は子どもと自分の行った行為を羅列しているようで,到底,自分の行為の判断の根拠を検討しているとは思われない。むしろその実習生は,K夫とともに過ごした今日という一日の出来事を身の内に引き戻し,保育中に自らの意識に訴えか

けてきたものをもう一度感じ直しているのではないかと考えられるのである。しかも津守の考察によれば，実習生は次の展開を予測したり予め想定できる援助の手立てを講じようともせず，一瞬一瞬をK夫とともに過ごしていたことになる。この場合の保育行為は瞬間瞬間に表れる子どもの生身の表現との対話で紡ぎ出されていて，その根拠を司っているのは，明らかに知覚的判断であるよりも身体的感覚であるといえる。

　津守の述べる保育者の記憶に残りやすい部分というのは知覚的判断を経た保育行為に当たるだろう。すなわち戸田は知覚によって判断された保育行為を対象とする目的的な省察論を展開するのに対し，津守は保育中に保育者が子どもと感覚を共有することを重視し，その感覚を身体的に想起し反芻することから保育者自身の視点で意識に位置づけていく省察論を展開しているのである。津守の省察論は目的的ではない，つらつらと想起を重ねるような省察にも積極的に意味を見出すものとなっている。保育行為が知覚による意識的な判断によるものばかりでないことを考えると，保育行為の判断の根拠を問うことに加え，身体的感覚の意識化にも研究の目を向けていく必要がある。そのような省察は，津守が記述を積み重ねているにもかかわらず精緻に研究されてはこなかったからである。

第3節　保育記録論から読み取る省察論

　ところで保育者が省察する行為は，保育記録を書く行為と一体であるという考え方は根強い。保育記録を書くことが省察の方法と同義にとらえられていることになる。そこで，本項では保育記録の記述と一体の営みとして省察をとらえている省察論に視野を広げ，保育者の保育にはたらく知覚と感覚について検討する手がかりを探りたい。

　中野によると，1930年代に使われ始めた「実践」という用語の語源は，それまで一般的であった教育の二つの視点「理論」と「実際」を包含する新た

な概念として登場した。軍事色の強い天皇制下の教育に抗う形で，実践者の主体性育成を助長する過程で「実践記録」の用語も生まれたことに鑑みると，保育行為を責任ある判断のもとに行わねばならない保育者の主体性の発露として，記録を書くことの重要性に改めて気づく（中野，2005）。保育記録を書くことが省察と一体の営みであることも，確かである。

　保育記録をなぜ書くのかと考えると，それは今日の子どもの姿から保育者が心にとめておきたいことを忘れぬために書き残す備忘録としての意味と，書きながら省察することに意義があること，また，書いた記録がその後に保育の検討の資料性を帯びる，この三点であるだろう。そして第一義的には，子どもを適切に，より深く理解することが肝要であるはずだ。既に通り過ぎた時間の，保育者にとって意味ある瞬間は，上に挙げた三つの観点のいずれかによって省察の対象となり，子ども理解の深化が目指されるのである。保育記録を書きながら，あるいは書くために行う省察については，主として，保育者の実際的な日々の営みに定位した河邊の研究と保育者の長期的な成長につながる省察の機会として記録論を展開している鯨岡らの研究があり，どちらも体系的な研究成果の上に独自の記録方法を考案している。以下で，河邊と鯨岡の記録論から読み取れるそれぞれの省察論を検討する。

1．明日の保育の構想につなげる保育記録と省察

　保育者の保育記録は，職業生命全体において漸次成長を遂げるよう子どもをみる眼を長期的に養うことも一つの課題である。けれども長期的な成長だけで視界を占めていたのでは，実践者として引き受けている日々の職責は全うできない。つまり日課として明日の保育の構想に直接つながる日の保育記録と向かい合うことをも一方の課題としなくては，保育記録の使命は果たせない。そして後者の価値を論じるために，保育者の日々の現実に徹底して定位しているのが河邊である。河邊（2008）は，義務的に書かざるを得ない多忙さの中で，保育記録の有用性を保持することの難しさや，書きっぱなしで

省察に生かせないといった問題を認識した上で，なお保育記録を日々書いて蓄積することがいかに重要であるかを強調し，保育マップ型記録を考案した。

保育マップ型記録は，一人ひとりが好きなあそびをみつけて取り組む保育において，一人ひとりに適切な援助をすべき保育者が，今日の子どものあそびの内容とそのあそびが展開された場所が図示され，その図を中心に保育者が主として視覚的にとらえたことを書き込むものとなっている。保育マップ型記録の特徴および有用性は，河邊自身のことばでいうと次のことに集約できる。

> 幼児の生活する姿と，そこから導きだされる明日の保育の構想とを一枚の紙の中に表記できるように工夫されており，保育の「過去」から「未来」への方向が可視化できる，極めて戦略的な記録法である。　　　　（河邊貴子，2008，p.110）

> つまり，本記録法は，「過去」を根拠とした「今」の幼児理解と，それを根拠にした「未来」の予測に基づく保育構想とを連動して思考するように保育者に意識付ける。そして，その結果，保育者の幼児理解の視点を次のように深める。第一に幼児の遊びがモノや空間の影響を受けていることへの理解が促進されること，第二に幼児の志向性を「個別性」と「共通性」という二重構造で読み取るようになること，第三に複数の同時進行の遊びのどこに今かかわるべきか，援助の優先性の判断を促すことである。　　　　（河邊貴子，2008，pp.116-117）

ここで述べている過去―省察している今―未来の連続性をとらえる保育者の眼を，河邊は「持続的な眼差し」という。ただし河邊の重要視している「持続的な眼差し」は，たとえば時間軸を大きく遡って省察を展開するといった持続性とは異なり，あくまでも今日の保育の主体として今日行った保育を丹念に振り返り記すことを長期間続けることを指している。保育の当事者の視点を保育記録によって積み重ねることである。この河邊の徹底した保育者の視座への定位は，本研究との関連で重要である。河邊は保育中に保育者が主に視覚でとらえた子どもの姿を立体的に書き残そうとしている。複数の同時進行するあそびの内容や，そこで繰り広げられている人間関係を可能な

限り同時進行的に把握することで，今かかわるべき子どもは誰なのか，どのようにかかわるべきなのかを的確に判断することに比重を置いている点で，保育記録の一つの特質を顕著に呈している。

　また，保育マップ型記録を書きながら保育者に養われるのは「空間俯瞰的眼差し」であり，河邊はこれを「持続的な眼差し」と同様に重要視しているのである[3]。省察している保育者は，保育していた過去の時間に身を置き直し，子どもとのかかわりのさなかに視座を定位して，保育者自身が感受した子どもの姿を可能な限り広く掬い取ろうとするだろう。その結果拓かれるのは，「あの時自分は何のためにああしたのか」という省察であり，それは後述する目的動機すなわち子どもにどのような次の瞬間を創り出してほしいと願っていたかという，保育者の胸の内にあった過去の未来志向に他ならない。保育時点での保育者の目的動機は，保育行為の判断の根拠である。つまり河邊の記録論による省察内容は端的に，保育行為の判断の根拠を自問するに資するものであり，保育中にどのような価値の生起と葛藤，調整がなされたかを保育後に検討することそのものといってよいだろう。

2．長期的にみた保育者の成長に資する保育記録と省察

　鯨岡らは，保育者が自分の体感を生きたことばで記す「エピソード記述」を考案した。

　エピソード記述の第一の特徴は，鯨岡らの問題意識に基づく保育観である。保育者は子どもに知識偏重の教育を施す者としてではなく，小学校への移行のための準備をさせる者としてでもなく，子どもとの関係によって子どもの主体としての思い，目に見えない心の動きを受け止めて，自らも主体として気持ちを返す者としてあるべきことを鯨岡らは主張している。

> 　子どもの「育ち」を考えるとき，「子どもは〇〇ができるようになった」という行動次元だけを押さえるだけでは十分ではありません。「子どもはいまこのような思いを抱いて生きている」というように，目にみえない子どもの気持ちの動き

　　　　を捉えることが保育には欠かせません。　　　　　　（鯨岡峻ら，2007，p.11）

　子どもの心の動き，保育の事象，これらの不可視な領野に省察を向けることを強調する保育観において，当の目にみえない部分というのは保育者の解釈であり，想像であったりする。保育者が解釈した子どもの心の動きを書き記すことに比重をおいた保育記録は，保育者が確かに見届けたこと，大人同士の情報共有により得た事柄だけでなく，保育者の主観を多分に盛り込むことになるだろう。また子どもの心の動きをとらえる営みは，現時点で行っている省察において長い時間軸を視野に収めることをもたらす。前項で述べた河邊の「持続的な眼差し」とは質の異なる持続性を，保育者に求めるものである。

　エピソード記述の第二の特徴は，省察の枠組みともなる項目が明確で「背景－エピソード－考察」からなることである。これは，今日の保育と明日の保育をつなぐ保育記録を描く当事者意識から踏み出して，〈保育〉を長期の文脈で俯瞰しようとするものである。当事者意識で保育の現象の只中に定位し現象をみつめる視点からは，場面の背景はみえないからである。したがってこの書式もまた，保育者に今日の保育に視点を集中せず長い時間軸を視野に入れて省察することを促すものである。河邊の積み上げる持続とは違い，鯨岡らの記録論は持続する時間軸を一つの視界でとらえようとするものであることが明らかである。エピソード記述の第三の特徴は，保育記録を書く保育者の動機を大事にする点にある。

　　これを描きたいと思うエピソードが一人の保育者によって日々の出来事の流れから切り取られるまでは，描こうにも描けないのです。要するにエピソード記述は保育者が主体的に「描きたいと思う」ことがまず先行するということですが，これを少し振り返ってみれば，エピソードは，自分の至らなさにはっと気づいたとか，子どもに可哀想な思いをさせてしまったとか，あるいは気になる子どもがこの出来事をきっかけに立ち直っていったとか，その出来事を経験する保育者の心が強く揺さぶられたときに，初めて描くという動きが生まれてくることが分りま

す。　　　　　　　　　　　　　　　　　　（鯨岡峻ら，2007．p.23）

　心がゆさぶられる契機が保育者に省察の動機をもたらすであろうことは想像に難くない。その契機は省察行為をもたらす。だが，またそれとは異なる省察の動機もあることを津守（1997）は指摘している。

> 後になって，その日のことを自分一人で振り返るとき，保育の最中には分らなかったことが，見えてくる。多くの場合，「もう一度心をとめて見よというかのごとくに」現象の方から追ってくる。　　　　　　　　（津守真，1997．p.294）

　保育者の側が何かに引きつけられ心を動かしたことで省察が動機づけられるという鯨岡らの強調点と，子どもや出来事，環境の方から迫ってくる，つまり心のゆさぶりを引き起こしてくる現象があるという津守の指摘は，省察の主題を主題たらしめる保育者の動機の相違を表しているだろう。津守の指摘する，保育後に省察している時にその揺さぶりが引き起こされるというのは，保育中には看過していた事象，あるいは何気なく子どもと共にした行為のその時点でのみえ方が，省察時に不測の揺れを来すことであろう。揺れを来したところから，省察の主題が徐々に輪郭をもっていくのである。これに対して鯨岡らの提唱しているエピソード記述に伴う省察は，既にその主題が明確化し，保育者が一つの現象の背景と考察を含む一貫した文脈をイメージできた状態で，記述に着手することになる。省察において長い時間軸をとらえて文脈化する過程は，保育者の身の内で内省的に行われ，完成体としての文脈が記される保育記録といえるだろう。ここでは，省察と保育記録を書く行為は分断されている。省察内容を過程ごと書き表そうとする河邊のスタイルとは対照的に，作品的な保育記録であることがわかる。

　またもう一点ここで明らかなのは，鯨岡らの想定している記録の読み手が，保育の場を継続的に共有していない第三者であることである。保育マップ型記録も，結果的には第三者との保育の検討に資するのだが，河邊は保育マップを徹底して保育者その人の保育を向上させる日々の研鑽の方法論に位置づ

けている。また，保育者が子どもの明日の姿を予測すること，それが的確であることによって，翌日の援助の適切さを高めようとする河邊と，保育者が保育をどのような経験としてとらえるか，そのとらえを精査していこうとする鯨岡らは，共に保育者の主体性を尊重しているのだが，両者の見出している主体性の向かうところは別である。河邊は明日の保育で子どもたちに直接行為として還元しようとするのに対し，鯨岡らのエピソード記述は〈保育〉の実践研究に位置づけ，保育者の成長に還元しようとするものである。このように両者の保育をみるパースペクティヴの違いを知れば，河邊の次のような批判はもっともであるといえよう。

> （エピソード記述は）読み返すことによって幼児との関係を問い直したり保育姿勢を見つめなおしたりすることに対して有効である。また，そのことによって長期的に保育の質の向上に寄与するといえる。しかし，エピソード記述法は毎日書き残すことを想定しておらず，デイリーワークとしての日の記録へは新たな視点を提案していない。
> したがって毎日書く記録が翌日の指導計画のベースになるという短期的意義も想定されていない。　　　　　　　　　カッコ内は筆者。（河邊貴子，2008，p.111）

　第三の特徴は，鯨岡らが「脱自的に見る態度」と「感受する態度」の両立を強調していることである。脱自的に見る態度とは，出来事の流れを保育者の個性的な見方で歪めないよう留意する態度のことである。その傍ら，保育者は出来事を生き生きと，自らが生きる主体としての観点でとらえる「感受する態度」との両立が求められるのである。保育中は出来事に身を埋める他はなかったにせよ，省察時には身を引いて，全体を見渡す視点をももたなければ出来事に忠実な保育記録にならないというのが鯨岡らの主張である。保育中に感受した内容を記録に残そうとする河邊の記録論と，この点でも異質といえよう。

　エピソード記述は一つのエピソードについて，かなり長期にわたる省察の積み重ねを経て書き上げる保育記録である。それは，保育者の基底をなす省

察力を向上させるのに有効であるだろう。しかし一方で，エピソード記述のうち「背景」を描くことは保育にとって難儀な作業となる，すなわちエピソード記述の枠組みでは背景を省察しづらい現実にも，鯨岡らは言及している。

> 「感動した場面は描けるけれども，背景を書くのは難しい，背景を書かねばと思うと，エピソードを描く気力がそがれる」という感想を何人もの人からもらいました。確かにそうかもしれません。保育の場の「ケース会議」のような席では，取り上げられる子どもの背景は出席者の大半が共有しているでしょうから，特にそれを掲げなくても，エピソードだけでお互い議論できるかもしれません。しかし，それは便宜上のことであって，その子どもの背景を共有していない不特定の読み手にそのエピソードの意味を伝えるには，やはり背景は欠かせないのではないでしょうか。
> 　　　　　　　　　　　　　　　　　　　　　　　　（鯨岡峻ら，2007，p.69）

　感動した場面を体感に取り戻すところから，鯨岡らが強調する脱自的な態度で感動の成り立ちを明らかにしようとする省察が起きないと，背景は描くことができない。エピソード記述を描くための省察では，それが実際には行い難いといわざるを得ない。

3．省察する保育者のパースペクティヴと省察内容

　保育記録が最終的には子ども理解の深化を目指す営みとして保育に位置づくものである限り，鯨岡らと河邊の目的は同一である。それでは両者の相違は，単に保育を長期的にみるか短期的なサイクルでとらえるかの違いなのだろうか。前述したとおり，河邊は保育者その人が明日も責任を自覚して子どもと出会う態度の決定に，鯨岡らは不特定多数に向けて保育記録を開示し視点と問題を共有することに，第一義的な目的を置いている。保育中は自分をみつめるゆとりはないに等しい。目の前にいる子どもの瞬時の変化や心の動きに添うために，その子どもひとりを見据えることがむしろ優先されるはずである。保育マップ型記録はこの，保育中の保育者に徹底して定位し，保育者が見据えていた子どもの姿と保育者が考え感じていたことを記述しながら

意識化するものであり，極論すれば保育の場をそのままに写し取ることを目指しているともいえる。これに対しエピソード記述は，事後的に保育の現象を俯瞰し，省察時の視点で編集して文脈を完遂させようとするものである。この差異は，省察時に保育者が身を置く位相の差異を要請するだろう。すなわち保育マップ型記録を描く保育者は保育のさなかに身を置き直すことになるが，エピソード記述を描く保育者は，省察する時点での現在性をもって保育時間を振り返ることになるのである。

　河邊の保育マップ型記録は保育行為の判断の根拠を自問する省察に直結すると考えられるが，判断は保育者にとって，前後の脈絡や子どもに願う経験の質を考え合わせた末に辿りつく決着点といえる。したがって河邊が保育者に求めるのは知覚を動員する保育行為であり，省察においては保育中の知覚を自覚的に辿り直し想起することが出発点となるだろう。

　一方鯨岡らの提唱するエピソード記述は，比較的長期にわたる保育の現象を俯瞰することを求めるのであるから，思い出す出来事の細部は捨象され，保育者は長い文脈を構成し直すことになる。そこで起動するのは知覚であるよりも感覚のはたらきであると思われる。エピソード記述は背景－エピソード－考察までが既に過去完了形で完結している点で読み手に対する報告書のような構成の完成度が高い記録であり，構成の事後性が特徴といえる。したがってエピソード記述を通して鯨岡らの提唱する省察は，感覚的に保育の現象をつかみ，知覚に依拠した構成力で表現することだといえるだろう。河邊が指摘しているとおり，毎日今日の出来事を，このエピソード記述で表現することは困難である。背景を書きづらいのも，保育者の主観をあるがまま記述してよいとしながら省察の完結性を求められるからではないだろうか。それは「脱自的な態度」と「感受する態度」の両立が容易ではないことに起因していると思われる。鯨岡らは二つの態度の関連性あるいは連続の仕方について踏み込んだ論述を行っていないため，保育者の実際の省察に反映されていないのが現状なのである。

そもそも書く行為がなし得る貢献はいかなるものであるかについて，Stubbs (1980) は簡潔に次の点を挙げている。すなわち書くことは記録された知恵の蓄積を許し，研究の促進と批判を容易にする結果，新たな発見に繋がる様式での記録を可能にする。書きことばの情報内容は，口述より高度で推論の部分が少ない (p. 107)。Stubbs のこの指摘は，書かれた記録の完成度の高さを認識させるものである。鯨岡らのエピソード記述が求める完成度が，書く行為へ既に最初から動機づけられている保育者にとって，改めて背景を思い描き，文章化することに難儀することの必然性をも表しているだろう。保育記録を書く行為は，最終的に所定の（もちろん再考し枠組みを改める余地はあるものの）書式に秩序ある完成された文体として表現するために，思い描く過程を実際にはほとんど頭の中で行い整理することを要するのである。この点が，保育者の現実に負荷をかける。保育者が背負うこの負荷は，描き留められた保育者の経験としての正確さ，資料性の高さという観点で，保育記録の有用性を低減するかもしれない。

第4節　動機理論からみる省察

河邊と鯨岡がそれぞれ保育者の取り得る別なパースペクティヴからの省察を想定し，記録という方法論において展開していることがわかった。鯨岡のエピソード記述に求められる背景を描くことが，文脈として〈保育〉をとらえることに重要であるにも拘わらず実際には保育者の苦慮となっているのは，省察内容が保育行為の判断の根拠を問うという枠組みに留まっているためではないかと考えられる。実際には保育の当事者の視点に立ちながら，脱自的な態度をもとうとする矛盾がそこにはあるからだ。当事者としての保育者は，あくまでも保育場面に身を置き直しているため，時間軸を伸ばし，長い文脈に現象を位置づける省察は困難である。したがって鯨岡のいう脱自的な態度は，視点自体を当事者のそれから後退させて，現象の全貌を眺めることので

きる地点に立ち直さなければ獲得できないと考えられる。

ところで，動機とりわけその成り立ちについては現象学の分野で精緻な議論がなされてきた。とりわけ Schütz の動機理論[4]は，保育者研究の視点として有効であることが田代（2013）によって既に論じられている。

1．保育者が省察する目的動機

保育行為の判断の根拠を検討することは「私は何のためにあの行為を行ったのか」と問うことに等しい。ねらいに掲げた価値の実現ばかりに猛進するわけではなく，幾つもの価値を有して保育者は，それらの価値を調整しながら一つの行為を選択している。それは何のためだったのかを明らかにすることは，Schütz の述べる「何のため＝目的」動機を明らかにすることに他ならず，Schön, D の述べる「行為時の省察」を事後に意識化しているのである[5]。

「目的動機」の概念は，Schütz（1964）の動機理論による。Schütz は人の行為の動機を「目的動機」と「理由動機」に分け，この区別の重要性を強調した。赤池は Schütz のこの二つの動機を，次のように解説する。

> 例えば，「殺人者の動機は被害者の所持金を奪うことであった」という表現において，「動機」とは，行為者の企てた行為によってもたらされるべき事態，すなわち，「目的」に他ならない。「目的動機」とはこの種の動機を指す。これに対して，「殺人者はしかじかの環境で育ち，こどもの頃にしかじかの経験を行ったから，殺人という行動を行なうように動機づけられてきた」という表現においては，「動機」とは，行為者が実際に行った行為をするように行為者自身を規定している過去の諸経験に関係している。「〜だから」という「理由」の形で表現される動機が「理由動機」である。　　　　　　　　　　　　（赤池，1998，pp. 317-318）

保育者の語る保育行為の根拠は「〜だから」という形で言語化される場合が多いが，果たしてそれは理由動機なのであろうか。保育行為は何らかの教育的課題を内包し，その保育行為によって実現したい子どもの姿を想定して

行われるはずである。したがって，言語表現の形はともあれ，目的動機は「～のために」それを行ったという保育行為の判断の根拠と同義であり得る。省察時においては保育行為は過去の行為である。過去のある時点で，どのような未来を目的として見定めて行った行為であったか，過去の未来志向を省察しているのである。それは，保育行為を行っていた過去の保育時点に生起した動機であり，当の保育者が想起し言語化する以外に，たとえば事後に他者が構成することのできないものである。しかしこれまでは，目的動機を明らかにすることの意味について，保育行為の判断の根拠との関連で踏み込んだ議論はなされてこなかった。議論の中核は既にカンファレンス等の運営・方法論になっており，目的動機すなわち保育行為の判断の根拠を問うことが既に目的化しているのが現状とも思える。しかし，目的動機を意識化してからどのような省察の過程を経て保育者が脱自できるのか，またどのような道筋で保育者は過去の文脈を確かめ，未来を見通すことができるのか，省察の成り立ちと構造を明らかにする基礎研究は，むしろこれからであると本研究は考えている。

2．理由動機への着目

　理由動機とは，行為者が行為に着手するのに先立ち，その行為を動機づけていた過去の諸経験で，事後に構成するものである（Schütz, 1964）。田代は，子どもの姿をどうとらえていたかを保育者が想起し目的動機を明らかにすることと並んで，保育者が自身を見つめ直すことで自身の歴史性に保育行為の別な位相における動機を見出すことも重要だと述べる。

　津守（1997）は，子どもの行為を自分が行うとしたらどのような動機によるだろうかと考えることは可能でありかつ意味深いことを論じ，保育者の自己理解の領野に踏み出す省察に言及している。田代はこれを受けて，保育者の自己理解が子ども理解と同様に重要であることを認めた上で，保育者が子どもの行為に自分を成り込ませる[6]ことは難儀であると述べている。田代は

子どもに成り込むのとは異なる，自分がその行為を行うとしたらどのような動機によるのだろうかと考える省察は一般的に実現性が高いと考えているのである。また田代は，子ども理解自体が，保育者の自己の掘り下げなしには成り立たないことも論じている。前項の検討に照らすと，田代の省察論は鯨岡のそれと同様，子どもとの関係性で保育者が自分自身をもみつめることを多分に含むものであるといえよう。

　保育後の省察においては，保育中に見据えた目的動機が何であったかを取り出して価値の検討を行う必要がある。しかしそれだけに終始したのでは子ども理解そのものが十全になされないことを，田代は示している。繰り返し述べているが，保育行為の判断の根拠を問うて明らかになるのは，保育のさなかで保育者が見据えていた過去の未来志向であり，それは保育者の目的動機に他ならない。そして保育行為のさなかには，保育者は自分自身の姿をとらえてはいない。保育者の行為との関連で子どもの行為の意味がみえ始めるのは，保育後に，鯨岡らのいう脱自性を獲得した位相に身を置いた時だということになる。保育者の省察が脱目的な態度を獲得できる位相で行われる時，自ずと意識を向けるのが理由動機であるのかもしれない。

3．子ども理解における理由動機の必然性

　動機理論からみた省察を整理しながら，子どもの主体性を尊重する保育の全体像を描いてみる。以下，本研究では'保育と省察の総体'を〈保育〉とし，実践のみを表す保育とは区別して論じる。

　保育中の保育者は，子どもの表現としての行為を感受し，その意味するところを解釈して保育行為を行う。子どもの行為の解釈には，子ども自身が抱いているイメージとしての目的動機を把握することと，そのイメージの源泉である理由動機を推察することが含まれるであろう。「家庭ではやらせてもらえないために，この子どもは水あそびをしたがっているのだ」という解釈は日常多々ある。子どもの理由動機を考えて，今この子どもが抱いている目

的動機，実際にやっていることの意味を解釈するのは，子どもの身になって考える態度に発している。さらに保育者は解釈した子どもの行為に対し，願いや教育的意図をもつ。願いや教育的意図はそのまま保育行為の目的動機となって，行為の選択に繋がる。上に示した解釈からは，たとえば「…だから今，この子が水あそびを存分に楽しむことで自己発揮できるよう援助しよう（目的動機）。そのためにはよりダイナミックな水あそびになるように，一緒にあそびながらあそび方を提案していこう（行為の選択）」という考え方も成り立つだろう。

　保育後に省察する段階になると，保育中に主として視覚的にとらえた子どもの行為を想起し，その行為についての保育中の自身の解釈，そこから導き出した自身の目的動機を意識化する。この時点で，保育行為の判断の根拠が"何であったのかを問う"ことは達成される。そして，保育行為の判断の根拠が明確になったところから保育者が自らの歴史性に目を向け，自らの在りように〈保育〉の在りようの根拠を見出そうとする省察が出発するのだと考えられるのだが，保育者の省察に関する従来の議論は，保育行為の判断の根拠を問う，問い方に閉じてなされてきた。田代が重要性を説く保育者の自己理解は，保育者が自分を相対化するために当事者性を脱ぎ捨て，つまり脱自的な態度で，別のパースペクティヴに移動することを要請する。保育行為のみならず〈保育〉全体を対象として検討しなければならなくなるからである。

　そのように考える時，保育者の省察はこのパースペクティヴの移動にこそ光を当て，それがどのようになされるかを研究することによって，保育行為の判断の根拠が明らかになったところから生起する保育者の新たな問いやみえてくる子どもの課題をも対象化できるはずである。

　保育者の子どもをみる見方と保育行為が表裏一体であることは佐木（2005）によって指摘されており，保育において顕現する子どもの姿には，既に保育者の在りようが内包されていることが明らかである。したがって保育者が自身に目を向け，自身の在りようを見つめ直す自己理解を抜きには子

ども理解があり得ないといえる。子ども理解においてより子どものリアリティに近づくためには，保育者が自分を包摂した視点で省察しなければならないのである。岩田（2011）の言及は，このことを端的に表している。

> 保育者の〈みる〉こと自体が，その場における子どもの言動とは独立でありえないのである。子どもは保育者の〈みる〉からその主観を感じ取り，それに応答する主観〈主体〉なのである。そのような間主観的な関係のなかで，子どもを観察するという行為自体が，すでに観察される子どものあり方に何らかの影響を与えてしまっているのである。　　　　　　　　　　　　　　　（岩田純一，2011，p.94）

保育者の子ども理解について子どもを「みる」時点で既に，見方において保育者は子どもの在りように影響を与えていること，したがって子どもの在りようにはそもそも保育者の在りようが潜在しているのである。

4．動機の理解から現象の理解へ

　保育者は子どもの目的動機と理由動機を解釈しながら保育行為を選択するし，保育後もそれらを改めて問い直す。それは生活の主体である子ども一人ひとりの成長の軌道に添って援助するためである反面，保育者も一人の生活主体として，また他ならぬ保育の主体として自分の経験の文脈を確かめるためでもあるだろう。子どもの動機を理解しようとすることが省察の端緒であり，自身の動機を自覚しようとすることから保育の文脈は生成されていく。子どもと保育者，その生活の主体性に相違はないとしても，保育の文脈を生成するのはあくまで保育者であり，それはまた，保育の主体が取りも直さず保育者であることと同義である。

　そもそも保育者の省察を研究対象とすることは，不可視な現象としての保育者の経験へのアプローチを意味する。それはまた，子どもと保育者の内面の動きをとらえようとする着眼に発してもいる。保育者の経験としての〈保育〉を理解しようとすることの妥当性について，岩田（2011）は以下のように述べている。

そもそも理解するとは，「なぜ？」と事象間の因果的な関係を問うていく行為である。モノゴトの世界では，その現象の科学的・客観的な因果律が問題になる。しかしながら人が体験する出来事では，そのような客観的な因果律による説明はあまり意味をなさない。なぜなら，人はそれぞれの欲求，動機，意図，信念…といった主観をもつ主体として存在するからである。したがって人に起こる出来事では，なぜそうしたのか，なぜそうなったのかをそのような心理的な因果律によって問われる。だからこそ人の場合には，そのような動機，意図や信念などを共感的に汲み取るといったことが出来事の理解には不可欠になってくるのである。

(岩田純一，2011，pp. 97-98)

　保育者の経験として〈保育〉を理解するスタンスをとるには，必然的に保育者の心理的因果律を分析することになる。客観的な因果律に拠らないことから，保育者の独りよがりな文脈に依存してしまうことには留意しなければならない。この点は後述する方法論の課題である。

　また，目的動機と理由動機をそれぞれ探る省察というのは，本章第3節3で述べた省察におけるパースペクティヴの違いに対応するのではないかと考えられる。なぜなら，保育のさなかに身を置き直して省察する時，保育者は保育行為の目的動機を探っており，省察時の現在性に定位している時にのみ，保育行為の理由動機がみえてくるはずだからである。

　以上のことから，保育者の省察を研究するためには，保育者が子どもを対象化して保育行為の目的動機を探る省察内容のみならず，自分自身にいかに目を開き理由動機が自覚されていくかも掬い取る配慮が必要であることがわかる。

第5節　省察における過去把持と想起

　第2節において，省察は保育者の記憶に残っている内容が最も対象化されやすいものの，第三者の関与により保育者の記憶の制約は解消し得ることを論じた。このことから二つの問いが生起する。第一に，省察時に保育者が思

い出せる現象ばかりではないことから，保育者は現象をどのように心に留めるのかについては，記憶の問題としては説明しきれない。保育者はどのような仕方で保育の現象を身の内に留めているのだろうか。第二に，第三者が保育者の省察に関与する仕方にはどのようなものがあるか，である。ここでは第一の問いについて，現象学の「想起」と「過去把持」の概念を手がかりとして検討する。

1．省察における過去把持と想起

　保育者が子どもについてのとらえを形成し身の内に堆積させることは，現象学の過去把持に当たる。過去把持とは端的にいえば'残って堆積していくこと'である。山口（1992）は「過去把持という心の働き方は，想起する意識の仕方とは異なる」と述べ，過去把持を次のように説明している。

> 心理学でしたら，鳴ったばかりの音が残っていることを「短期記憶」と呼ぶでしょう。…（省略）…この短期記憶に該当する意識の働きをフッサールは，過ぎ去るできごとを保っておく意識の働きとして，Retention:「過去把持」（本当は「過去保持」が適切な訳語かもしれませんが）と名づけます。
> 　　　　　　　　　　　　　　　　　　　　　　　　　　　　　（山口一郎，2002，p.57）

> 「過去把持」するのは，いま過ぎ去った音を「過ぎ去った音」として，別にわざわざそうしよう，と思わなくても覚えている意識の働きなのです。
> 　　　　　　　　　　　　　　　　　　　　　　　　　　　　　（山口一郎，同上，p.58）

> 現在に含まれる，ある特定の意味内容（特定の対象の意味を構成する以前の，感覚素材の意味内容であれ，それが対象化されて対象の意味内容になっているのであれ）が意識に保たれていく時間意識の働きである。「過ぎ去る」という意識が過去把持によって構成される。　　　　　　　　　　（山口一郎，2002，p.330）

　過去把持の概念は，単に一つの現象を思い出す単体的な記憶の掘り起こしを指す概念ではなく，身の内に'残っていく'志向性である。残った志向の

内実は，保育者の内面に蓄積される。この蓄積が，過去把持の特徴であり，極めて身体感覚的な記憶と言い換えることができるだろう。それも，おそらく意識しているとしていないとに拘わらず，単体的に記憶から掘り起こされることがないとしても，蓄積された経験として身体に，感覚に残ることがある。

　序章で取り上げた，Ｔ保育者がＭ男のジャンプを支えた場面について，省察時にＴ保育者が何も思い出せなかった事例も，このことに照らすと一つの理解が成り立つ。Ｔ保育者は憶えていないと語っているが，現に保育行為は行為として顕現した過去の事実である。憶えていないほどＴ保育者にとって些末で無意識なやりとりであったとは，観察者には考えられない。些末な場面でなかったことは，Ｔ保育者の保育後の省察内容からも明らかである。語りでは，憶えていない保育行為，腕を水平に伸ばしたポーズをとったことの目的動機が「あれならきっと，スーパーマン空飛んでるから，こうなのかなと，ちょっと，きっと思ったんだと思う」と事後構成されていて，しかも保育と語りは９月であり，「先学期」に始まったあそびと述べているから少なくとも２か月以上の積み重ねがあったことになる。些末な現象だから記憶に残らなかったとは考えられない。

　このことから，保育行為を作動したＴ保育者の目的動機は，長期にわたるＭ男とのかかわりと省察の積み重ねの中で身体感覚に記憶されていたと考えることは妥当であろう。Ｔ保育者は，ジャンプしようとしているＭ男を前に，意識的な判断を経由せずに保育行為を発動していたと考えられる。その保育行為を成り立たせたのは判断という知覚というよりむしろ感覚であったと考えるべきであろう。判断とは目的動機を自覚し，そこに照らして妥当な行為を選択するためにはたらく思考だからである。感覚によってＭ男の目的動機を察知し，そこに添う行為を感覚による同調によって行為化したのであろう。そうであるならば，そのような身体感覚によって直接行為にもたらされた現象は，保育行為の判断の根拠を問う省察のテーブルにはのぼってこない。子

どもに選択の主体であることを認める保育においては，知覚による判断の余地のないほど間断なく応答し，間髪入れずに子どもの表現を受けとらなければならない不測の事態が多々ある。そこではたらく感覚が場当たり的ではないと言えるのは，日々の省察の積み重ねによって子ども理解が過去把持として堆積していた保育者の感覚だからであり，換言すると子ども理解が根拠にあるからである。すなわち感覚に依拠した保育行為というのは，保育者の不断の研鑽によって堆積した子ども理解の過去把持が基盤となって発現する行為なのであって，根拠なく目的ももたずに行われる場当たり的な行為ではないのである。幾重にも音が重なり響く現象のさなかで，一つひとつの音色が過去把持され意識に残るがために，音の重ねは聴く者に一つのハーモニーとして届く。保育も，保育者が日々の子ども理解を逐次過去把持し，翌日の保育をその上に重ねることを継続することで，子ども理解は重層化しながら徐々に構造化するのだろう。

ところで，T保育者が保育中の目的動機を事後構成的に語ったのは，特定の研究者に語るという，二者の相互作用において聴き手に理解されたい思いがあってのことではなかっただろうか。保育者が一人内省的に省察する場合には，往々にして保育行為の判断の根拠を探ることに意識が一点集中すると考えられる。逆に特定の研究者に制約なく語る様式の省察では，両者の協働で構成的に保育を検討することは十分可能であり，且つ憶えていない現象を巡っても省察を展開する可能性に開かれると考えられる。

さて想起は現象学においてどのようにとらえられているだろうか。実は想起と再想起という区別されるべき別の概念がある。想起は短期記憶と同義に解釈し得るもので，能動的志向性としての意識作用であるのに対して，再想起は「通常の意味で過去のことを思い出すことに当たり，その際，自我の活動を伴う，自覚を伴う通常の志向性として働く」（山口，2002，p.335）。つまり再想起には思い出す行為への自覚が伴うことが特徴と考えられる。「リフレクション」「振り返り」「反省」はいずれも自覚的に記憶を掘り起こす思考

作業を意味しており,「再想起」と同義であると思われる。保育者の省察もそれ自体が職責において保育を改善しようとする自覚的な行為であるから,単なる短期記憶としての想起でなく再想起に当たる点で「リフレクション」等と同様である。けれど省察には,掘り起こした過去の現象を保育者個々の子どもや保育,自分自身に関する理解の仕方で考察することが加わるため,リフレクション等とは時間軸の方向性および射程が異なる。

省察は本来的に保育者の意識を過去から未来へ繋ぐ機動的な営みであると考えるが,上記のいずれにおいても保育者の自覚は前提であるため,「想起」と「再想起」を区別することは本研究の範疇では難しく,また研究に着手する現時点では区別の必要もないと判断した。山口の解説においても「想起」と「再想起」の思い出し方の違いは明確とはいえない。また保育学では既に,次に述べる浜口(1974)によって保育者の思い出す行為として用いられてもいる。これらの点に鑑み,本研究では「想起」の定義を広くとり,'保育者が自覚的に省察する中で保育の現象を思い出すこと'の意で用いることとする。

2.〈保育〉の途上性と循環過程

上述した浜口(1974)は,保育者が現象を知覚する時,その知覚に先立って既にある立場を決定し,特定の立場から知覚が経験されることを指摘している。子どもとかかわりながら保育者のみる視点やパースペクティヴが決まっていくのではなく,日頃の保育と省察の経験によって特定の在りようが保育者の内面に既に形成されていて,その在りようにおいて再び保育の場で子どもと出会い直す。省察したことが子どもの行為への応答の仕方,その根拠に反映する。浜口の論述は,前項で述べた日々の子どもの行為の解釈が堆積し子ども理解が形成されることと合致するものである。このように,保育と省察は保育者の中で連綿と絡み合って実現していく経験であり,本来的に途上性を呈しているのである。

先の浜口はさらに，〈保育〉の過程における典型的な一サイクルをも同定し命名した。「実践，想起，記録の記述（言語化），解釈，再び実践へ」というものである。このサイクルを循環的に経験することへの言及を通して浜口は，〈保育〉全体をみつめることの意義に触れている。

> この5つの小過程は，保育者による実践研究過程の性格をとらえる上でそれぞれ典型的な意義を持ち，かつそれらを取り結ぶ意味連関は，過程全体に通ずる特質を示している。　　　　　　　　　　　　　　　　　　（浜口，1974，p.166）

つまり〈保育〉の循環過程は，循環であるが故に半永久的に途上であることをも意味する。途上であるため，保育とさらなる保育には省察の介在が不可欠であり，逆に，省察によって保育の連続は途上性を保てるのである。保育者が保育の現象を身の内に留める仕方が，単体的な記憶であるよりは，積み重ね堆積する過去把持であることは，保育の途上性および連続性と整合する。保育者にとっての〈保育〉は，他者の眼には今日の保育行為と保育後の省察が日々対応関係をなして淡々粛々と進行するようにもみえるが，実際に保育者の省察に同行すると，子どもと生きた時間を振り返る生気に満ちていると同時に，極めて悩ましい状況を生きているようにもみえる。悩ましさの原因は第一に，子どもの行為の理解が容易くはないこと，第二に思い出せる出来事は数多あっても，省察しようと踏み切れる現象がなかなか同定できないこともしばしばあること，第三に，問題意識が長期にわたる場合など，過去把持の膨大な積み重ねを文脈として想起しつつ今日の保育の現象をその文脈に位置づけ，新たな文脈として再形成することは容易でないようである。

　先に引用した津守の実習生の例は第二の問題に当たる。保育者は，省察時に一つの現象に焦点化するまでにあれこれ逡巡するようにその状態を持ちこたえ，ふとある現象に捕まるように語り出すこともある。保育者が知覚で省察内容を抽出するのとは異なる，このような現象との出会い方についても津守の記述がある。

子どもたちが去ったあと，あるいは眠ったあと，保育者は，差し迫った現実の要求からひととき解き放たれ，無心になって掃除をする時が与えられる。三輪車がひっくりかえり，思わぬところにつみきがちらばり，そのところどころに，保育の最中には気づかなかった子どもの心のあとを見出す。それと共に，子どもと応答していたときの体感や物質のイメージがよみがえる。いずれも無心に掃除をするときに，向こうからやってくる。もう一度心をとめて見よというかのごとくである。
(津守真，1983，pp. 48-49)

「もう一度心をとめて見よ」とは現象の方から厳しく意識化を要求してくることである。このことばが津守の著述で繰り返されていることからも，〈保育〉を行う保育者は常に心の耳を傾けて小さな現象を丹念に省察対象としていくべきであるといえる（本章第3節2）。「向こうからやってくる」現象について，浜口は津守の言及を敷衍して次のように述べている。

「想起」とは本来，保育者が意図的に思い出そうとしないでも，過去の体験が保育者の現在に「向こうからやってくる」現象である。その際，保育者はひとりで自分と向かい合っている。他の保育者とは共有していない，自分と子どもとの世界へ回帰しているのだ。
(浜口順子，1974，p. 171)

思い出される内容が保育者に「向かってくる」とは，その保育者がもつ固有の理解構造の上に想起されるということであって，保育者が意識的に準備した問題概念が過去を召還するのではない。
(浜口順子，同上，p. 172)

保育者が子どもをみてかかわる時点で既に，保育者の態度が選択決定されていることは，現象を想起の対象として迎える準備状態が予め保育者の内面に用意されていることを意味する。保育者の準備状態とは，省察によって積み重ねてきた日々の子ども理解，それを携えて翌日の保育に還り子どもとかかわる，その積み重ねが形成する子ども理解に他ならない。また，ここでいうところの保育と省察の連動する積み重ねは，先に述べた河邊の省察論，すなわち日々職責を自覚して保育者が今日の保育と明日の保育を繋げる省察と合致するものである。このようにして日々保育者が形成してきた子ども理解

の内実によって，どのような現象が「もう一度心をとめてみよ」と迫ってくるかが決まるのであろう。そうであれば想起を成り立たせる前提として，子ども理解の積み重ね，前述した「過去把持」が〈保育〉に重要なはたらきをしていることになり，「過去把持」の内実と〈保育〉全体における意味を明らかにする必要がある。

　ところで上記の浜口の言及は，これまでの省察研究の盲点を示唆してもいる。省察している保育者は「ひとりで自分と向かい合っている」ことと「自分と子どもの世界」を生きることを区別していないからである。本章で述べてきたことに照らすと，前者は保育者が自分自身をみつめ直し，保育行為の理由動機を探る省察を行う状態を意味し，後者は保育場面で子どもとかかわっていた過去の自分に立ち返り，その場を生きていた感覚を身の内に取り戻そうとする省察である。保育行為の判断の根拠を問うことは後者に位置づく。田代が主張する自分自身のみつめ直しとして，前者すなわち「ひとりで自分と向き合っている」省察は，他方とは異なるパースペクティヴでなされることを問題として取り上げていかなければ，保育者の省察を明らかにすることはできないだろう。

　保育者が省察することを「リフレクション」「振り返り」「反省」と簡易に置き換えられる現状については第１節で指摘した。この問題は，省察がもっぱら過去への関心の向け方として限定的にとらえられてきたこと，および保育者の省察には複数のパースペクティヴが混在することを明らかにしないままであったことに起因するだろう。浜口の提言した循環過程は〈保育〉の途上性を指しており，途上性は過去への関心を未来へのまなざしに繋げることによって成立するものである。したがって省察した過去のとらえが，その後も保育者の内面に堆積し持続して未来へ繋がるのでなければ，省察と〈保育〉の途上性は整合しない。つまり途上性を有する〈保育〉の全貌を解明するには，想起を成立させる前提ともなる過去把持の様相を明らかにし，さらに省察から次なる保育へ移行する繋ぎ目にも着目して保育者の経験を辿るこ

と，また〈保育〉における省察のパースペクティヴの移動について解明することが課題となるのである。

第6節　本章のまとめ

本研究の端緒として本章では，従来保育行為の判断の根拠を問うことと同義にとらえられ，その意味および根拠を問うことで保育者が直面する別な問題等について研究が深められないままであった保育者の省察に関し，先行研究を三つの視点で概観し整理してきた。第一に省察方法としての記録論，第二に省察内容に直結する動機理論，第三に現象の思い出し方としての想起と過去把持である。以下でそれぞれを要約し，保育者の省察に関する研究の課題を明確にした上で，本研究の目的を同定する。

1．記録論からみる省察

本章では記録論を通して現行の保育研究における省察のとらえ方を整理した。なぜなら省察は保育記録を書く行為と一体であるという考え方が主流であったからである。そこで代表的な記録論として河邊と鯨岡らを取り上げ，両者の比較から二通りの省察論を抽出した。

河邊の記録論は日々の職責を果たす考え方を基底としており，当日と翌日の保育を直接的に Plan-Do-See で繋ぐ保育マップ型記録を提唱する。ここで See に当たる省察は，第一義的に，その日の丹念な振り返りによって保育行為の判断の根拠を明確に自覚することを意味し，今日の保育と省察の繋がりを一単位として連続するものである。保育の場に立ち返り，子どもを目の前にして何を意図したか，保育場面のさなかではたらいた知覚を想起するところから省察が展開される。

鯨岡らの記録論は，より長期的視座で保育者の文脈形成を促し，自覚的な保育観を醸成することに資することを目的としている。保育者が描くことで

表現したいと強く動機づけられる事柄に特化して，保育の現象とその変化を俯瞰し，保育者独自の文脈を完成させる作品的な記録としてエピソード記述を提唱する。保育の場から視点を後退させ長い文脈を視野に収めるため，保育者は脱自的な態度に立つ必要がある。描きたいという動機に基づいて感覚的に省察内容が選択されるものの，省察の過程は極めて知覚的な構成力に頼る。

　これら二つの省察論の相違において本研究の主題に重要な点は，論拠の違いによってもたらされている保育者のパースペクティヴの相違である。前者は保育のさなかに身を置き直し，後者は省察時の現在性において脱自的な態度で保育者自身の姿をも射程に入れた省察を行う点である。このパースペクティヴの違いによって，河邊は保育中の知覚を自覚的に想起し身の内で再現する省察を，鯨岡らは細部を捨象して長期の文脈を形成する省察を，それぞれ提言していることになる。鯨岡らは保育中に感受したことを身の内に再現する省察の重要性も並列して価値を置いており，両方のパースペクティヴを経験しながら文脈を形成する保育記録を考案したのだが，実際には「背景」を描くことの困難さが指摘されている。これは脱自的態度すなわち省察時に定位した省察と，感受する態度すなわち保育のさなかに身を置き直す省察の関連性もしくは連続の仕方に踏み込んだ論述がなされていないために，保育者の実際の省察に体現されないことが原因と思われる。

　保育は初等教育との差異が曖昧であった時代を経て，子どもの主体性を尊重することの重要性が認識されるに至り，保育者の省察が質の転回と向上を求められるようになった。そうした時代の転換にあって，省察は保育記録を書くことと一体にとらえられ研究されてきた。本章第3節では，独自の記録論を転回した河邊と鯨岡らを比較検討し，両者の提唱する記録に依拠する二つの省察のパースペクティヴがあることを見出した。だが二つのパースペクティヴからそれぞれどのような省察がなされ得るか，それらがどのような関連性，連続性をもつものであるかが問われないまま，保育者の省察は戸田の

提起した保育行為の判断の根拠を問うことに専心してきたのである。このことが，客観的なパースペクティヴからの省察を困難にし，現象の背景を描くことを妨げる要因になっていたことがわかった。

本研究は，保育者の省察には両方のパースペクティヴが混在していると考えている。したがって今後の保育者の省察研究は，保育者が保育中に身を置き直して保育行為の判断の根拠を明らかにする省察と，客観的に現象を俯瞰し背景をとらえる省察の関連を明らかにすることが急務であると思われる。パースペクティヴの移動の問題を明らかにすることで，保育者の省察に関する今後の言説はより精緻化することができるだろう。そのためには，保育者が省察を何らかの方法で開示し，パースペクティヴの移動が顕著に析出できる方法論が必要となる。保育記録の開示では，パースペクティヴの相違を読み取ることは十分可能であるが，パースペクティヴの移動を究明することはできないからである。

2．動機理論からみる省察

保育者が保育行為の判断の根拠を問うことは，'何のためにそれをしたか'を自問することであり，目的動機を探ることに等しい。従来の省察研究は目的動機を探ること，および目的動機が明確化したところから現象の理解を深める方法論に終始してきた。しかし目的動機を探る省察は，保育者が保育中のパースペクティヴに立ち直す省察であるため，鯨岡らの強調している脱自的な態度にはならない。このことからも，田代が自分自身をみつめ直す省察の視点を提示したことは，実は保育界において探求されずにいた盲点であったといえる。

そこで本研究が着目するのが，田代の提言した理由動機である。理由動機を探る過程が，保育者の自己理解の過程そのものだからである。人は他者とのかかわりで生き，成長するため，子どもの姿には保育者の在りようが既に内包されている。だから保育者が自分の歴史に眼を向けて保育行為の理由動

機を探ることは、直接的な自己理解のみならず、子どもの姿に映し出される自分の在りようを自覚することをも意味するのである。つまり子ども理解を深めるためには、子どもひとりを視野に収めてその子どもに対しどのような目的動機でかかわったかを自覚するだけでは不十分で、保育者の自己理解が伴うことが必要なのである。

　また目的動機は保育行為のさなかにも自覚することが可能であるのに対し、理由動機は事後にしか明らかにすることができない。このことは、前項で述べたパースペクティヴの相違、すなわち保育のさなかと省察時に定位する省察の違いと一致する。すなわち動機理論の観点からもまた、省察によって保育者がパースペクティヴを移動する様相を解明することは必要であることがわかる。パースペクティヴの移動が明らかになれば、同時に目的動機と理由動機の顕われ方も明らかにできるからである。

3．想起と過去把持の問題が指し示すこと

　保育者は保育後にすべての現象を想起できるわけではない。覚えていない場面の保育行為は、保育者の自発的な省察によって問うことができない。この問題は、保育者が保育行為の判断の根拠を問うだけでは省察が不十分であることを示唆しており、保育者がどのように現象を心に留めるのかは、記憶の問題としては説明しきれない。

　本研究は、保育者の現象の留め方に関して、現象学の想起および過去把持の概念が有効であると考える。保育者は、単体的な記憶を積み重ねるというよりも、身の内に残っていく仕方で現象を留めているように感じるからである。本章第2節2（1）で紹介したM男のジャンプの事例では、記憶にないと語っている場面について、保育者は「きっと…だろう」という表現で目的動機を事後構成的に語っている。しかもスーパーマンになりたいと子どもが言い出してから保育観察と語りまでに2か月以上かかわりの積み重ねがあったことからも、保育者は日々の子どもの行為の解釈を堆積する仕方で身の内

に留めていると考えられる。過去把持が根拠として堆積しているからこそ，「このような目的動機でかかわったのだろう」と言えたのだろう。このように，保育者の子ども理解は過去把持による長い文脈であると考えられる。

　浜口は循環過程として〈保育〉の途上性を示唆し，想起は，保育者の方から掴みにいくばかりでなく向こうからやってくる現象でもあることに，津守に続いて言及した。向こうからやってくる想起の前提には，上で述べた過去把持の堆積による子ども理解の形成がある。日々の解釈を堆積しているからこそ，今日起きた単発的，偶発的な出来事の想起も，これまでの文脈に組み込んで理解を新たにしていけるのである。このように子ども理解形成は日々の想起と過去把持が前提となることから，過去把持が〈保育〉全体に重要であることは間違いない。過去把持の堆積で形成する子ども理解は，保育の途上性とも整合する。したがって過去把持の内実と〈保育〉における意味を明らかにしなければならないだろう。

　また事例で保育者が目的動機を事後構成的に語ったことは，研究者との協働の結果でもあると考えられる。このことから，保育者の省察を研究する方法として内省的な省察内容を記した保育記録に依拠するよりも，研究者に語る方が，目的動機と理由動機の抽出および過去把持の様相を析出するのに適していると考えられる。保育記録は保育者が一人で内省的に省察した内容が記されるのだが，そのような省察の仕方は保育行為の判断の根拠を探ることに意識が集中し過ぎることが懸念され，また記述に用いることばをどのように選び精査していくかが把握できないからである。語りは二者の相互作用により進行するため，憶えていない現象についても省察を展開する余地が生じやすく，ことばの取捨選択も聴きとることができる。

　以上のことから，省察における目的動機と理由動機への着目には，過去把持の様相を明らかにすること，および，省察におけるパースペクティヴの移動を確認しその様相を明らかにすることが課題となると思われる。また，そのための方法として保育記録とは異なる語りという様式での省察に注目し，

書式に限定されないスタイルでの省察方法として検討する価値があることを確信する。

第1章 本研究の目的と方法

第1節 本研究の目的

1．本研究の主題

　保育者の経験という観点から〈保育〉をとらえようとすれば，自ずと，心理的な因果律である保育者の子ども理解の仕方を解明することが課題となる。保育者の心理的因果律に添って省察の内実に迫るためには，省察の成り立ちの時点から掬いとる抽出方法が求められるだろう。序章では，保育者の過去把持およびパースペクティヴの移動を析出するために，保育者と語りの聴き手の二者関係による省察の展開および聴きとりによって詳細な内容抽出が可能になると論じてきた（序章第6節2）。これらのことから本研究の関心は，保育者が子どもの主体性を尊重する保育を行い続けるために行う省察の成り立ちと過程を明らかにすることとなる。そのためには〈保育〉の循環過程を保育者の経験という視座から記述することが必要であり，保育者の語りを主要な方法論とすることになる。保育者の保育行為が子どもにとってどのような意味を有したか，対象保育者の保育の質を検討することはせず，あくまでも保育者にとって〈保育〉がどのように経験されるのかを記述によって理解することを主眼とする。保育の主体は保育者であるという本研究の視座は，保育者の内面の動きへの着目を自然にもたらし，保育者の動機をめぐって〈保育〉を俯瞰することに繋がるのである。

　保育者個々の経験をとらえる研究にあたり，最も重要なのは保育者自身の実感を損なわずに抽出することであるため，語りというスタイルによる省察

に焦点化し対象とする。

　保育者の語りに省察論の出発点をとる研究は希有であるため，語りによる省察の重要性を提示できる点でも，今後の保育研究に貢献が期待できると考えている。

　語りを通してアプローチするのは次の三点である。
①保育者の省察に混在していると思われる二つの位相へのアプローチ
　・保育の当事者として保育のさなかで行為していた位相
　・省察している現在性において保育を振り返る位相
②〈保育〉の各過程における過去把持の内実へのアプローチ
③過去と未来の繋ぎ目および未来を企図する省察へのアプローチ
以上の主題を追究すべく，具体的な研究目的を同定する前に本研究が依拠する保育および省察の考え方を以下に示す。

2．本研究の前提

　序章で検討した先行研究の知見を踏まえ，本研究にとって重要な概念を次のように解釈し，これを研究の前提とする。

（1）子どもの主体性を尊重する保育

　子どものあそびの内容を基本的に子どもが主体的な意思で選択でき，いかなるあそびにおいても教育的な意図，願い，配慮をもって成長発達の一助となる援助を企図し実行する営みを子どもの主体性を尊重する保育とする。保育者は基本的に子ども一人ひとりがあそんでいるところへ出向いて，必要な援助を行う。保育場面において子どもには，好きなあそびを選択し行う点に，保育者には，意図や願いを体現するための援助として

　保育行為を選択する点に，主体性が保障されている。また，保育記録を日々描くか否かは各園各様であるが，保育後に省察を行うことは序章で述べたように保育の性質上自明である。

（2）保育者の省察

　本研究は保育者を保育の主体ととらえ，省察において保育者が固有の子ども理解を形成すること，およびその理解の仕方でさらなる保育に還り，改めて子どもとの出会いに臨むことを保育者の主体的かつ研究的態度ととらえる。上で述べた教育的な意図，願い，配慮の骨格は省察によって形成されるものであるため，〈保育〉は浜口が述べる保育と省察の循環を呈して時間軸を進行すると考える。保育者の省察はしたがって，保育者個々の子ども理解に基づいて'私の保育'を生成し，保育の恒常的な改善と子どもの健全な育ちへの援助に還元される営みとして，保育者による実践研究に位置づくものと考える。

（3）語り

　語りは質的研究への関心が高まるにしたがって，研究の方法として用いられるようになってきた。心理学における語り研究をレビューした能智（2006）は，「ことば」「物語」等の用語と「語り」の意味の違いについて考察した坂部（1990）を参照しつつ，語りの性質を同定した。「ことば」は行為者から切り離されて対象化されており，非時間的で客観的な'もの'としての側面が強いのに対し，語りは'もの'的な側面と'こと'的な側面を併せもつ概念であると能智はとらえている。

> '語り'は〈もの〉的な対照として捉えることも可能だし，また，動きという時間の中で生じ，時間とともに消え去っていく〈こと〉的な側面があるとも言えるでしょう。また，「かたり」が行為的な側面をもつということは，時間的な持続が含まれているということであり，その持続を支えているのは背後に予想される行為者です。そこには容易に主観的な，その人独自の世界の存在が仮定され，その点で'語り'は'言葉'などよりも個人の体験と結びつきやすいのではないかと思われます。
> 　　　　　　　　　　　　　　　　　　　　　（能智正博，2006，pp.14-15）

　上記の能智の指摘から本研究は，保育者の主観としての世界観，保育観に

定位し，従来保育記録を基盤として研究されてきた保育者の省察を，保育者の語りによって対象化することとする。また能智が「'語り'や'ナラティヴ'」として定義を分けていないように，質的研究における語りは，現段階では「ナラティヴ」と明確な定義の区別がなされていない。本研究では保育研究において用いられている「語り」の語を用いるが，「ナラティヴ」との明確な区別はなく，保育者が研究者に「語る」内容および行為の総称として用いる。つまり辞書的な意味での語りとしてとらえる。

また，能智の指摘から，語りの'もの'および'こと'としての側面，時間の持続，行為者の体験との結びつきを語りの性質と考える。語りの'こと'としての側面は，語りの内容が流れ去り消失する性質であることを意味する。このことから，保育記録との対比において語りが資料性の乏しい省察スタイルであると考えられる。しかしこれまで述べてきた語りの有用性に鑑み，資料性の確保を含む保育の実践研究の方法論の問題には踏み込まない。あくまでも語りというスタイルにおいて展開し得る省察の可能性を追究するために，語りを方法論とする。

なお語りの分析の仕方に関しては別に後述する。

(4) 言語表記の問題

本研究で用いるいくつかの言語表記について確認しておく。「保育記録」は保育者が職責において記すものを指し，本研究で研究者が保育現場に観察に入り記したものは「観察記録」とする。また，記録を記述することを河邊は「書く」，鯨岡らは「描く」という表記をしているが，これは単に個人的な嗜好に基づく表記上の差異を越えた意味の違いであると考える。前者は記述行為（Writing），後者は記述による言語表現（Expression）というニュアンスで用いている。本研究は記述行為を指す時は「書く」，表現としての書き表わしを含める時は「描く」と表記する。同様に，「見る」は視覚のはたらきを，「みる」は注意を傾ける心のはたらきを含めたことばとして書き分け

る。

3．本研究の目的

　本研究の目的は，語りによる保育者の省察の成り立ちと意味を明らかにすることである。なお浜口の提唱した保育の循環過程の進行に則って本論文を構成するため，第2章以降の章立ても併せて記載し，次節で各章の概要を説明する。

語りによる保育者の省察の成り立ちと意味を明らかにするために，
1．省察の方法論としての，また研究として保育者の省察を抽出する方法論としての語りの有効性を検討する。語りならではのことば，沈黙，主題が明確化する以前の省察，身体性を帯びたことばに着目し，保育記録を記述しながら行う省察との相違を明らかにする。　　　　　―第2章
2．省察が保育との循環過程の一端としてどのように展開しているか明らかにする。その際，我が国の保育の大きな転回により保育のキー概念とされた'子どもがあそびを選択すること'およびそのための援助者としてかかわる保育者と子どもの'人間関係'を二つの視点として保育の事例を挙げ，分析対象とする（序章第1節2）。
　　1）人間関係の創出性と共にその保育を成立させている省察の内実を分析することで，省察の意味を読み解く。
　　（浜口の「保育の体験」および「省察過程」の段階に当たる）　―第3章
　　2）子どもがあそびを選択する保育を成立させる保育者の配慮と援助を分析する。保育者は，子どもの選択をどのくらい，どのように生かしているのかを明らかにし，省察が選択の実際に反映し循環する様相を「目的動機」「解釈」の視点から読み解く。
　　（浜口の「保育の体験」および「省察過程」の段階に当たる）　―第4章
3．保育当日と翌日の省察内容の違いから，保育者のパースペクティヴの違

いおよびそれぞれの意味を読み取る。パースペクティヴの違いとの関連で，

1）省察における目的動機と理由動機の顕れを確認し，
2）過去把持の機能を明らかにする
（浜口の「省察過程」段階に当たる）　　　　　　　　　　　　　―第5章
4．未来の保育の構想のうち，従来から「計画」立案として定着している行為レベルの企図および長期的な過去把持を根拠とする目的動機の違いを明らかにする。さらにこれらが，保育とどのように繋がっていくかをも検討する。
（浜口の「省察過程」および「再び実践へ」の段階に当たる）　　―第6章

以上の研究の成果を踏まえ，考察では，保育者が経験する「直接体験」としての保育，「間接体験」としての省察という視点で考察を行う。「直接体験」「間接体験」は Schütz, A の提示した概念の援用である。「直接体験」は子どもと直接かかわる生活のさなかにおける経験，「間接体験」は子どもとのかかわりから時間的空間的に離れて過ぎ去った保育の時間を振り返ることによる経験の意で援用するものである。本研究では第3章，第4章が保育者の「直接体験」を，第5章，第6章が「間接体験」へのアプローチとなる。
　　　　　　　　　　　　　　　　　　　　　　　　　　　　　―終章

第2節　観察と聴きとりによる質的研究方法の検討

　語りによる保育者の省察研究は従来なされなかった方法であるため，本節で方法論の検討を行う。まず本研究がとる方法的スタンスを明確にし，研究の流れに沿って方法論を検討する。
　本研究のスタンスは，研究の資料となる保育記録と語りの逐語録作成の根拠にある。①保育者を保育の主体とみなすこと，②保育者の経験として〈保

育〉の過程を記述すること，③保育者の独りよがりな構成にならぬよう，研究者の視点との対話とすること，である。このスタンスは，社会構成主義の流れをくむ Schütz, A の現象の見方を踏襲している。社会構成主義とは，「一見確固とした実在のように当事者に思われている事象（たとえば性差，伝統，文化，歴史，国民性，自己など）を社会的に形成されたものとして捉え，その過程を分析する立場」(Flick, U, 1995, p.645) である。社会的構成主義の立場に立つと，保育者の語りが事後的な構成および聴き手との相互作用による構成（序章第 4 節 2，序章第 5 節 1）として省察をとらえることが可能となる。

　また〈保育〉を保育者の経験としてとらえることは，保育者が形成する文脈に添って現象を理解するスタンスを意味している。つまり序章で述べたように，「その出来事を経験する保育者の心が強く揺さぶられたとき」（鯨岡ら，2007）に生起する省察を重要視し，「対象との共感が内在的理解の前提となる」（西原，1998）との考えに立脚し，保育者が形成する省察の文脈を理解しようとする研究者の立場をとる。したがって保育者その人にとっての現実，言い換えると現実の多様性を認める立場であるため，どのような保育観が正解であるかという，唯一普遍の真理を追究する問いの立て方をしない。'このような経験でもあり得る'世界として，〈保育〉を記述し，読者との対話の素材を提供する。

　省察の意味内容の是非を問うのではなく，省察が「意識に保たれていく時間意識の働き」（山口，2002）を明らかにするためには，保育者と共感的関係性を築き，省察内容を可能な限りことばの選択レベルから聴きとることが課題になると考える。また，保育者が実感を直裁に開示できる関係を築かなければ，保育者の経験を対象化することはできないため，文脈の完成体としての保育記録の分析によらず，語りという聴き手との関係性で両者の共感に基づいて文脈を形成する方法が最適であると考えている。以上のことから本研究は，社会構成主義の人間観および社会観に基づいて，保育者が保育の現象

から形成する文脈に立脚した省察研究を展開する。

　研究方法を組み立てるに当たり，その基本精神は，保育者理解を通して〈保育〉を理解し記述することとし，保育観察と保育者の語りの聴きとりを主軸に据えた質的研究とする。以下で，質的研究の方法論を本研究の流れに沿って検討し，具体的な研究方法の同定に繋げることにする。

1．参与観察という方法

　研究方法としての観察は参与観察と非参与観察に大別できるが，いずれも研究をフィールドワークたらしめるものであり，現象を観察者の肉眼でとらえることを基盤とする。観察は既に質的研究の中核的研究方法として，社会学の調査，エスノグラフィー，質的心理学等多方面で用いられている。エスノグラフィーではカメラ等の機器を用いながらも，参与観察者の肉眼でとらえる直接感受性が最重要視されている（佐藤，1992，宮内，2005）。

　参与観察は特定の現場に入り込むことで，場の状況や場の住人との直接的なかかわりによって情報を収集することはもちろんのこと，観察調査のロジックおよびプロセスが開放的であることも特徴である。開放性は，①収集しつつある情報に応じて問題の定義を修正する余地が常にあること，②インタヴュー等，他の方法と適宜組み合わせることが可能であること，によって保証されている（Flick, 1995, p.275）。参与観察は，保育者が事後に，あるいは語りの聴き手との相互作用によって形成するものとして省察をとらえる本研究のスタンスに適合する観察方法といえる。Spradley (1980) は，参与観察を「描写的観察」「焦点観察」「選択的観察」の3段階に分けており，段階ごとに研究の焦点が絞られ，目的的な観察に移行するとしている (p.34)。観察の開放性に応じた「厚い記述」(Geertz, 1973, 佐藤，1992，伊藤，2004) は，主として描写的観察の段階で，あえて様々な視点を有した状態でなされることになるだろう。

　本研究は保育者の視座から省察を理解・記述したいため，まず研究者が保

育の場に身を置いて主体的に生きる経験をすることが，省察内容を内在的に理解するための端緒となると考える。そのような目的で観察を行うため，観察方法は必然的に参与観察ということになる。ここでいう本研究の必然性は，以下の二点に集約できる。

（1）保育者の主体性の尊重による内在的理解の実現として

　観察対象についての楽学舎（2000）の見解は本研究を始めるにあたり，非常に参考となる。癌細胞に例えられる自然科学の観察対象は，研究者をはじめとする当事者たちが知ると知らないとにかかわらず（気づくと気づかないとにかかわらず），存在するのに対し，患者の孤独感や納得という人間科学分野の不可視な観察対象は，それを当事者が覚知してはじめて存在するというものである。これは主体の視座に定位して現象をみようとする本研究の基本姿勢と重なるものである。しかし主体の視座に定位するためにフィールドへ出向き，場を共有して生きることをしても，それだけで容易に内在的な理解が成立するわけではない。

　宮内は，保育現場での参与観察の経験から，多数の子どもとの不測のかかわりに晒された状態でとらえた現象の解釈は，見間違いなどから生じる誤解だけでなく，観察者（ここには保育者も含まれる）が持ち込むものの見方によっても，現象本来の意味解釈から逸れる可能性が多分にあることを指摘した。宮内は幼稚園での参与観察で出会ったＴくんが，他児となじめず逸脱し，集団の一員になれていない状況を，「排除の物語」化した経験を振り返って自己批判している。

> マリア幼稚園の生活世界を理解するために幼稚園内に入らせていただいたにもかかわらず，外部から持ち込んだ，しかも筆者が傾倒している「ものの見方」によって，現象を切り取ろうとしていたからである。フィールドに分け入っていても，まさに内在的な理解とは程遠い，外在的な理解を筆者は行おうとしていたのかもしれない。このような理解が結論として先に保持されているのならば，わざわざ

フィールドに出かける意味はないであろう。　　　（宮内洋，2005，pp. 82-83）

　宮内の省察が示唆するのは，そのフィールドの住人の視座でものをみること，内在的に理解すること，研究者の側にも固有の見方があると自覚すべきことである。肉眼で見届けることの理は，これらの要件を満たすことによって成立すると考えられるだろう。

　そもそも保育者の省察を研究対象とすることは，不可視な現象としての保育者の経験へのアプローチを意味する。それはまた，子どもと保育者の内面の動きをとらえようとする着眼に発してもいる（序章第4節4）。保育者の経験としての〈保育〉を理解しようとすることの妥当性については，岩田（2011）の言及で既に明らかである（序章第4節4）。

　保育者を内在的に理解することから省察の問題に立ち入るために参与観察を行うことは，上記のように誤解を基盤として考察を展開する可能性をも認めることになる。しかし，それでも保育者の経験として〈保育〉を理解するスタンスをとるには，必然的に保育者の心理的因果律に依拠することになる。本研究は，保育の世界を外側から観察し何かを発見するスタンスでなく，可能な限り保育者の視座に定位したものにしたいからである。研究者が，観察者としての一方的な見方で〈保育〉の現象を理解しきれると考えるのは，宮内の指摘する「外在的理解」にとどまることを意味するだけでなく，人間を対象とする人間科学が主体の存在を尊重する人間観からも根本的に逸脱することになる。研究者の肉眼でとらえた現象は，保育者のことばを通して意味の了解が得られると本研究は考える。

　このように保育者の省察を内在的に理解することを意図すると，保育の場を対象化し外側から現象を眺める観察ではなく，研究者自身が主体的に現象に参与し，保育者の経験の一隅を擬似的ではあれ経験するスタイルの観察に辿り着くのである。

（2）保育者と研究者の協働として

　それでは，参与観察を行う研究者はどのような立場でフィールドに身を置くべきであろうか。本研究は榎沢のとる研究者としての身の置き方と近い。榎沢は研究者がフィールドを主体的に生きることの意味を次のように述べている。

> 私自身が保育世界を生き，体験することにする。そして，私自身の体験した事実に基づき，それを手がかりとして考察を進めることにする。その際，私はただ保育世界に身を置くだけではなく，保育者であろうと努めることにする。すなわち，積極的に保育世界を生きてみようと思う。それは実践的に保育世界に関わることである。このような，研究者自身が研究対象と関わり，それを体験するという仕方での研究を「実践的研究」と呼ぶことにする。　　　　　　　　（榎沢，2004，p.39）

したがって本研究は榎沢のいうところの「実践的研究」である。ただし本研究は，研究者が保育現場で保育者になることはできないと考えている。それは，前出の河邊が強調している保育者の責任という点において，研究者はそれをもつことも共有することもし得ないと考えるためである。また，保育現場により，あるいは参与するクラスの担任保育者により，研究者の受け入れの度合いは異なるであろうことを想定するためである。しかし，研究者であっても，単に保育世界に身を置いて垣間見る姿勢ではなく，その世界を主体的に積極的に生きることを研究の方法論的中核に据える点においては，榎沢と同様である。また，保育現場の方針に添って違和感のない居方に努めることは重要であろう。保育現場にいて違和感を与えない，一人の参与者としての積極さを自らに課して，研究に着手する。

　そのような身の置き方で参与観察を行い，保育者と経験の場を共にすることは，保育者と研究者の協働で研究を進める端緒となるだろう。多くの保育現場において保育者と研究者の協働研究がなされている。けれども本研究の特徴は，検討すべき現象が保育者が眼を止め，他者にも伝えたい，後に残したいという動機をもって省察する内容にあると考える点にある。保育者が主

体的に選択した省察内容，もしくは現象に迫られて意識化した省察内容（序章第5節2）に焦点化しなければ，保育主体である保育者の視点や問題意識とは無関係な検討になってしまうと考えるからである。したがって保育の実践的研究は保育者の主体性を基点とするべきであり，逆に，保育者を検討の基点に位置づけることで保育者に主体性を認め尊重することができるのである。保育者の主体性を尊重する態度で保育を観察するには，保育行為の表れ方や子どもと保育者の関係性を実感できることが重要となるため，参与観察が妥当であるといえよう。

以上のことから本研究は保育の参与観察（以下，保育観察とする）を行う。特定の保育現場，保育者，子どもとの関係性は，研究の進行と共に新たな問いや発見を生むかもしれない。保育という様々な人間のかかわりが織り上げる現象は，想定外の問いが生起する世界でもある。その可能性を予め認めた上で研究を進める。

2．語りの聴きとりという方法

本研究は基本的スタンスとして客観的な因果律に拠らないことから，保育者の独りよがりな文脈に依存してしまうことに留意しなければならない。そこで，保育の参与観察と保育者の語りの聴きとりを組み合わせる手法をとることで，研究者の観察および保育者の語りへの関与の余地を確保し，保育者の独りよがりな文脈形成の可能性を回避しようと考える。

(1) 語りの方法論的利点

保育者の省察研究の多くは保育者の記述した保育記録の分析によってなされているものの（序章第3節），近年，語りを方法論の中核にした保育者の省察研究も増加傾向にある[7]。しかし保育者の語りを方法論とすることの妥当性については検討されぬまま，語りを素材として保育者の省察を抽出し分析することが，近年積み重ねられているのが現状と言わざるを得ない。本研究

は省察の動機を重視する観点から，保育記録を素材とすることではみえてこない省察内容の精選される過程にも目を配る省察研究を目指し，保育者の語りに着目した。浜口ら（2008）の言及は，語りへの着目の必要性を示唆している。浜口らは保育者養成カリキュラムの開発を企図する研究の中で，学生による保育記録の記述方法を模索している。その「試行途上にある成果」を参照する。

> メールによる記録の多くは PC から送られてきていた。手書き記録とメール記録の違いについて学生から意見をきいた。①手書きの方が長くなりやすい。メールだと簡潔に書こうとし，簡単な言葉を選ぶ　②メールだとレポートらしくまとめようとする。特筆すべきことがないと，手書きの方が書きやすい。
> 客観的に比較すると，①手書き記録には絵や図が多い　②矢印や括弧で文章を自由にくくったり関連付けたりしやすい　③箇条書きのメモのような記録が手書き記録に多い　④観察と記録経験の長い 3 年生の方が，違いをあまり気に留めていない
> 以上のことから，手書き記録の方が思考プロセスをそのまま表現しやすいこと，また記録経験が長くなるとメール記録の自由度は上がることが推察される。
> 　　　　　　　　　　　　　　　　　　　　　　　　　（浜口ら，2008，p. 230）

このことから，同じ文字記録でも手法・媒体が違えば書きやすさや内容に差異が表れることがわかる。手書き記録とメール記録の書きやすさを分けている条件は，おそらくメールの方が機器を使用するため，文字数等の制約が大きいことであろう。読み手が画面で文章を読むことを考えると，紙媒体のように長文にすることは憚られる。そこで簡潔な表現を意識すると，とりわけ保育記録を書き慣れていない者には，伝えたい内容が表現しきれない書きにくさが感じられるのだと思われる。簡潔にも書けるようになった上級学生になると，伝えたい内容を盛り込んで簡潔に書けるようになるため，両者の違いを違和感とは感じなくなるのだろう。

また手書き記録に絵や図が多いということは，前述してきた河邊の保育マップ型記録のように，省察をリアルタイムで立体的に表しやすいことが重要

な要件だということである。手法と媒体の違いによって書きやすさが異なることは，記述の問題にとどまらず，省察自体が行う場や状況，省察スタイルの違いで内容や過程が異なるであろうことを示唆している。制約の大きさという点においては，保育記録の記述より語りの方が，さらに省察を表現する自由度が高いと考えられる。また表現を塗り替えてことばを重ねる様子など，ことばの捻出プロセスまでも対象化できることが，語りの方法論的利点であることは序章で述べたとおりである。

（2）語り手と聴き手の関係性を前提とすること

次に語りを聴きとる際の保育者と研究者の関係性について検討する。本研究は基本的に，保育者の保育を理解し，保育者のみている世界を共有することを目指す実践的研究である。このスタンスは当然，参与観察にも語りの聴きとりにも通底することを，ここで確認しておきたい。

保育者の主観を基盤とする理由の第一は，保育者が省察を他者に開示するには，自己開示の勇気を要するためである。はじめから批判の眼を向ける他者に，人が自己をどこまで開示できるかを考えると，「あなたの認識，あなたの眼差しを共有したい」と思いながら寄り添う姿勢で耳を傾ける他者であることの方が，結果的により詳しく保育者の省察を聴きとることが可能であると思われる。第二に，保育者個々の主体性を信頼し尊重する立場をとるためである。これは前項で述べた。以上の理由により保育者の語る省察には，基本的に批判の眼を脇に置き，そこで聴いた省察内容をもって観察した保育場面を再度意味づけし直しながら，また保育者の意味づけに寄り添う眼を養いながら，傾聴することとする。

この態度は「対象との共感」（鳥薗，1992），「内在的理解」（西原，1998，宮内，2005）と称される，主として現象学の分野での対象と被対象の関係に当たる。西原らは，対象との共感が内在的理解の前提となると述べ，共感の基盤は当事者の語りにじっくり耳を傾けること，参与観察・インタヴューとい

った手段を尽くして語りを採集することであると述べている。

> これはまた〈前提としての共感〉に帰ることでもあるが,「その対象に関心をもつのは,そこから何かを学ぼうとするから(島薗,1992,p.117)」ということになる。
> (西原ら,1998,p.79)

　研究者も主体的に保育の時間と空間を生き,保育者の保育行為を現在形で感受した体験が,聴きとり時に「あの時この保育者は何をどのようにみていたか」という関心となり,発見を引き起こす下地になるであろう。共感がもたらす内在的理解を基盤にしてこそ,保育者その人にあえて視点を絞り,ローカルな視座から保育者の省察を研究する意味があると考える。

(3) ナラティヴとして聴くこと

　本研究が保育者の語りを,ナラティヴと同義で用いることは前に述べた。ここでは意味の異同ではなくインタヴューの仕方として,いわゆるナラティヴ・インタヴューと称される研究方法を取り上げる。以下で述べるように,ここで取り上げるナラティヴは対話の中で構成される個別な語りを指しており,「物語」と訳すに相応しい意味で用いられている。

　語りを聴きとる方法としてのインタヴューには,構造化された形式のものの他,よりオープンな半構造化インタヴューもあり,実際に研究での使用頻度が高い。中でもナラティヴ・インタヴューは主にバイオグラフィー研究で用いられている方法で,聴き手が予め生成する質問は,語り手の経験領域に焦点を絞ったものである必要はあるが,広範な領域全体を見通した非特異的な質問である場合もある。たとえば「あなたの人生についてお話いただけますか?」という質問である。その場合,回答の自由度は高い。ナラティヴ・インタヴューは次の三点が特徴として際立つ。第一に,語り手は物語が完結するまで語り続けること,第二に,語り手は聴き手が語り手の経験を追体験し理解できるように語ること,第三に,語り手は聴き手の理解に必要な背景

情報と文脈をもって語ることである。(Flick, U. 1995, pp. 216-219)。

インタヴューにおける回答の自由度の高さは，研究のスタンスが真理発見的でないことを意味する。やまだ（2007）は，質的研究が現実の多重性を認めるものであり，多重のナラティヴを往還する対話として記述するものであることを指摘している。やまだが述べる多重の現実世界とは，やまだ自身のことばでは次のように説明される。

> 多重とは，単なる複数化，つまり数量的に多いことではなく，世界を見る異質の見方が複数あるという意味である。　　　　　　　（やまだようこ，2007，p. 177）

実在とされるものが実は一つの構成物だと考える立場においては，人々が依拠する知見もその人々によって選ばれている一つの見方・基準に照らして正しいとされているに過ぎないことになる（Bruner, 1990, pp. 34-35）。Brunerは同書で，「経験（および，われわれの経験の記憶）を枠付ける典型的な形式は，物語の形式で…（省略）…枠付けは，経験を記憶の中にまで追いつづける」と述べ，物語の形式に構造化されることによって人間の経験は記憶に留まるとも言及した（pp. 34-35）。

> 一言で言えば，経験を「もち，保持する」ことに関わるまさにそのプロセスを知ることができるのは，われわれの世界についてのフォークサイコロジー的概念に染まったスキーマを通してなのである。つまり構成要素としての信念と，…（省略）…時系列配置，つまりプロットの形でそれらを含む大規模な物語とを通すことによって知ることができるのである。　　　　　　　　　　（Bruner, 1990, p. 85）

以上の知見は，保育者の語りに依拠して保育者の経験としての〈保育〉にアプローチすることの方法論的妥当性を示しているといえよう。

本研究は，これまで述べてきた保育者の主体性への敬意と保育者への内在的理解を目指す観点から，オープンな組み立てで保育者自身の経験を聴きとり理解する方法としてナラティヴ・インタヴューを採用する。主観的経験への着目は，個々の現象の見方や文脈を認め，尊重する態度に繋がる。保育の

世界でも既にこうした観点から，保育者の主観的経験を理解するため，ナラティヴを用いた研究は行われている。磯部（2007）は，保育研究においてなぜナラティヴに着目するのかという問いに，次のように根拠を述べている。

> われわれが耳を傾けようとしている保育の物語の筋立ては，実に多様である。言い換えれば，語り手が誰であるかによって，あるいはどこを切り取るかによって，その筋立てが異なってくる。
> 担任保育者として日常的に子どもにかかわっている保育者は，今，まさに目の前にいる子どもの物語を語るであろうし，時にクラスに立ち寄る園長は，その担任が経営するクラスに生活する子どもの姿という文脈で物語るかもしれない。また，その子どもの記録を読んだ研究者は，客観的な子どもの成長の物語として，その姿を語るかもしれない。どの語り手も，その子どものことを語りつつあることには違いないが，そこにはおそらく多少の「ずれ」や異なる筋道が生じてくるはずである。
> こうした「ずれ」に目を向け，その語りに耳を傾けること，そのことの意味を確認する必要がある。つまり，語る者によって生じる「ずれ」の意味そのものを問い直す必要があるのである。 　　　　　　　　　　（磯部裕子，2007，pp.5-6）

　語る者によって異なる語りが生成されることを認めるのは，個々の現象の見方および文脈の形成を尊重する態度そのものである。言い換えると，保育者の省察の内実を明らかにするためには，保育者の主体性を認め，その保育者に固有な見方を理解することからしか出発できないのであり，研究者は自らの質問によって語りの内容を構成する姿勢を捨て，保育者の身の内から発せられることばを，まずは聴きとらねばならないだろう。

　一方，ナラティヴであるがために生じ得る問題点もある。保育者が'構成する'経験の語りであるため，語りの内容は語りの場の状況や前項で述べた聴き手との関係に影響されることが予測される。したがって語りの場の状況および聴き手との共感に基づく関係によりどのような影響や成果がもたらされたかについても考察の視点を有するべきであろう。

3．対象の選定

　質的研究の中でも本研究は二重の解釈を扱う点に一つの特徴を有している。一つ目は保育者が保育場面や子ども一人一人の行為の意味を文脈として解釈することであり，二つ目は保育者が一つひとつの解釈を元に形成する文脈を研究者が解釈することである。質的研究とりわけ語りを方法論とする研究の対象者は，研究領域が心身の治療に特化している場合が多いため，病気・暴力等の語りを有する者であることが多い（Kleinman, 1988，安田，2005）。

　現象学による研究において患者の語りを分析している Steeves (2005) がサンプリングについて著していることを参照する。Steeves はまず，現象学が人々の世界の解釈の仕方を理解することを目的としている点を指摘し，対象者は「ほかの人と共有するある経験について何か話したいことがあるかもしれない」者であると述べる。さらに Steeves は無作為抽出法はこの種の研究サンプリングに不適当である理由を次のように説明している。それは特定の経験に関して「意味を見出さなくてはならなくなった人々のサンプルが」ほしいからである。このような観点で対象者を選ぶに当たり，諸特性（たとえば性別，年齢，人種）ごとに同人数を揃えるといった設定の仕方をとらない。

> 変数とみなし得る個人特性の集まりという観点で情報提供者をとらえず，むしろ，重要な経験に意味を見出しながら自分自身のことをどのように思っているのかを1つの映像に描写してくれる人としてとらえるのである。
> 特徴を拾い出してサンプリングを扱うとしても，人が自分の経験の解釈の仕方に影響を及ぼしている複雑な人間の世界を単純化しすぎてはならないことに注意すべきである。　　　　　　　　　　　　　　　（Steeves, R, H, 2005. p.74）

また Steeves の言及はサンプルサイズの問題にも及び，サンプルの妥当性が量によってはかられるのではなく，「現象あるいは経験に関して十分なデータを集めるために必要とされる接触の密度の濃さ」の方が問うべき重要な問題であるため，密度が増すほどサンプルサイズを縮小する必要があると述べ

た。現象学による研究で語りの聴きとりを方法とする場合，経験主体が時間をかけて出来事を経験し，その生きた時間の中で「意味を見出さなくてはならなくなった人」の語りがサンプリングされているかが，より高い関心事となるのである (p.83)。子どもの主体性を尊重する保育を行う保育者は，その職責において日々子どもと共に過ごした時間を振り返り，意味を見出そうと省察する者であり，且つその意味について他者と意見を交わして保育の質を高めようとする者たちである。

しかし，保育は保育者にとって未完の循環過程であり，職業生命の全過程が途上性を有していることを考えると，多くの研究が経験年数による保育観の差異（入江ら，2013．小原，2014），保育行為選択の根拠の差異（堀，1997）に注目することも看過できない。語りを保育者個々の経験の表現と考えれば，表現の内容や仕方に経験年数の差異は表れるかもしれないからである。経験年数による比較は行わないにしても，対象保育者選定に際し経験年数のばらつきを考慮することは，保育者の省察研究にとって必要であると思われる。

なお，現象学的研究においては，対象者を「情報提供者」と呼ぶのが一般的であり，かつ適切な表現と考えられている。「彼らは，私たちに彼らの経験についての情報を与えてくれる」存在であって，研究者が客観的に観察する対象というよりも研究のパートナーに近いからである (Cohen, 2005. p.19)。本研究もCohenの提唱する意味で保育者とは研究の協働者という関係をもつこととするが，研究における位置づけを表す呼称は従来の保育研究にしたがって「対象保育者」とする。

4．現象学的研究における分析の妥当性の担保

質的研究の中でも分析方法に現象学の視点・現象学のものの見方を基盤として有するものを，現象学的研究と呼ぶことは認められるだろう。本研究はそうした意味で現象学的研究の一端に位置づくといえる。事例考察の視点がSchütz, Aの提示したいくつかの概念であることは既に述べているとおりで

ある。

　保育者の語る省察内容をナラティヴとして聴くことは，保育者がその社会的職責において主体的に生きた実践の動機を可能な限り尊重し，保育者の形成する文脈によって〈保育〉を理解することを基盤に研究を組み立てることに繋がる。このような研究の組み立てを具体的に実現するには，個々の保育者のローカルかつ個性的な経験の文脈を直視できる方法として，事例の構成と質的分析に行き着くのである。質的研究は，客観的因果律を明らかにしようとする分析が結果の信頼性・客観性を重要視するのとは異なり，妥当性を重んじる。妥当性の保証はさらに，分析過程にまで及ぶことが求められる。すなわち質的研究のデザインは，量的研究ではアプローチできない関心と目的を有することが前提である。信頼性とは，通時的にも共時的にも分析結果の恒常性が保証されることを指す。だがこの基準が満たされない場合にこそ，質的研究の意義があるとも考えられる。この基準が満たされない時に，なぜかを問い，異なる方法からどのような視点が生起するかを調べることが重要となる局面が，保育の世界には頻繁にあるからである。妥当性とは，"研究者が知りたいことをみているか"を確かめるものである（Kirk and Miller, 1986)。

　Flick (2011) に倣い，「現実というものが知覚，解釈，記述などの社会的な構築から独立して存在するのではなく，社会的に構成されたものだという前提」に立つと，質的研究の妥当性は確かさ（certainty）よりむしろ説得力（plausibility）や信憑性（credibility）で評価されると考えられ，現象の正確な再現ではなく表現し提示することを目指すものとなる（Hammersley, 1992, pp. 50-52）。質的研究の評価基準を妥当性とするのは，研究が明らかにしようとしている現実を表現・提示できているかが重要な指標であるためである。本研究が事例分析の視点に一貫して援用する Schütz の以下の見解は，研究が明らかにしようとしている現実が，そもそも実在論的な事実ではないことを示している。

第 1 章　本研究の目的と方法　65

　　純然たる事実といったものは，厳密にいえば存在していない。事実とはすべては
　　じめから，われわれの精神の諸活動によって全体の文脈から選定されたものなの
　　である。したがって事実とはつねに，解釈された事実である。すなわち事実は，
　　それが内属する文脈から人為的な抽象化によって切り離されているとみなされる
　　か，あるいはそれが位置する特定の背景のもとで考察されるかのいずれかである。
　　　　　　　　　　　　　　　　　　　　　　　　　　　　(Schütz, A. 1973, p.51)

Schütz の言及に従えば，本研究は保育の主体である保育者が形成する文脈を事実として理解・表現・提示しようという試みであり，事例考察の過程および結果の妥当性は，保育者の解釈に照らして齟齬がないことで保証するものとなる。つまり保育者の納得できる文脈で分析するということである。また Hammersley の提示した「説得力」は読者の共感度によって，「信憑性」は保育者の形成する文脈との整合性によって，保証されることになる。

以上のことから，保育観察と語りの聴きとりを研究方法とすることが妥当であると判断した。また，対象の選定については，
①保育者が保育の時間をどのように経験しているか，つまり子どもの主体性を尊重する保育を行っているとみなせるか否かを問う。
②省察を行う必要性を十分感じて日々実行している者であること。
③省察内容を語りによって研究者に開示し，分析に伴う密度の濃いその後の接触が可能であること。
④研究全体における対象者の年令・経験年数を考慮し選定しながら進めること。
以上を留意する必要がある。

第 3 節　本研究の方法

　第 2 節で検討した方法論をふまえ，保育者の語りから省察を理解し，保育

者の経験としての保育と省察を記述する本研究は，保育観察と語りの聴きとりを行い，資料の分析に当たることとする。具体的にとる手順と留意は以下のとおりである。

1．保育観察

（1）観察を行った期間

本研究は，のべ10年間にわたる保育観察を行った。どの年度も年間を通じて特定の園の特定のクラスに継続して入った。観察の頻度は平均して月に一度である。

（2）対象の選定

対象園は幼稚園2園（国立と私立）である。対象園および保育者は次の観点から選定した。①対象園は，子どもの主体性を尊重する保育を実践する園であること。②対象保育者は，様々な年令および経験年数の者を選び，各年令・年数特有の経験の語りに偏らないよう配慮すること，である。なお対象とした2園が子どもの主体性を尊重する保育を行っていると判断したのは，以下の三点に該当していたからである。

①子どもが一人ひとり好きなあそびを選択し，取り組む生活を送っていること
②保育者は子どものあそびの場に出向いて，個別に把握している課題を意識してかかわる実践を行っていること
③実践の妥当性を，日々省察し自問していること（保育記録を書いているか否かは問わない）

年度ごとに入った学年は様々であり，対象保育者は7名である。研究の時期，対象園の概況，対象保育者のプロフィールと担当学年は次のとおりである。

C幼稚園：保育者5名を対象に，1994年2月から2000年3月までの期間，1

ヶ月に1度の調査を行った。

　国立C幼稚園は東京都内の中心地に位置し，オフィス街でありながら閑静な住宅地を有する地域にある。在園児は近隣在住で徒歩通園である者と，公共の交通機関を利用して通園する者がいる。在園児数は160名程度で，3才児から5才児までそれぞれ2クラス構成となっている。担任は各クラス1名だが，フリーの保育者を1名擁している。

　研究期間におけるC幼稚園の担任保育者は7名である。対象としなかった2名のうち1名は，年令および経験年数がS保育者と近く，もう1名は新任であったため保育者としての業務に慣れていないという理由で，対象としないことを園長との協議で判断した。C幼稚園で対象となった5名は次のようなプロフィールの保育者たちである。

T保育者：4年制大学で心理学を修め，さらに他大学で児童学を学ぶ。卒業後ただちにC幼稚園に勤務し，調査初年度（2年間にまたがる調査を行った）で26年目であった。調査した2年とも3才児の担任であった。

A保育者：4年制大学で児童学を学ぶ。大学卒業後，ただちに東京都の幼稚園教諭となる。15年間勤務した後C幼稚園に移り，調査初年度（2年間にまたがる調査を行った）で7年目であった。したがって経験年数は合計で22年である。調査初年度は4才児，翌年度は持ち上がって5才児の担任。このクラスの子どもたちは，3才児では別の保育者が担任していた。

S保育者：4年制大学で児童学を学ぶ。大学卒業後，ただちに東京都の幼稚園教諭となる。1年間勤務した後C幼稚園に移り，調査初年度

（2年間にまたがる調査を行った）で6年目であった。したがって経験年数は合計で7年である。調査初年度は4才児、翌年度は持ち上がって5才児の担任。このクラスは3才児からこのB保育者が担任している。

E保育者：4年制大学で哲学を，またその後同大学で児童学を学んだ。大学卒業後，ただちにC幼稚園の保育者となる。調査年度が14年目であった。4才児クラスの担任。このクラスは3才児の時は別の保育者が担任していた。

Y保育者：4年制大学で児童学を学ぶ。大学卒業後ただちに東京都内の私立幼稚園に6年間勤務した。C幼稚園へ移り，調査年度で5年目であった。したがって経験年数は合計で11年である。はじめに勤めた幼稚園は一斉活動を主とする形態の保育を行っており，C幼稚園での子どもの自由なあそびを主軸に援助を行う保育形態への適応に苦慮した経緯をもつ。3才児クラスの担任。

R幼稚園：2011年4月から2014年3月までの期間，約1ヶ月に1度の頻度で調査を行った。

私立R幼稚園は千葉市内の閑静な住宅地にあり，周囲には一戸建て家屋とマンションが立ち並んでいる。教育機関も多数ある文教地域でもある。在園児はほとんどが近隣在住で徒歩または自転車で通園している。在園児数は100名程度，3才児から5才児まで各学年1クラスである。担任は各クラス3名ずつで，そのうち1名は非常勤という構成になっている。

R幼稚園で対象となった2名は，次のようなプロフィールの保育者たちである。R幼稚園で研究期間に担任をしていた常勤の保育者は他に6名いる。

6名のうち1名は男性であるため比較に適さないこと，1名は新任であること，他4名は年令・経験年数の点で対象保育者のいずれかと近いため，対象としなかった。4名を対象とせず下記のM保育者・N保育者を対象としたのは，種々の業務との兼ね合いで研究協力の負担を園長が考慮し，協議した結果である。

M保育者：短期大学で幼児教育学を学んだ後，4年制大学で児童学を修めた。大学卒業後，ただちにR幼稚園に勤務し，調査年度が3年目であった。3才児クラスの担任。

N保育者：短期大学で幼児教育学を学ぶ。大学卒業後，ただちにR幼稚園に勤務し，調査初年度（3年間にまたがる調査を行った）で23年目であった。調査初年度はM保育者と共に3才児を受け持ち，4才児，5才児に持ち上がった。

　対象保育者の事例採用および経験年数は以下に示す表のとおりである。経験年数3年から26年までのばらつきを呈している。事例考察において経験年数による省察内容の比較は行わないが，省察に経験年数による視点や過程の影響があるとも考えられるため，対象保育者選定については園長との協議でばらつきを考慮した。また，第3章がT保育者のみ，第4章がA保育者のみの事例であるのは，当該する章の主題追究のため連続した保育の事例を要したためである。なんらかの資質または能力の差異によって両保育者の事例を意図的に多く採用したわけではない。各章の主題に適した現象が保育観察で見出された，または主題に合致する文脈の語りが表れたという理由で事例の採用を判断した。

（3）観察のスタイル

　保育の場に身を置いて現象の経験を保育者と共有する参与観察を行う。本

表1 事例と対象保育者

章	事例	保育者	経験年数
第2章	事例2-1	T保育者	26年
	2-2	A保育者	22年
	2-3	M保育者	3年
	2-4a	Y保育者	11年
	2-4b	M保育者	
第3章	事例3-1	T保育者	
	3-2a	T保育者	
	3-2b	T保育者	
	3-3	T保育者	
	3-4	T保育者	
	3-5	T保育者	
	3-6	T保育者	
第4章	事例4-1	A保育者	
	4-2	A保育者	
	4-3	A保育者	
第5章	事例5-1a	A保育者	
	5-1b	A保育者	
	5-1c	A保育者	
	5-2a	S保育者	7年
	5-2b	S保育者	
	5-3	E保育者	14年
	5-4a	N保育者	23年
	5-4b	N保育者	
第6章	事例6-1	A保育者	
	6-2a	S保育者	
	6-2b	S保育者	
	6-2c	S保育者	

研究における参与観察の目的は，第一に保育者の省察を内在的に理解する端緒とすること（本章第2節1（1）），第二に保育者を保育の主体と位置づけること（本章第2節1（2））である。具体的な観察の留意点を述べる前に，第2節で検討した内容から参与観察であることによる利点を整理し確認しておく。

①保育者が子どもと直接かかわりをもっている保育の場を研究者も共有し，立ち会える範囲において直接肉眼で場面を見届け，かかわっておくことができる。研究者も情報収集の目的に特化せず，保育者の経験の場を自分の感覚で感じ取り，自分の視点をもって主体的に生きる体験ができる。

②保育の場で生起する現象および保育に対する研究者の内在的理解を助ける。内在的理解を目指すことは，保育者の経験を保育者と研究者の協働により解釈し表現・提示する研究の構造を実現することに繋がる。

③肉眼でとらえた現象または保育行為の意味を，保育者の語りに照合して解釈できるため，保育者または研究者の独りよがりな解釈を回避することができる。

以上のことを踏まえ，以下に記す方法で保育観察を具体化した。

対象園はいずれも子どもの主体性を尊重する保育を行っているのだが，各園特有の状況が調査過程で生じるかもしれない。また保育現場によって異なる研究者の受け入れ具合い，受け入れの条件や求められる居方をできるかぎり尊重すべきであると考える。そこで園長と必要な協議を行って各園とのかかわり方を取り決めた。C幼稚園・R幼稚園いずれも，観察眼をむき出しにせず，自然に子どもとかかわりながら過ごしてほしいとのことであった。子ども一人ひとりが自分のあそびに取り組む保育スタイルであるから，研究者への要求もそのようなものになるのだろう。観察眼をむき出しにしないこと，場に違和感を与えない居方をすること，子どもと自然にかかわること，こうした研究者の参与の仕方自体が，本研究の見出す知見を左右するであろう。その点にも留意し，必要に応じて分析対象とする。

（4）保育記録の作成

　保育記録は，保育の妨げにならないと判断した時と場において，保育中にメモをとった。まさに備忘録としてである。子どもと保育者の行為とそこに沸いた研究者の疑問，背景の推測，自分自身がもった子どもとのかかわりとそこから感じたことなどを自由に書き連ねた。保育観察終了後，ただちにＢ４用紙にメモの内容を整理し清書した。項目は「時間」「子どもと保育者の行為」「心に生起したこと」である。保育記録はＢ４用紙で概ね２枚程度となった。できるだけ早く書き上げたのは，保育中に動いた心がそのまま表現できるようにという備忘録の生々しさを大事にしたかったことと，保育後の省察時に保育者に開示するためである。

　保育記録は，研究者が一つの保育現場で得たローカルな学びの表しと考える。楽学舎の述べる人間科学の基本精神を踏まえ（本章第2節1（1）），保育者と同じ土俵の上で，互いに影響を与え合い協働する関係であるためには，保育の場に遠慮し過ぎて壁のように目立たない存在であろうとすることは，かえって子どもに生活の不自然さを与えてしまう。また逆に，研究者の主体性・積極性といって自分勝手な振る舞いも当然違和感をきたすであろう（本章第2節1（2））。そうではなくて，影響を与えてしまうことを適正な意味で逆手にとり，子どもとは場を共に愉しむ参加者として，保育者とは保育の目標を理解する協働性を認めてもらえる存在として過ごした。

　そのような時間の内実を書き残した保育記録は，隠すことなく後述する省察の段階で保育者に開示した。またこの保育記録は，本研究の実質的な協働研究者といえる保育者たちとの，共に保育の現象について考え分析する作業に資するテクストとしての機能をもつよう努めながら描いた。具体的には，各章の主題に添った事例の作成および分析に必要になるかもしれない情報，たとえば子どもの行為が続いた時間や実際になされた発話，視覚・聴覚でとらえた現象とそこから観察者が推察・考察した内容の区別などを盛り込んで記述した。

2．保育者の語りの聴きとり

　保育後に，提出した保育記録を見ながら，保育者に「今，省察していること」を語ってもらった。聴きたい内容を予め研究者が決定し依頼するのではなく，基本的に保育者の語りの内容も順序も保育者に任せた。保育者の形成する文脈を理解するためである。語りの聴きとりを保育者理解の立場で行うことは，第2節の検討から次の利点があるといえる。

①保育者を保育の主体とみなし，保育者が自覚する保育者の経験を理解することができる。保育者に定位した研究デザインを実現できる。

②客観的な因果律ではなく，保育者の心理的因果律によって〈保育〉をとらえることができる。

③保育記録の記述に比して，保育者の表現の自由度を高め，ことばを捻出するプロセスまで把握することができる。

④保育者のみている世界の共有を志向して傾聴する聴き手であることによって，保育者の自己開示を妨げず省察を対象化することができる。

　なお，平均的な聴きとり時間は保育者により大きく異なるため事例を扱う章ごとに記載することにするが，30分平均の保育者もいれば毎回90分近く語る保育者もいた。

(1) 語りについての取り決め

　語りの方法は第一に，内容を限定しないことである。つまり，保育観察当日の出来事であれ過去の保育の出来事であれ，保育者が今この語りにおいて生起している省察を，そのまま語ってくれるよう依頼した。第二に，当然のこととして研究者はその内容を研究上必要な場合にのみ，事前に了承を得て公表することがあるという，個人情報および守秘義務にかかわることである。園内の他の保育者との雑談においても，この聴きとりで聴いた内容は決して口にせぬよう自戒した。また，保育記録はもとより，口述する逐語録作成の

テープ起こし作業も他者に依頼することなく単独で行った。保育者が研究者との関係性で語ってくれた内容を，資料作成の時点で不必要に漏らさぬためである。

(2) 逐語録作成

　保育者の語った省察内容はすべて録音し，テープを起こして逐語録を作成した。逐語録は単に音声を文字に変換しただけではなく，ニュアンスや語の強調点が少しでも後で読み返して蘇るよう，記号を用いて作成を工夫した。前述したが，語りは保育者と研究者の構築する関係性において発現するものであると考える（本章第2節2（2））。だからその内容を安直に他者に漏らすことは，語ってくれた保育者との関係を，研究者が粗末にすることであると考える。そのため，前節で述べたが，逐語録作成作業をいかなる他者にも依頼せず，事例を他の研究者と検討し合う段階までは口外しない意図で単独で行った。

　なおこの逐語録は，研究の一次テクストに位置づけるものである。

3．事例の作成と考察

　本研究は保育観察と保育者の語りを組み合わせて事例を構成することで，保育者の独りよがりを可能な限り排し，保育者と研究者の視点が対話的に含まれるようにする。

(1) 事例の作成

　繰り返し述べているように，本研究は保育観察と保育者の語りの聴きとりを方法論の両輪とする。保育者の省察から学べることを可能な限り学ぶため，複数の手段を組み合わせて行う。したがって保育観察の観察記録および保育者の語りの逐語録を一次テクストとし，これを基に各章の目的に添って事例を作成する。

観察記録の記述は基本的に「背景」「観察記録の抜粋」「保育者の語り」で構成し，語りの記述は聴き手をKと記す。語り手である保育者もアルファベット表記とする（本節1（1）の表記と同様）。事例全体の書式は基本的に「背景」「観察記録の抜粋」「保育者の語り」「考察」とするが，書式の一貫性よりも読者に伝えたい情報をわかりやすく書き込むことを優先するため，項目の増減を行う場合もある。序章で取り上げた河邊が保育記録の書き方を研究しているように，保育記録は保育者の保育を最も表しやすく，また最も読者にその保育の本質が伝わりやすい書式が'その人の保育'における適切さと考えられるからである。保育者個々も，各園の書式に制約がなければ自分らしい保育記録の書式を試行錯誤する。本研究も各章の主題，取り上げる事例の素材によって提示の仕方を工夫する。また，事例作成の段階から当該保育者との対話を開始する。'私の保育'を基に作成された事例として納得できる表現・提示ができているかを保育者に確認するためである。

　「背景」は当該観察以前に積み重ねた保育観察および保育者の語りから，観察者（聴き手でもあるK）が理解している内容であり，「観察記録の抜粋」は出来事を時系列に整理し記述する。保育者の行為の時間的流れや間隔が必要な情報であれば「観察記録の抜粋」に時間を記載する。「保育者の語り」は語感を残したい場合には逐語録に忠実な記載をし，そうでなければ要約を提示する。ただしこれらは事例の出来事や子どもの姿を表現するのに必要な情報であるという判断で記載するため，記載内容が必ずしも考察に直接生きるとは限らない。また，「背景」もしくは「観察記録の抜粋」の記述がない場合もある。

　構成した事例の内容は，すべて当該保育者の査読を経て決定し，考察に進む。

（2）事例の考察

　作成した事例を二次テクストとし，章ごとの目的に添って現象学の概念を

視点に解釈し考察を行う。具体的には Schütz の「目的動機」「理由動機」「過去把持」「企図」の概念を各章の主題により分析の視点とする。

　前に述べたように本研究の作成する一次テクストは，非常にローカルなものである。この生々しさに満ちたローカルなテクストから作成した二次テクストから，上に挙げた概念を用いて，保育者の省察に関するより抽象的な知識を構成するための作業が考察に当たる。だが抽象化を優先するあまり，研究者の勝手な結論づけは避ける。保育者の主体性すなわち保育者個々の見方および形成する文脈を尊重する態度にも反するからである（本節第2章（3））。また同じ理由で，考察過程の妥当性を事例の当該保育者の実感に照らし，齟齬の有無を確認する。確認作業は必要に応じて対面，電話，Fax，メール等可能な限り状況に最適な手段を講じてやりとりすることを指すが，Steeves が述べる「現象あるいは経験に関して十分なデータを集めるために必要とされる接触の密度の濃さ」（本章第2節3）は，各章の主題により濃淡が異なる。

　論理的な妥当性がある知識も，実際の保育現場の状況や保育者の実感と乖離したのでは，主体の視座に定位する人間科学の根本に反しており（本章第2節1（1）），また保育者の実感を無視した論理が保育の実践研究として意味ある知見とは考えられない。そこで研究者の自然科学的，発見的視座による考察が，一方で同じ研究者の人間科学的，共感的視座によって適切にコントロールされる必要があることに留意し考察する。

第2章　省察の表現としての語り
―事例分析の経過①―

　本研究は一貫して語りを聴きとる方法によって，保育者の省察内容の理解に迫る。序章で述べたように，保育者の省察はこれまで主として保育記録の記述と不分離なイメージでとらえられ，省察研究の積み重ねも記録の読み取りによるものが大半であった（序章第3節）。だが語りだと，保育者が保育の文脈を整理した状態だけでなく省察のはじまりから対象化することができ（序章第6節3），しかも聴き手との関係性も検討の視野に入る（第1章第2節2（2））。

　そこで本章では，語りならではの省察が抽出できるか否か，また語りの場に両者のどのような関係性が築き得るかについて，事例に基づいて論じていく。

第1節　語りに表れることば

【事例2-1】心を動かしてほしい
〈背景〉
　3才児クラスのD男は，入園して1か月あまり経つがほとんどことばを発しない。表情の変化も乏しく見える。担任のT保育者にも他児にも自分からはたらきかけることはなく，幼稚園での好きなあそびも未だ見つけられないまま過ごしてきた。入園して間もないある日，年長児が入園プレゼントとしてD男に渡そうと差し出した手づくりのバッグを，D男は受け取ろうとしなかった。なぜ受け取らなかったのか，T保育者はその後省察を続けているものの理解できずに日々のかかわりに苦慮している。

クラス内では園庭に落ちている実や石などをビニール袋に集めるあそびが広がってきていて、それを楽しみに登園する子どもも日増しに増えてきた。毎朝T保育者から袋をもらい、その袋に絵を描いて持ち歩く女児たちも出てきた。子どもたちが探す一番の目当ては桜の木の実で、この実はいつのまにか子どもたちの間で「お豆」と呼ばれるようになった。

〈観察記録の抜粋〉　　　　　　　（T保育者を「T」と記す）（カッコ内の数字は時間）
(9：36)
T：E太に「E太くん、先生お外に行ってきますね」と伝える。
(9：38)
保育室には4才女児3名が入室し、Tに話しかけたり思い思いにあそんだりしている。この3名は昨年3才児の1年間をTが担任した子どもたちである。Tや昨年過ごした保育室が懐かしいのか、4才児になっても頻繁にこの保育室に入室しては、ひとしきりあそぶ。
(9：40)
砂場でスコップを使っている4才女児に、「こうして…」と見本を見せながらスコップの使い方を教えている。
(9：44)
保育室から庭へ出たところに立っていたD男に話しかける。「…（不明）…じゃ、お山行ってみましょうか」。砂場でスコップを使っている3才男児に、砂場の外から「Fくん、こうやって」とジェスチャーでスコップの使い方を示す。そのままD男と連れ立って山へ行く。3才女児2名（M子、S子）と男児（Y男）もついてくる。
(9：48)
山の入口付近でTとM子、S子がしゃがんでお豆を探している。
T：D男を見上げて「D男くん、ほら、こういう三角の石があった」と、掲げて見せる(1)。
(10：04)
皆でつり橋を渡る。
(10：07)
T：「D男くん、袋どうしたの？」と尋ねる。

D男：Tのことばで立ち止まり，キョトンとする。
T：「D男くんの大事な袋はどうしたかな？」
D男：「……」
(10：08)
T：山小屋付近で「D男くん，いちごいらなーい？」と尋ねる。
D男：黙ったままTのいる草むらに目を向ける。
T：「はい，D男くんの袋あったから」と言いながら，D男にビニール袋を渡す。
D男：いちごを採っているTの側に立って，その様子を見ている。
T：「あっちに（いちごが）あるみたい」と言って，山の西側にある木陰を指さす（2）。D男の手をとり，反対の手で草を分ける。「あ，ほらあった。採れる？」（3）と言いながらD男の顔を見る。
D男：手を伸ばしてへびいちごの実を採る。
(10：14)
T：「じゃあ行きましょう」と立ち上がり，子どもたちと連れ立って山から下りる。

〈T保育者の語り〉　　　　　　　　　　　　　　　（Kは聴き手である研究者）

T：D男くんはほんっとにしゃべらない人だったの。表情もわからないでしょう？
K：はーい。
T：なんだか意思がわからなくて。
K：ええ。
T：で，嫌な時だけはねえ，嫌なの。ガンとしてやらないっていう感じで。
K：おー。
T：それで，おとといだと思うのね？…「汽車やりたい」って言われたの（①）。
K：…ほーう？
T：それで初めてことばが出た。…それで今日は（お豆を入れる）袋をみんなに渡してる側で，うろうろしてるから「D男くんもいるの？」って聞いたら，「うん」って言うから渡したんだけど，お豆がないのね？　せっかくF子ちゃんが拾ったのを「はい」ってD男くんに渡してくれたんですよ。
K：ええ，ええ。
T：だから「D男くんよかったわね」って。（それなのにお豆がないので）なん

のためにその袋を欲しいと言ったんだろうと（Y：うーん）いうことが私に理解できなくて。
　でもやっぱり何か，見つけたいんだろうなと思って，て。
K：はーい…。
T：だからD男くんのためにはちょっとお山に行かなきゃいけないなと思ってたんです（②）。
K：あ，それで…。
T：そこはね？
K：はい。
T：お砂場も気になるし，4才児の人たちがこの保育室であそんでるのもどうなのか，とか，保育室のことも気になったんだけど，D男くんがうろうろうろろしてビニールの中に手まで入れてこんなんなって，で，やっぱり欲しいんだろうな，何かが，って。
K：はい。
T：それでまあ，そこに行ったって何が欲しいのか私には理解できなくて，…でも，へびいちごもらってくれてよかったんですよ。でも潰してましたよね。で，帰る時はぐちゃぐちゃになって。でも潰しちゃうからいらないのかなと思うとそうでもなくて，見つければ…。
K：で，持って帰ったんですか？
T：採れないのね？　あれはなんなのかな。まずね，草むらに入るのに抵抗感があったみたい。私がこうやって一緒に探しに，こうやって（D男の）手をとったでしょう？
K：はい。
T：でも足がね，止まるのね？
K：ああ。
T：それで私と手をつなぐのがやなのかなあと，ちょっと思ったんだけど，そうじゃなくてただ，…そういうのがダメなのかなあって。
K：ええ，ええ。
T：だから，まずはその草むらの中にすっと積極的に入れない。
K：ええ，はい。
T：で，欲しいけど採れない。
K：うーん。
T：私が採ったんじゃ面白くないだろうと思ったから（笑）。

第 2 章　省察の表現としての語り　81

K：そうですね。「採れる？」って言って，先生草分けて，してましたよね？
T：自分で採った方がいいかなと思ったけど（③）それはダメだったから結果的に私がみんな採って。
K：はい。
T：でもそれは嫌がらないで持って帰ってくれたから，あれは，ちょっとよかったと思ったんですけど。あれは，全っ然わかんなかったんです，何が欲しかったのか。本人も別にへびいちごが採りたかったのかどうかは，最初からそういう気持ちがあったかどうかはわかりませんけど。
K：はい。
T：ただ，(これが) 欲しいものだと（笑）思ってくれたっていう。…これでわかんなかったら私はどうしようかなって…シロツメクサとかね。
K：はあい。
T：花が咲いてるから花はもらってくれるかな，とか，ちょっとね（笑），悩んでたんですけど。あの橋を渡るとすごく喜ぶ人いるから。
K：はい。
T：あそこを渡れば少しはいいかなと思ったけど，別にあれも楽しそうじゃなかったでしょ？　一応，渡りましたけどね。
K：(笑) そうですね。表情がないですよねえ。
T：よくわかんないですよねえ…。

【事例2-1の考察】
1．保育記録の資料性とジャーゴン

　保育記録は，保育中の子どもや保育者の動きが表現できるよう工夫し，自分の保育の文字化に適した書式が求められる。したがって逆に，記述作業と一体化した省察は書式を思考の枠組みとすることになる。保育記録は書式に従った視点で継続的に省察を積み重ねることを容易にし，可視的に何度でも確認できる資料性の高い方法であるといえる。その一方で，記述であるが故の行為上の制約はあり，多くの保育者の書く保育記録が保育ジャーゴンの多用により資料としての有用性を低める結果になっているという山内（2007）の指摘もある。保育ジャーゴンとは，「育つ」，「促す」，「気づく」といった

抽象度の高い用語による省察の表現を指すものである。山内が指摘している問題，たとえば，豊かな経験がなされていると保育を評価していても，豊かさの意味やその実践における豊かさの内容を問うことはしていないという保育者の現状は確かにあるだろう。山内は保育者の使う保育に特有なことばを「保育実践ジャーゴン」と「保育指導案ジャーゴン」に分類した。そして前者は保育の文脈に即して用いられる点において高く評価し，後者については重要な問題を提起した。「保育実践ジャーゴン」は保育者が子どもを呼び集める場面で「テラスで電車になるよ」，並ばせたい時に「みんな，へびさんになっているよ」などと言う，保育に特有な主として話しことばである。一方「保育指導案ジャーゴン」（以下，「ジャーゴン」とする）は，文字どおり指導案に記す書きことばを指していることに留意して，山内の指摘を参照する。

> 「保育指導案ジャーゴン」は，保育の文脈とは別に使用される全く別の言語形式である。これは，保育実践をその文脈を離れて計画したり，その実践を表明したりする際に用いられる特殊言語である。たとえば，「保育指導案」などで記載される子どもの学習行為は，「自己の充実感を味わう」「豊かな心情の芽生えを培う」「やり遂げようとする気持ちをもつ」「不思議さに気付く」といった言語形式で記載される。これは，小学校以降の教育現場ではあまり使用されない言語形式である。
> （山内紀幸，2007，p.207）

> 問題なのは，「『充実感を味わう』ってどういうこと？」「『豊かな感性をもつ』ってどういうこと？」という最も基本的な問いに対して，保育の世界では誰も答えられないということである。「保育指導案ジャーゴン」は，子どもの学びの姿の具体的イメージを何も指し示さない。つまり「保育指導案ジャーゴン」は高踏化されすぎた言語であり，それらを具体のレベルへと還元するサブカテゴリーがないということが一番の問題なのだ。このため「保育指導案ジャーゴン」で語られる子どもの評価が，結局，保護者のため，子どものため，次の保育実践を見通すための有効な言語となり得ていない。具体的な中身が問われないサブカテゴリーなき「保育指導案ジャーゴン」は，保育者同士あるいは専門家たち同士を，わかり合ったような気にさせるだけの偽装言語にすぎない。
> （山内紀幸，2007，pp.225-226）

保育者が本当の意味で専門性を有するには，生涯発達の観点からみた幼児の対人関係能力の育成にかかわるだけでなく，論理的，社会的，音楽的，視覚的，運動的な発達を見通し，「いま・ここ」で生起している子どもの「学び」を語れなくてはならない。つまり，「豊かな経験」という言葉の中でうやむやにされていることを，「見える」ようにしていかなくてはならないのである。

(山内紀幸，2007，p.234)

　語りは流れ去ってしまう掴みどころのなさがあるものの（第1章第1節2(3)），そうした資料性の低さがあってもなお，研究方法としては聴きとりと記録との併用で補うことは可能である（第1章第2節）。また保育記録に関する著述において，現在では保育の主体として保育者がその事象をどうとらえたかを率直に記すことは肯定されている。保育者が「あなたの観たこと，保育中に感じたり考えたことをそのまま文字化すればよい」と言われれば，現実的に保育記録を記述は着手しやすく容易な作業となり，結果的に保育行為の判断の根拠を検討する機会ももちやすくなるに違いない。そうした背景もあって，保育者の主観を出発点とするエピソード記述に関心が高まったともいえる。鯨岡ら（2007）の「誰が描いても同じようになるように描かれてきた」問題は，まさしくジャーゴンの多用と深く関連している。記録は保育者個々の保育の向上に資する資料としての価値にとどまらず，結果的に読み手となる他者との間で問題を共有し，共に保育の検討を行う資料としてもまた価値がある一方で，記述に要する文章構成や，書式による省察そのものの受ける制約により，本来の省察目的が達せられない場合もあるのだろう。

2．ジャーゴンを用いない表現

　TはD男が自分の手でへびいちごを採ることを明らかに「促して」いる。「促す」は前述した山内のいうところのジャーゴンに当たる。Tはようやくことばを発したD男（①）に，やりたいあそびを実現してほしいと願っていたからである（②）。この願いは保育を観察している研究者には，その場で

は理解できない。せっかく自分もお豆が欲しいと心を動かしたのだから，D男自身の手で欲しいものを採れるよう手助けする心積もりでいたことが，語りを聴いて初めて理解できる（③）。だが残念ながらお豆は落ちていなかった。観察記録には石（1）やへびいちご（2）に興味をもたないかと試行錯誤であれこれ見せ，誘いかけている様子が記されている。へびいちごを採ってみる気になったD男と手をつなぎ，Tが草を分けて「あ，ほらあった。採れる？」とD男に尋ねている（3）。

このように，TがD男のイメージをできるだけ自分で実現するように「促した」といえる実際の保育行為は，「石を掲げて見せた」，「いちごは欲しくないかと尋ねた」，「草を分けた」，「へびいちごを探して見つけた」，「あったとD男に伝えた」，「自分で採れるかどうか尋ねた」ことであった。これらの保育行為は総じて，「こんなことができる環境にいることに気づいて，興味をもってほしい」「環境にはたらきかけることから生活を創り出していけることを知ってほしい」という願いに基づく極めて具体的な行為である。T保育者の語りには，それら一つひとつの具体性を損なわずに自身の保育行為に整合すると思える動詞を用いて言い分けている様相が表れている。

T保育者はなぜ，「私はD男が自分でへびいちごを採った方が，満足感も達成感も味わえると考えたので，彼自身の手で採るよう促しました」と簡潔に語らなかったのだろうか。考えられることの第一は，「促す」が複数の意味内容を包括することばであるため，T保育者が，今ここで身に引き戻している保育中の感覚を言い当てているように実感できなかったのだろうということだ。第二には，「促す」に集約される意味内容が，Kが観た場面を言い当てたことばとして伝わらないと感じたためではないだろうか。T保育者は元来，観察者には自分の保育観を理解して場面を観てほしいと考えている保育者である。それは保育者として当然の願いでもあろうが，T保育者はKの観察と保育後の語りを自らの成長に資する貴重な場であると考えているため，とりわけKに理解してほしいという動機が強い。また，Kが観察場面は観た

だけでは理解できないと考えている研究者であることも，T保育者は十分に周知しているため，なおさらKの理解のありように関心を払っている。だから，「私は促しました」と言ったところで，Kに場面の意味が生気をもって迫り，Kが観察場面を活き活きと生き直す体験をすることにはつながらないと考えただろう。保育のジャーゴンである「促す」は，本事例における具体的な促す保育行為を曖昧にしてしまう。曖昧にすることで，検討のテーブルにのせる可能性に蓋をしてしまう。

　後半の語りでT保育者は，'やりたい（と言った）お豆探しを楽しんで欲しい'ために行った保育行為として，「そこ（山）に行った」「私がこうやって一緒に探しに，こうやって（D男の）手をとった」「結果的に私がみんな採って」「橋を渡った」ことに言及し，お豆探しをより主体的にやり出すよう行為を促していたことを語っている。今日実際に起こった出来事のさなかで刻々ととらえたD男の表現としての行為，それに対する保育行為，そしてこの二つをつないでいたのがD男の表現の意味を理解できていないというT保育者の葛藤であったことがわかる。ジャーゴンによってうやむやにされがちな子どもの表現についての保育行為の背景と動機が，保育行為に整合的に対応する動詞の使用によって保育者固有のとらえ方を端的に表現できると同時に，他者にも保育場面の意味を了解できる表現にもなっている。

3．語りに表れる保育場面の背景

　T保育者の語りには今日の出来事の背景が詳らかに表れているし，保育行為の判断の根拠も詳細に表れていて，どちらを欠いても観察者には場面の意味が了解できない。山へ行った動機，保育行為決定の動機を知ってはじめて，保育場面に身を置き直している観察者は本当の意味で山へ同行し直すことができるのである。

　観察記録では，T保育者がD男はじめ数名の子どもたちとお豆を探しに山へ行き，D男とやりとりしている様子が出来事のスタートとして記述されて

いる。だがT保育者は，その出来事を成り立たせた背景である，保育行為の判断の根拠から語り始めた。T保育者が語った場面成立の背景とは，D男と山へ行くことについてのT保育者の強い動機である。保育室で繰り広げられている様々なあそびや他児の様子も気になってはいて，そうした一つひとつへのかかわりの必要性も認識していながら，それでもD男と山へ行くことに有意性を見出していたのである。その動機をKに伝えるためには，D男に関するこれまでの自分のとらえの積み重ねをまず理解してもらう必要がある。保育場面の背景はこのように，その場面がなぜ，またどのように成立したかに遡って説明するための経緯や状況，保育者の動機の描写であると考えてよいだろう。

　語りをとおして省察を聴きとると，保育者が背景をとらえていることがわかる。保育者が語る保育行為の動機は保育場面の背景として聴き手に伝わり，聴き手（観察者）が保育場面の意味を了解するためのリソースとなるのである。また保育を観察し，ある程度場の状況や流れを知っている聴き手がいることによって，聴き手に観察中には観ることのできなかった部分を理解してもらいたいという動機が生じるために，背景を説明する必要に迫られるからである。目の前に聴き手がいて常に反応をフィードバックされる状況下では，聴き手が場面の不可視な部分も理解できるよう提供すべき情報として，背景は自ずと出てくるのであろう。

第2節　保育者と聴き手の関係性

　第1節では，保育行為と整合すると保育者自身が納得できる動詞を用いて語られる様相を明らかにし，さらに語りという自由度の高い表現様式では聴き手の理解を得ようとする動機もはたらくため，保育者は自然に保育場面の背景を言語化できることを明らかにした。だがこれは語りの自由度と同時に，本研究における保育者と聴き手の関係性に起因するとも考えられる。そこで，

保育者と聴き手の関係性を探ることとする。

【事例2-2】「せんせい」「せんせい」
〈背景〉
　3才児クラスのM子は，入園して1学期の間，自分の興味にしたがってあそびをみつけ，じっくりあそび込んでいた。一人であそぶことも多いが，J子と一緒にあそびたがる姿も見られた。それが2学期になると，「せんせい」「せんせい」とA保育者の助けや，あそびの共有を求めることが多くなった。観察記録には，M子がA保育者を求め，一緒にあそびたがる場面が5か所記述されている。
　A保育者は，クラスの子どもたちが「せんせい」「せんせい」と自分を求めて寄ってくる状態と，その関係から踏み出して友だちと好きなあそびを展開する状態とがあることに着眼し，そのような視点で一人ひとりの子どもの様子を語る頻度が高かった。こうした子どもたちの様子に最初に着眼したのはA保育者で，語りの場においてKと共有するに至った話題であったのだが，Kが一時期「せんせい」「せんせい」が多発することに固執した経緯もあるので，この語りでA保育者が「せんせい」「せんせい」に言及したこと自体，Kの関心を意識してのことであった可能性も考えられる。

〈A保育者の語り〉　　　　　（カッコ内は加筆）（語りは保育観察の当日に実施した）
　　A：M子ちゃんが「せんせい」「せんせい」ってすごかったでしょう？
　　K：そうですね。
　　A：ここのところ，そうなんですよねえ。1学期は割と，鉄砲玉？　あんまり先生を必要としなかったんですよ。
　　K：そうですよねえ。しっかりした印象でした。
　　A：そう。で，むしろ先生がいなくても平気だったのが，今は「せんせい」「せんせい」で。でも私はむしろ，いいかなって思ってるんですね。きっと前はほんとに一人でやってて十分だったのが，今は誰かあそび相手がほしいんだろう

けど，J子ちゃんとはうまくいかないんですよね。M子ちゃんもJ子ちゃんもものすごく（互いに対して）関心があるから，M子ちゃんのところにはJ子ちゃんが行くし，K子ちゃんのところにはM子ちゃん行くんですけど，ダメなんですよ。いっつも大抵けんかになっちゃうから。それでなんか，「せんせい」「せんせい」ってすごく言っていて。でも今日は「せんせい」「せんせい」って言いながらも，Hくんが一緒にいたり。

K：ええ。

A：M子ちゃんも，別室にいましたよね。あそこ（園庭に敷いたござ）に仕切りなんかつくっちゃったんですよね。

K：あ，そうですか。

A：仕切りをつくったのはHくんかIくんか，どっちかなんですけど。J子ちゃんのコーナーとM子ちゃんのところと，一本ピッて積み木で仕切りができてて。

K：ええーっ？

A：だから…共存してるんだけど，なーんか，あるんですね。

……………………………………………………………………………

K：ん。最初はM子ちゃん，Hくんとすごーく親密にやってましたけど，その二人も仕切られたわけですか。（1）

A：いや。最初はM子ちゃん，HくんはJ子ちゃんと仕切られた。Hくん，J子ちゃんの隣（のござ）にいるんだけど

K：ええ，ええ，いましたね。

A：M子ちゃんもご馳走三人分つくるんだけど，J子ちゃんの分はないんですよ。で，私が「J子ちゃんもこっち来て食べる？」って言ってもM子ちゃんは「ダメ」って。幸いJ子ちゃんのところにはIくんが来て，私も「じゃ，そっちで美味しいのつくって」なんて言ったんですけど。Iくんと二人でつくったのがあったから，J子ちゃんも淋しい思いはしなかったんですけど，あの二人は，でも寄っちゃうんですよ。ああいうふうに，同じ場所に。だけど…ん…。

K：そういえば先生がお庭にいらして，みんなが割とお庭に行った時も，J子ちゃんが誰かに「M子ちゃんのところに行くの」って言ってました。（2）

A：でしょ？　私M子ちゃんに「鉄棒（するから）見て」って言われて，行ったんですよね。見てたらJ子ちゃんが来て，「J子ちゃんも」って，M子ちゃんと張り合う，…はっきりそう言うわけじゃないけど，でもM子ちゃんをどかして自分がやろうとするんです。お山に移動した時にも，結局最後はJ子ちゃんとHくんが剣を持って一緒に移動してましたよね。

K：はい。
A：で，（山から）下りてきてしばらくして私が見たら，ござが三枚敷いてあって。で，
M子ちゃんは自分とHくんと先生の分って，ご馳走つくって。
K：ちなみにM子ちゃんはIくんのご馳走は用意しなかったんですか？（1）
A：最初はなかったんです。あの二人は後から…。だからあの二人はちょっと今，…ま，無理ないんですよ。両方とも割と自分の思いどおりにしたいし。でも二人とも相手には関心があるからいっつも寄り添っちゃう。で，うまくいかなくてけんかして。
K：んー。じゃあ，まだまだ，M子ちゃんとJ子ちゃんの関係って，変わっていきそうですねえ。
A：と思うんですけどねえ。J子ちゃんも結構，自分がやりたいって言ったら相手の状況は目に入らないから，結構強引にやっちゃうんですよね。M子ちゃんと一緒の時もM子ちゃんとあそぼうとするけど，M子ちゃんがやってるものを無理矢理，…取ろうと思うんじゃないけど，やろうとして取っちゃう？とか，それもちょっと，ね。
K：そうですねえ。

【事例2-2の考察】
1．聴き手との関係の変容

　A保育者の語りは前半と後半に分けて検討する。語りの前半（…の上部）では，A保育者が子どもの行為の意味づけを行っている。主な内容は，M子の今日の状態と，1学期との比較における最近のM子の様子である。A保育者は「せんせい」「せんせい」と呼びかける頻度が「すごかった」と振り返り，それはともすると問題視されがちな子どもの状態であるのだが，「むしろ，いいかなって思ってる」と意味づけている。続く1学期との比較，J子との関係についての語りは，この「むしろ，いいかなって思ってる」A保育者の意味づけの根拠としてKに理解されるものであり，保育場面の背景としても同時に了解される内容である。そして今日のM子の状態について，J子と共存してはいるものの，うまくいかない何かがあると意味づけを重ねるこ

とで，結果的にKには，様々な成長の葛藤を経て次の成長へとステップする前の充電期間のように受け取れるのである。こうしてKが理解したA保育者の文脈は，K自身の場面理解となっていく。保育者が保育場面の背景を説明する語りが，聴き手の場面理解のリソースになることは，既に検討した【事例2-1】と同様である。ここでは保育者の意味づけも保育場面成立の背景となることを確認するに留める。

　この前半の語りにおけるKは傾聴と内容の理解に専心している。問いが生じればそれを発する可能性はあったものの，根本においてとにかくA保育者の文脈を知り，場面を改めて理解し直すことを主眼としているのである。そのため両者はやや固定的な役割関係にあるといえよう。両者は，保育のさなかでA保育者が身を置いていた位相に共に立って保育中の出来事に眼と意識を向けている。物理的位置関係にたとえるなら並ぶ関係といってよいだろう。この並ぶ関係によって，保育の主体であるA保育者は批判の眼に晒されていない安心感をもって保育を振り返り，KはA保育者の保育中の視点を疑似獲得することができたのである。

　語りの後半（…の下部）では，A保育者とKの関係に変容がみられた。前半の最後部，M子とJ子が共存しつつもうまくいかないのだとA保育者が語ったところで，実は両者に当話題が一段落したという無言の了解が生じていた。ここで別の話題をA保育者が持ち出してもおかしくなかったのだが，しばしの沈黙の後，A保育者が話題転換の意思を表さなかったことから，Kが発話を開始した。前半では一貫してA保育者の語りを傾聴していたKが，この話題の文脈を共に形成しようとする主体的な聴き手に転じたのである。Kは前半のA保育者の語りで不明瞭であったM子とH男の位置関係を確認することから，A保育者のさらなる語りを求めたといえる。A保育者は，Kの質問で今日の場面に引き戻されたかのように，改めて出来事の只中に定位して具体的な語りをした後，M子とJ子の関係に再び帰着する。「せんせい」「せんせい」と連呼するM子の行為を，A保育者はJ子との関係に左右されるM

子の現状としてとらえているため，J子との関係を抜きにはM子の今を語ることはできないのだろう。

ところでM子とJ子の関係については前半でも既に語られているのだが，前半での言及と後半でのそれとでは，A保育者がとらえている子どもの心情の向きが逆になっている。前半では'一緒にいたい'から'離れて自分を立て直したい'子どもの心情を語ったのに対し，後半になるとこの逆の方向で'複雑な思いをしながら''寄っちゃう'と語り直している。A保育者の語りは，この語り直しから弾むような勢いをもった。ここでKは同意を示しながら聴いているのだが，状況確認の質問を発したり（2）観察したことを話題にのせる（1），など，同調の中にも傾聴とは違う主体性が表れている。このことから後半の語りは，A保育者とKが文脈形成の協働者となっていると考えられる。同じ方向をみていた前半の並ぶ関係から，一つの話題を挟んで語り合う対面関係へと移行したといえるだろう。

2．ことばと沈黙

語りがその前半で保育者と聴き手の並ぶ関係を，後半で両者の対面関係をなしており，前半と後半を分けているのが沈黙であることを前で述べた。この沈黙に付与し得る意味を考えてみたい。

後半のA保育者の語りが弾むような勢いをもったと前項で述べた。一旦終息した話題であるにもかかわらず，A保育者の発話量は後半明らかに増している。そして，M子が「せんせい」「せんせい」になる理由であるM子とJ子の関係について，前半では'一緒にいたい'から'離れて自分を立て直したい'という方向で，後半では'複雑な思いをしながら''寄っちゃう'という逆方向で語られたことは，単に保育者として子どもの人間関係の双方向性を観察し読み取れていることとして看過すべきではないと思われる。A保育者は日頃感じ取っている二人の女児の関係について，語り切れていないような実感が漠然とあったために他の話題に転じることがなかった，そうかと

いって何をどのように語り切れていないかも意識化できていない状態で，沈黙が自然と訪れたと考えることはできるだろう。語りだと沈黙の意味も聴き手に伝わるが，保育記録に沈黙が記されることはない。それに対し，聴き手は生身の人間で，保育を観察した，いわば特別な第三者である。聴き手を前に，自分が子どもの行為に付与している意味を語るとき，それは説明という形をとることになる。観察では不可視であったはずの保育者のとらえ，思い，願いが聴き手に理解されるためである。聴き手に理解されているかどうか確認できるまで，ことばを重ねる必要を感じることもある。A保育者がM子とJ子の関係の双方向性を語り得たのも，生身の聴き手との臨場的な相互作用の産物といえるだろう。

このように，保育記録の記述では起こりえない経験が語りによって実現していることから，省察様式によって保育者が異なる経験をすることがわかる。語りは意味ある沈黙も省察内容の一部として拾うことができるのである。

第3節　省察のはじまり方

保育者が，語りながら保育のさなかに再度身を置き直し，具体的な自分のことばで表現する様相，聴き手との関係性は並ぶ関係から対面関係へ移行する様相，保育者の自発的な発話では語りきれないことが引き出される場合もあることを明らかにしてきた。これらが語りという省察様式の特徴であるのは，場の臨場感が影響しているためである。

これまで取り上げてきた事例は，主題が容易に特定され語り出すことができたものであった。けれども序章で紹介した津守（1992）の実習生のように，保育で生起した現象をあれこれ思い出して言語化していく語りもあり得る。むしろ主題が特定されるまでの語りにこそ，保育記録には表れない語りならではの特徴を見いだせると思われる。

【事例2-3】夏期保育の一日を終えて

〈背景〉

観察期間と回数：2011年度の1年間，保育観察と語りの聴きとりを行った。月一度のペースで行ったが，長期休暇の月もあるので合計9回であった。

この日の保育の様子：2011年8月23日。園全体がクラスの枠を自然に解体したような形で，大多数の子どもたちが園庭でのあそび，特に水あそびに熱中した。3才児たんぽぽ組の子どもたちもほぼ全員が園庭でのあそびに終始した。M保育者は予め水あそびを予測した軽装であり，他学年の日頃かかわりが頻繁にあるとはいえない子どもたちとも互いに積極的なかかわりをもち，身体をつかった水あそび，追いかけっこ等に興じて全身びしょ濡れになっていた。4才児たちはM保育者と一緒にあそぶことを喜んで，M保育者を追いかけては水を浴びせることを夢中になって繰り返していた。それを笑顔でじっと見つめていた4才児の担任保育者も，4才児が担任の顔を見ると「M先生にやっちゃえ！」と，そのあそびを肯定していることを伝えることばをかけた。一方で，活動的な水あそびとは対照的な状態で過ごした子どももいる。

S男は登園した時から元気がなくて，その様子に気づいたM保育者が園庭への出入口でS男をしゃがんだ姿勢で抱きしめ，顔を覗き込んで「どうする？」とS男がこれからどう過ごしたいかを尋ねている場面がKによって観察されている。その後S男は園庭に出たが，ビニールプールの中から鍋ですくった水を，思い切り投げつけるように撒くなど，苛立ちが収まらぬ様子がみられた。けれどもいつしか他児と目を合わせてニコリとするなど，気を取り直してやりたいあそびに向かった。

〈M保育者の語り〉　　　　　　　　　　　　（語りは保育観察の翌日に実施した）

　　M：昨日は夏休みに入って，久しぶりの
　　K：ええ

M：幼稚園だったんです。

K：ええ

M：みんながどういう，…ふうに来るのかなっていうのが，ちょっと，

K：ん

M：あの…想像，できない部分もあって。

K：ん

M：特にS男くんとかT男くん，…を含め，どう，…どうなのかな？　って思いながら，だったんですけど。でもあの，ちょっと朝，お母さんと離れがたいって子もいたんですけど，あそび出してしまえば，結構楽しそうにあそんでいたので，安心したんですけど，その中で何人か，お母さんから離れる時もちょっと泣いちゃったりとか，

K：ん

M：あと，離れがたくてちょっと時間がかかった子もいたので，「一緒にあそぼ」っていうことで

K：ん，ん

M：特にE子ちゃんっていう子が，お父さんと来てたんですけど，離れがたくなっちゃって泣いてたので，「一緒にプールやろっか」って話をして，洋服脱いだんですけど，シャツがなくて。

K：はあ

M：「じゃあシャツ借りよう」って言ったんですけど自分のシャツじゃないから「もう私プールやらない」って

K：は，は，は

M：言って。で，「じゃあ着替えのお洋服着ちゃおうか」って言って，着替えの服でプールに入ったんですけど，やっぱりちょっと，私が離れちゃうと，

K：んー

M：不安げに

K：んー

M：していたので。一緒にあそびながら，やって？っていう感じですね。…で，濡れるつもりでは来てたんですけど，

K：（大きな声で）ははは

M：（笑）想定はしてたんですけど，思いの外，すごい，水，（笑）浴びちゃったんで，もうこれは，気にしないでいいかなと思って最後の方はプールに浸かっちゃって。でも，そうやって一緒に，こう，あそべるっていうのは私もすごい

楽しかったし，また他の学年の子たちとも
K：ええ，ええ
M：かかわれる
K：そうですね
M：機会で。普段も出会ってはいるんですけど
K：ん，ん
M：ああいうふうにあそべる，のは
K：ん
M：やっぱりこの，夏，フフフ，特別なことかなと思ってほとんど最後はばら組の子たちと（笑）あそんでたんですけど。でもこう，みんなで楽しかったねって夏休みの，また夏休み明けてから幼稚園が，楽しいなって迎えられたらなって
K：うん，ん，ん，
M：一緒に，あそんでたんですね。T男くんはちょっと，不安げな，感じで
K：あー
M：昨日は他の，子と朝けんかしちゃったみたいで，ちょっと，落ち込み気味だったんですけど
K：えーあー
M：でもいつもとちょっと違って，いつもは怒ったり，
K：ええ
M：物に当たったりとかしてたんですけど昨日はちょっと，シュンてしちゃってる感じだったので
K：んー
M：「おはよう」もせずに職員室に行って，事務のS先生に会いに，とかしてたので，この…（保育記録の記述部分を指して）抱きしめた時っていうのは，今日初めて私がT男くんと会って。T男くんの登園前の状況は知ってたんですけど私のところに「おはよ」って来る前に職員室に行ってて，先生に一対一でかかわってほしい気持ちが強かったみたいなので，
K：ええ
M：「おはよう」って言うことで，そこで，初めて会ったっていうのがあって，
K：ああー
M：プールも，入りたかったみたいなんですけど，なんか，自分からワーッと，入り込んでいく気持ちにはならなかったみたいなので，

K：ん，ん
M：ひざにいて，こう，少しずつ脱いで入っていくっていう
K：んー
M：ことを，して。

【事例2-3の考察】逡巡から想起へ

　M保育者は過去を手探りするように思いを巡らせている。M保育者自身が述べているとおり，彼女は保育の前に明確な予測をもってはいなかった。したがって予測に照らして保育を評価する視点を有してはおらず，あれやこれやと省察対象を模索している。

　当事例でまず印象づけられるのは，Mの発話の細かい切れ目でKが相槌や同調の意を表する短い音声反応を返していることである。おそらく明瞭な主題が見当たらず，つらつらと保育を想起しながら主題を探しているようなMの語りに伴走することで，緩やかでも蛇行しても，保育場面の何かが迫ってくるのに出会うまでMの省察を支えようとしているかのようである。浜口が述べる「想起」は現象の方から迫ってくる省察の主題であるが，文字どおり'迫ってくる'場合もあれば，このように，記憶を辿り保育中の感覚をあれこれ逡巡するように引き戻しながら'現象との出会いを待つ'想起もあることを，当事例は示している。

　Mはひとしきり，1学期と2学期をつなぐ空白のような夏休み期間に登園した子どもたちの様子を語っている。子どもたちという全体性でとらえた印象が主で，それは久しぶりの幼稚園に少々不安を抱いてやってきたらしい子どもたちの分離不安がいくつもみられたことからでき上がった印象である。M保育者の逡巡するような省察は説明の体をとりながら続き，全体としては「一緒にあそぼ」というM保育者が子どもたちに一貫してとった態度によって一貫性を保っているといえる。態度は人や物事へ自分が具体的にどうかかわるかの意思表現であると。M保育者は行為レベルでの具体的な予測をもた

ずに，この朝の子どもたちと出会った。子どもたちの中には送ってきた親から「離れ難くてちょっと時間がかかった子もいた」。E子は泣きもした。その子どもたちの不安を受け止め，自分がどのようなかかわり方をしようかと，意識的ではなかったかもしれないが，M保育者には態度決定の思索がはたらいたはずである。それは，あそびの提案や他児との橋渡しではなく，自らが'一緒に'と子どものこれから過ごす一日の中に身を浸す態度であった。明確な予測の立ちにくい久々の登園であっただけに，この日のM保育者の保育にとって重要な意味をもったのは，態度決定であったと思われる。M保育者はこの態度決定について省察してはいないが，予め内容を焦点化して省察しなくとも，保育中の感覚を身に引き戻す作業を丹念に行っているといえよう。記憶を逡巡するうちに保育のキーを見出せることが読み取れる。

　また，語りでは保育者の省察のはじまりから聴きとることができ，省察の過程をすべて研究対象とできることも，精選された記述言語で完成されている保育記録と比して大きな特徴であり，かつ有用さであると考えられる。

第4節　語りだから聴けることば

　保育者の語りは，時として口述言語の範疇におさまらない。保育者自身も語るつもりではないこと，あるいは身体的表現に気づいていないことまでが，聴き手にニュアンスとして伝播することがあるのが，語りという表現様式の特徴であるともいえる。

【事例2-4a】　手が語る①―大きなカエル―
〈概要および語りの内容〉
　ある時Y保育者が，今日クラスの男児が園庭でカエルを捕まえたのだと語り始めた。男児は大きなカエルを気に入って両手で持ち歩き，降園時には入れ物がほしいとY保育者に言いに来たという。Y保育者は楽しそうに男児の

様子やことばをKに伝え，Kさんはカエルに触れます？」と尋ねた。Kは「昔はずいぶん捕まえました。青ガエルっていうんでしたっけ…」答えている間にY保育者はやおら立ち上がると窓辺に置いてあった容器をKの前に運んできた。中には実に大きく立派な茶色いカエルが背を丸めて鎮座していた。あまりの大きさにKは目を見張り，容器の中のカエルを見つめた。Y保育者は「あの人が大事にしているのでね，私は苦手だったんだけども，一緒にかわいがろうと思って，こうしてるうちに，だんだん本当にかわいく思えてきたの」と言いながら，容器の蓋を開け，中に手を入れてカエルの背中を撫で始めた。カエルを捕まえてきた男児の話の続きは，カエルを撫でながら語られた。

　Y保育者の手は第2関節あたりまでがカエルの背中に触っている。「だんだん本当にかわいくなってきた」と言いながらうずくまっているカエルの背中を撫で続けた。しかし心底カエルが好きになったというのとは違うだろう。じっと動かない生き物であることを知っているから，どうにか背中を撫でている，そんな手つきにも見えた。

【事例2-4b】手が語る②—痣だらけの腕—
〈概要および語りの内容〉

　M保育者はⅠ男の現状を語っていた。Ⅰ男は配慮を要する生育歴と生育環境の子どもで，3才児クラスに入園してM保育者が担任をしている。入園して5か月が経った9月である。

　Ⅰ男は入園以来，落ち着いてあそぶこと，人とかかわることに深刻な課題を有している。当然他児とのかかわりも一筋縄では成立すらしない。保育者に対しても，極めて根本的な次元で大人への信頼が薄いことを感じさせる捩れた表現が目につく。「最近はよく私を嚙むんです」と言ってM保育者は，右腕をKに見せた。驚くほどたくさんの痣があり，言われてみればちょうど子どもの歯形くらいの大きさ，形であった。「私にだけするので，それはそ

れで私を特別な人と思ってくれてるのかなって。そう思うと，まあそれはそれでしばらく，様子をみていていいかなと思って…」語りながらM保育者はじっと自分の尋常でない腫れ方をしている右腕を見つめ，さすり続けた。

【事例2-4ab の考察】受け入れ難きを受け入れようとする

　Y保育者は大きなカエル，M保育者は無数に噛まれた腕の痣を撫でながら語った。どちらも容易には受け入れ難い状況を受け入れようとして，掌で撫でているようにも感じとれた。子どもが主体的にあそんだ結果，保育室にもたらされたカエルである。このカエルの存在を少しでも歓迎の心をもって受け入れることは，その男児の主体性発揮への共感になる。だから保育者は，勇気を出して手で触れるのであろう。Ｉ男は私にだけは声にならない何かを伝えようとしているのかもしれない。そう思うと，Ｉ男の繰り返しぶつけてくる表現の意味するところをなんとか理解したい。その一心で噛まれた痛みをこらえ，Ｉ男を受け入れている気持ちの象徴のように，優しい手つきで腕を撫でる。自分が腕に被ったこの傷は，そのままＩ男が心に被っている傷であるかもしれない。そんな思いの表れに観てとれた。保育者という社会的役割を取り去って，一個の人間としてなら受け入れられないかもしれない対象を，受け入れようとしている心情を，撫でる手が雄弁に語っている。

　Y保育者は大きなカエルの居場所へ出向き，M保育者は身体の痛みをこらえ，一生活者としては想定外の事態と折り合おうとしている。自分を更新しなければ，その折り合いはつかないことを保育者は知っている。どちらも本人は無自覚な語りである。このように，語りという表現は，ノンバーバルな表現までが聴き手に伝播することがある。子どもと共に在ることを志向する生き方の臨床性を，語りは生々しいが故に掬い取ることが可能である。

　本研究は語りの身体性に踏み込むことはしないので，語りの特徴および有用性についての提言に留める。語りは，聴き手に心情の伝わる身体表現を生み出す方法であること，その表現は保育者にとって聴き手に伝える意図がな

いか，もしくは聴き手が身体表現を読み取っていることに気づいていないかもしれない内容であるかもしれないこと，そのような意識的かつ言語的表現でない表現をも掬いとれる研究方法であるといえる。語りは保育者の意識的表現に留まらず，思わず表した表現と不即不離なものとして前向きにとらえるべきである。なぜなら，それらは保育記録には表れない，表しようのない身体性やニュアンス，聴き手に伝播するという届き方をも掬い取り，意味を考究する端緒を得ることができるからである。こうした多様な表現を可能とするのも，上述した聴き手との並ぶ関係，その関係がもたらす安心感とリラックスできる状態を創り出す場ということかもしれない。

第5節　事例考察のまとめ―語りという省察様式―

　第1節では，書きことばと話しことばでは用いることば自体が異なる場合があることが明らかとなった。これは，従来省察が保育記録を記述する作業に含まれる概念としてとらえられてきたことへの問題提起につながる。序章でみたように，様々な工夫がなされてもなお，保育者が実際には場面の背景を記述しにくい問題も，やはり記述の偏重が省察の硬直化をもたらすなどの事態を保育者の身の内に起こしているためかもしれない。文字表現の内包する困難を克服するためには，保育者に生起する省察を言語化するための別な方法として，語りの価値が浮上する。語りの事例には，保育者がジャーゴンに集約させず自分のことばを探して，保育の現象を言い当てていると納得できる動詞を使用する様相が顕れた。保育者が聴き手の理解を意識して説明するように語る保育行為の動機や保育者の意味づけの内容は，保育場面が成立した根拠であり，保育場面の背景に他ならない。さらに，聴き手が存在し反応がフィードバックされる臨場感を有することが，上で述べた聴き手の理解を促す説明の形で語りが進むことに繋がることも明らかとなった。保育者は語りによる省察では保育場面の背景を整理し言語化している。またそれによ

って聴き手の場面理解が高まるのである。

　第2節では，聴き手との関係性に並ぶ関係と対面関係があること，前者は第1節と同様，聴き手への説明によって保育場面の背景が省察され，伝えようとしている保育者の解釈を改めてみつめ直す作業が行われる。並ぶ関係がもたらす保育者の安心感が基盤となって，保育中の感覚の引き戻しが躊躇なく行われるのだと思われる。身に引き戻した感覚に照らして齟齬のあることばは語り直され，語り切れていないような違和感があれば沈黙も起こる。沈黙は，保育記録には決して記されることがない。しかし語りは，沈黙も省察の意味ある一部であることを示している。また後者に関係が移行すると，両者のやりとりによって語りの文脈が生成されるようになる。

　第3節では，想起に二通りの在りようを見出した。従来浜口が提起した‘現象の方から迫ってくる’省察の主題だけでなく，保育者が保育中の感覚の引き戻しを丹念に，まるで記憶を逡巡するように行うことで，ふと‘出会う’主題があることを明らかにした。こうした語りの逡巡も，聴き手との並ぶ関係における保育者の安心感が基盤となっているだろう。

　第4節では，身体の表しともいえる，ことばに表されていない保育者の心情が読み取れた。省察内容の開示が保育者の意識的かつ言語的表現とりわけ記述言語に限られる保育記録との対比において，これは語りの特徴および有用性であると考えられる。これらを研究対象として掬いとれることは，より広く保育者の省察をキャッチし，より深く理解することに繋がるだろう。また，保育者のこうした多様な表現は，聴き手との並ぶ関係が基盤となって表れるとも考えられる。

　保育者の省察が語りという様式をとる時，省察内容がどこに向けられるかといえば，二つの方向が考えられる。一つは保育者自身で，自分のことばで語ることはまさに保育者としての自己探求に当たるだろう。二つ目は他者であり，語りの聴き手，ひいては語りの資料をもとに保育を共に検討する未来

の第三者も含まれるだろう。省察の目的に保育の質の向上を見据えるとすれば，保育者はまず自分の身の内で文脈形成をなし，その文脈を自分の基盤としてもつことで，その後他者と共有できる文脈に再形成すべく保育を検討する場に臨むことが期待される。保育者が事例の資料を用意して臨むような検討の場，たとえば保育カンファレンスや園内研修で保育者が経験する学びの道筋がそれに当たる。そのような保育の検討の場は保育者にとって，他者の価値観や視点との接面となる。

　これに対し，語りは，文脈形成そのものが聴き手という他者の視点のフィードバックを受けながら，他者の視点を取り込んだり退けたりすることで検討を交えた文脈を形成する営みであり，既に独りよがりを脱却しているのである。カンファレンス等は，保育者が保育の文脈を形成する省察を行うことと保育を検討することが切り離されている。しかし語りでは保育者が省察する場において，同時に保育の検討が行われる。つまりカンファレンス等と語りは，保育者にとって明らかに異なる経験なのである。上述した省察内容の二つの方向性，省察が保育者自身の内面に向かう方向と他者に向かう方向は，保育者の経験として不即不離に絡み合っている。保育者が聴き手の理解を求めることが，結果的に省察を保育場面の背景の説明に向かわせ，保育者自身が納得できることばで説明しようとすることに繋がる。理解してほしい聴き手の存在が横に在ると感じられる局面で，保育者は自分の文脈や納得を追究できるのである。

　続く第3章と第4章では保育者の語る省察から子どもの主体性を尊重する保育がどのような保育であるかを読み解く。保育が何故に子どもの主体性を尊重する実践であるかを明らかにできれば，語りという様式を前提に，保育者の省察と保育の関連が理解できるからである。

第3章　保育者の語りから
人間関係の創出性を読み解く試み
―事例分析の経過②―

　子どもは徐々に行為選択の主体となる道のりを進んでいく。けれども主体性とは鯨岡が繰り返し論じているように，個人に閉じた発達ではない。むしろ逆に，他者の主体性に気づき，多少自分を抑制しつつも他者の主体性を尊重し折り合おうとすることで個人の主体性の発達は成立している。これが鯨岡によって「相互主体性」といわれる所以である。主体性の発達は他者との関係づくり，関係の深化過程と切り離して論じられないのである。つまり保育者の職責には，子どもが重要な他者との関係を創出すること，相手と理解し合いたいと願って相互にかかわり，関係を深めるための援助が含まれる。子ども同士の自己中心性がぶつかり葛藤を引き起こす園生活で，大人である保育者が自ら関係の一端となり，関係創出のモデルを示したり，子ども同士の関係を繋ぐことが重要である。

　そこで本章では人間関係を創出し深めようとする保育者の動機が，子どもの主体性を尊重することであると考え，子どもの主体性の育ちを念頭に置きながら，園生活において子どもと保育者がどのような関係を創出しているか，保育者の語りによる省察を通して読み解いていく。かかわりのさなかで子どもや保育者にどのような心の動きが起きているのか，日常刻々と創出されていく関係性を描出し，保育と省察の関連を明らかにしたい。

　鯨岡（1997）は，人は常に誰かと繋がれて安心を得たい存在だという人間の本質を「繫合希求性」（p.87）と呼んだ。繫合希求性は個と個が繋がり，その繋がりの伝播によって集団のダイナミズムを生み出す。保育の世界は鯨岡の述べるように，自己充実欲求と同時に繫合希求性をも人間の本質ととら

える立場に立脚している。〈保育〉は子どもと保育者の関係の質を問うことを抜きには語れない営みであって，保育のさなかでは非常に機微の細やかな，しかも即時的なやりとりが成立している。

　また保育者の職務は集団の一員として子どもを育てるのではなく，一人ひとりが自分は護られ慈しまれているという実感を基盤に自律へ向かう力を助け，他者を思いやり集団の一員であろうとする成長の道筋を共に辿ることであると考える。このような子どもと保育者の関係性を'保育的な関係性'と呼ぶならば，保育的な関係性の両端に立つ子どもと保育者を媒介するものは，津守（1974）が「見えない糸」と称したものであろう。

　「見えない糸」とは，津守主催の現職研究会[8)]で堀合文子保育者の保育を喩えて他の保育者が表現したことばであった。見えない糸のことを津守は次のように定義し，さらに津守は現職研究会に出席していた保育者たちが述べた見えない糸についてのイメージを引用することで，詳述を展開したのである。

> 保育全体の中で，子どもとつながる先生の動きを，ことばで述べようとしたときに，期せずして，「細い糸」「見えない糸」という表現が用いられたことは，おもしろい。それは，具体的には複雑で，多用なできごとに，共通にある根源的なものにふれようとしたときに，そのことばでなければあらわしえないような象徴としての語である。
> 　　　　　　　　　　　　　　　　　　　　　　　　（津守真，1974，p. 151）

> 「見えない糸」の糸を，しっかりと強いひものように考えると，長良川の鵜や，あやつり人形になってしまう。もっともっと細い，まだ，よりのかからないまゆ玉から，ほぐれ出したばかりのくものような糸を考えるとよいのではないか。
> 　　　　　　　　　　　　　　　　　　　　　　　　（牧田和子，1974，p. 150）

　ここに関連して，糸のもつイメージについて，次に考えてみる。第一に，糸を操作する人の基本運動は，二つ以上の場所の間の往復運動である。それは指で操作する場合もあるし，自分の身体の運動の場合もある。糸を張るのには，そこまでいって，糸をつけて，もどってくる。つまり，こちらから向こうに「ゆく」動作

と，向こうからこちらに「くる」動作とがくりかえされる。糸をつなぐには，向こうまで出てゆかねばならず，また，向こうから糸をつなげにきたときには，受けとって，つながるようにせねばならない。こうして，往復運動によって，つながりをつくりあげる体験がそこにある。
第二には，二つのものをつなげる媒体としての糸の性質である。二つの物の間が，たとえば，セメントで固められたような場合には，両者は固定されて，動くことができない。…（省略）…糸は，細くて，軽くて，容易に動かせる。両端にいる人は，近寄ったり，遠ざかったり，その動きは自由である。ただし簡単に断ち切られる可能性をいつも持っている。 （津守真，1974，p.151）

見えない糸というとき，それは，細くてかすかな糸であって，つながっている安定感を与えながら，束縛することのない糸である。…（省略）…先生と子どもたちの間に，そのような関係がつくられるとき，子どもは，安心して，自分の遊びに打ち込むことができる。そして，このような見えない糸口がつくられるのには，（省略）先生と子どもの間に，互いに受けとめあう往復運動がなされることが必要なのである。そのときに，先生と子どもたちの間には，互いに見えていないところにいても，心のつながりがあって，子どもは，何かがあれば，すぐに先生のところにもどってくるし，先生は，安心して，子どもたちに任せていられるのである。 （津守真，1974，pp.152-153）

保育において見えない糸は，人間関係の空間的な「間」および時間的「間合い」の織りなしであると考えられる。本章はこの二つの視点から子どもの主体性を尊重する保育の人間関係を読み解いていく。「間」の取り方によって様々な繋がり方をする人間同士が「間合い」を取り合うことで，津守のいうところの往復運動は微細に複雑になされているだろう。その「間」と「間合い」の取り方にこそ，保育の養護性と教育性を読み解く鍵があるようにも思われるのである。

第1節　3才児と保育者の人間関係創出過程

　子どもと保育者の人間関係創出過程が両者のとる「間」と「間合い」を媒

介に，どのように芽生え，深まっていくのかを事例を通して考究していく。ここでは人間同士の空間的・心理的な距離を「間」，かかわりのタイミングを「間合い」とする。創出性の描述に重点を置くため，3才児の事例を対象とする。〈事例3-1〉のみ子ども同士の，以降はすべて子どもと保育者のかかわりの事例であり，人間関係創出の場面と，それに関する保育者の語りによって構成した6事例（7場面）を取り上げる。T保育者の語りは本研究に一貫する保育後の語りに加え，本項執筆のため抽出場面に焦点化した語りが含まれており，事例毎に明記する。

【事例3-1】「なんか嬉しい感じ」「なんか楽しい感じ」を味わう
〈観察記録の抜粋〉　　　　　　　　　　　　　1999.4.22（木）快晴

　　　園庭でT保育者とH子・S子・C子が4才児クラスのポックリを借り出してあそんでいる。なかなか思うように歩けないS子とC子の前を，H子は器用に走っている。ポックリとは，竹様のプラスチックの筒に紐を通した玩具で，筒に足を乗せ，紐を手に持って歩行するものである。
　T保育者：「じゃ先生ちょっと，お山行ってきますよー」と声をかけ，歩き出す。
　C子：先生の後を追い，連れ立って山へ行く。
　H子とS子も，それぞれのタイミングで山へ上って行った。
　S子：つり橋を渡る。
　T保育者：C子に「渡ってみましょうか」と誘う。まず自分が渡ってみせ，「渡れたー」と喜ぶ。
　C子：先生に続いて渡りかけるものの，一本目の横木に体重を乗せきる思い切りがつかず，やめる。
　S子：二度目につり橋を渡り始める。
　H子：S子が渡っている最中に，外側からつり橋を揺する。
　S子：「うわー揺れるー。なんか嬉しくなってきたねー」と，つり橋の途中で横木につかまっている手の握りを強めながら，笑顔になる。
　H子：S子が渡り終えると，Kに「みてて」と言ってつり橋を渡り始める。
　S子：H子の後から渡り始める。
　H子：つり橋の途中で右手だけ離してしゃがみ，右手を足元に伸ばして小花を摘

みとる。後ろから来たS子に，小花を黙って差し出す。
S子：小花に目をとめ，手を出そうとするが，片手を離すと身体のバランスが崩れるため手を出せない。表情を硬くしながらH子に「…いらないよー」と言い，バランスを取り戻してすぐに表情を和らげ，「なんか，楽しい感じだ」と続ける。

〈T保育者の語り〉　　　　　　　　　当事例選定後の語り　2000.3.9（木）
　子どもは他児とかかわって，同じことがやりたくてぶつかり，違うことがやりたくてもぶつかる。その一方で人間関係が広がる楽しさも知る。また家族以外の人との，気持ちの重ね合わせ方も知っていく。そうした体験の中から「一緒にいたい」「またあれをしたい」という気持ちが湧き，周りに目がいくようになるのだと思う。

【事例3-1の考察】関係の相乗効果
　つり橋を渡っているH子とS子の関係に注目する。つり橋では，特にS子の言動が「嬉しさ」「楽しさ」を存分に表現している。S子がまだつり橋に慣れないせいか怖さを感じ，渡ること自体に懸命なのに対して，H子は右手をロープから放して足元の小花を摘んでいる。つり橋を外側から揺すったり，摘んだ小花を差し出すなど，H子からS子へのはたらきかけが行われていた。そのはたらきかけが，S子にとっては「なんか嬉しい」「なんか楽しい感じ」という漠然とした心地よさとなっていたようである。
　H子は，つり橋を揺すってS子に嫌がられるどころかむしろ喜ばれたことで，自分も「なんか嬉しい」気持ちを共有できたのであろう。だからその後，S子に小花を摘んで渡そうとする行為が生まれたのだと思われる。S子とH子の創出的関係性が相乗効果を伴って，場の温かい空気を創り出している。S子は両手で捕まっていないと不安定な状態なので，花を受け取れず辞退した。「いらないよー」は，観察者Kの印象としては，拒否よりも辞退の表現であった。拒否であったならその直後，「なんか，楽しい感じだ」とは言わ

なかったであろう。S子はH子の差し出した気持ちだけはしっかりと受けとったから，つり橋を渡りながら表情を和らげたのだと思われる。

S子とH子は行為と心情を相乗的に歩み寄らせている。二人のやりとりは，観察者にも保育者にも，明らかに「間合い」をとっているように受けとれるリズムにも似た感を醸し出していた。この二人の幼い「間合い」の萌芽を成り立たせたのは，「なんか楽しい」「なんか嬉しい」という人間関係の茫漠とした心地よさの体験であったと考える。「なんか楽しい」「なんか嬉しい」と感じられる場を共有することで，二人それぞれが有している繫合希求性によって見えない糸がつながっていく様子が読み取れる。

当事例におけるT保育者の在りようはどうであっただろうか。つり橋を渡ろうと誘い，自ら渡って見せることで'こんなふうにもあそべる環境である'ことをモデル提示した後，観察記録にT保育者の保育行為は記されていない。もっぱら子どもたちがつり橋を渡るあそびと互いの「間」の縮まり具合を楽しむ場面となっている。実際にはT保育者は，その様子を最後まで微笑んで見ていた。「間」をとって一歩後方に居続けたのである。

榎沢（2004）は，子どもにとって保育の場が外部空間から存在空間に変化するために，保育者が子ども存在の投錨点の役割を担うことを指摘した[9]。それは保育の場からみれば子どもが「よそ者」から「住人」へと存在の意味を変化させることである。保育者が共に在ることで子どもは新奇な環境に身を置いていられる場合もあれば，他児が投錨点となってくれるようなかかわり方をすることも可能である。ともかく保育者が投錨点になることで，子どもは新たな環境を住処にするための過程に踏み込むことができるのである。当事例のT保育者は，子ども同士のあそびが成立した段階で身を一歩退かせ，子どもたちの視界に居続けながら，'私はあなたたちの投錨点である'と身をもって示していたといえるだろう。視点を変え子どもの側からみれば，T保育者を投錨点と感知したことで安心感を得，自分と他児の関係性に入り込んでいくことができたのである。入園したばかりの3才児の4月である。し

かもT保育者と一緒にいたくてついてきた、偶然居合わせた仲間意識の淡いメンバーである。あそびと人間関係の端緒が成立してもなお、T保育者が場を去らなかったことで投錨点が明瞭さを失わず、子どもたちは安心感を保障されて他児とのかかわりに傾注できたのであろう。繋合希求性が満たされるためには、安心感の保障が必要である。安心感を保障するために保育者は、子どもにとっての投錨点になろうとするのである。

次に、入園間もない3才児とT保育者の関係性、およびそれについてのT保育者の省察の連関を、二つの事例を通して探っていく。

【事例3-2a】先生が保育室から出ること
〈観察記録の抜粋〉　　　　　　　　　　　　　　　1998.5.14（木）晴れ

(9：47)
T：保育室西側の壁際でブロックを片づけながら「先生お山へ行ってきまーす」と、周囲の子どもたちに声をかける。依然、片づけの手は止まらない。

(9：49)
T：園庭への出入口まで行き、「行ってきますよー」と保育室内に向かって言う。
F男：保育室西側の床で線路に汽車を走らせていたが、顔を上げ、先生の後を追って外へ走り出る。
T：F男の靴を外靴に履き替えさせ、一緒に園庭へ出て行く。

〈T保育者の語り〉　　　　　　　　　　　　　　　　　　　保育の翌日

T：F男は私から離れられない状態である。片手の指を口の中に入れ、もう片方の手が私の手を握っている。あそびも「先生と一緒に」という感じが強い。それでもこの頃は、私が保育室にいれば、安心してあそびを見つけて取り組めるようになっていたのが、私が庭へ出ると、そのあそびを放り出してもついてくる。

K：先生が居場所を移る時、いつも周囲の人たちに行き先と移動の目的を伝えている。それはなぜなのか？

T：子どもは目の前のことで夢中になっている。だから、つい今しがたここにいた先生が、振り向いたらもういないというのは、子どもに不安を起こさせてし

まうと思う。夢中になりながらも多分子どもは，先生が「ここにいるだろう」ということを感じていると思う。だから「行きますよ」と私が言うことで，'それなら私も一緒に行こう'と思えばついて来るし，'私はここでこうしていよう'と思えばそうするし，子どもが，変化する状況の中で自分のいい方を選択すればいいのだと考えている。知らないうちに先生がいなくなってしまうのは，特にまだ幼稚園に慣れていない時期は，ただただ不安にさせてしまうだろう。

【事例3-2b】子どもに行き先を知らせる
〈観察記録の抜粋〉　　　　　　　　　　　　　　1998.6.18（木）晴れ

　5才児のR男とH男が，保育室前の廊下に椅子を並べて電車にした。3才児を誘い，電車に乗せて一緒にあそび，喜んでもらえた。電車に乗った3才児はF男他6名で，T保育者も一緒であった。電車はH男の「終点でーす」で終わりになり，3才児たちは三々五々保育室へ戻った。
F男：廊下で他児のあそびを眺めている。
T保育者：保育室の出入口から廊下に顔を出し，「F男くーん」と呼ぶ。
F男：先生の方に顔を向ける。
T保育者：「先生お庭にお片づけに行ってくるわよー」と言い，園庭へ出て行く。

〈T保育者の語り〉　　　　　　　当事例選定後の語り　2000.3.9（木）
　この場面に関していえば，先生がいなくちゃあそべないふうだったF男が，廊下という保育室以外の場所で，私がいなくても他児と繋がって過ごせていたので，敢えて「お片づけをしましょう」とは声をかけずにおいた。私が声をかけて結果的に誘い出すことになると，F男が他児とのかかわりで自己表現できるチャンスを奪ってしまうと思った。この時は，F男はあそびを放り出してまで私についてくる状態ではないが，私の居場所は知らせておきたいという判断があったと思う。

【事例3-2abの考察】見えない糸が意識される時
　両場面ともT保育者が保育室から出る場面で，どちらも子どもたち，とりわけK男に行き先と移動の目的を告げている。二つの場面の違いは，F男が

【事例3-2a】では汽車あそびをやめてT保育者について行ったのに対し，【事例3-2b】ではT保育者の行き先を聞いてそのまま自分は廊下でのあそび（他児のあそびを眺めること）にとどまった点である。入園間もない時期はF男のように，先生が視界から消えると心の安定感を失う子どもも少なくない。保育者の不在が子どもの繋合希求性を顕在化させるからである。成長と共に子どもの繋合希求性は保育者だけでなく他児にも向けられるようになり，保育者がいなくても「他児と繋がって過ごせていた」（【事例3-2b】，当事例選定後の語り）F男の姿がみられるようになっていく。二つの事例は5月と6月という時期の違いによるF男の精神的な安定感の違いを表している。

　F男とT保育者の「間」とその意味について考える。【事例3-2a】のT保育者はF男が視覚で確認できる位置に「間」をとっている。空間の共有意識が保てる「間」によってF男の不安を回避していたのだろう。それが【事例3-2b】になると，変化し始めているF男の現状をみて，行き先と目的を明確に伝えることでF男の不安を回避しながら，F男との「間」を広げている。存在と距離が視覚で確認できる「間」と視界から消え姿の見えない「間」は，それぞれどのような人間関係を創出させるだろうか。

　この二つの場面は，津守らの述べる「見えない糸」を連想させる。【事例3-2a】のF男とT保育者は空間を共有しているという共通認識に立てるため，糸の長さを意識していない。このことは次の【事例3-2b】との対比によって明瞭化する。【事例3-2b】では，保育室を挟んでF男は廊下，T保育者は園庭と，互いの「間」を広げた。T保育者がF男の視界から出たことでF男にとっての投錨点は移動し，F男とT保育者を繋ぐ見えない糸は伸びた。T保育者は移動に際し，F男にはそれを知らせており，その根拠は【事例3-2a】で既に語られている。投錨点の移動先がわかっていれば，この時点でのF男は安心感を損なわれずに，見えない糸で先生と繋がっていると信じて「間」の広がりを受け入れることができたのである。このことから【事例3-2a】の意味が自ずと浮かび上がってくる。視覚で互いの位置を確認できる

「間」にあると，見えない糸は張りを呈していないため，両者は糸の存在を意識しない。F男は糸に頼る必要が生じないからである。

　見えない糸を伸ばしていく「間合い」については，T保育者が語っている。「知らないうちに先生がいなくなってしまうのは，特にまだ幼稚園に慣れていない時期は不安にさせてしまう」ため，「間」を広くはとらない。だが「私がいなくても他児と繋がって過ごせる」ようになってきたと感じられた時が「F男が他児とのかかわりで自己表現できるチャンス」であるから，片づけよりも他児とのあそびを続けさせることを優先させたのである。T保育者は長期的スパンでF男との「間」を広げ，F男が自分の好きなあそびを見つけて取り組める，幼稚園にいることへの安心感に揺らぎがなくなる状態が実現される兆候を待っていた，つまり「間合い」をはかっていたといえるだろう。「間」と「間合い」をはかりながら保育者が，他者一般を代表して子どもが安心できる関係を創出させることは，少なくとも3才児の入園直後，子どもに使った玩具を片づけさせることよりも優先すべき保育課題となる。片づけだけでなく'みんなのために'自分を動かすことは，自分が安心感を保障され主体性を尊重されていると実感できた時には，自然とそのような動きが生じる，あるいは促されれば同意して動けるというのが，T保育者の現時点における子ども観であることも当事例から読み取れる。

　人間関係創出という本章の視点は，主体性と並んで，あるいは主体性と絡んだ〈保育〉の重要な成立要素であることが確認できた。次に，T保育者が敢えて子どもとの空間的「間」を縮める場面と，その「間合い」に関する省察の事例を検討する。

【事例3-3】靴下を履かせる
〈観察記録の抜粋〉　　　　　　　　　　　　　　　1998.7.8（木）快晴
　　　保育室と園庭を繋ぐコンクリートのたたきで，R子は外靴を履こうとしている。靴下を履いていないため，足のすべりが悪いのか，なかなか足が靴の中へ入って

いかない。T保育者は保育室から出てきて、手すりにタオルを干した。R子の姿に気づき、近づきながら「R子ちゃん、靴下履かないと、お靴履きにくいでしょ」と言う。そうしてT保育者は保育室へ入っていった。R子は先生の後から裸足のまま保育室へ入る。T保育者がR子の靴下を持ち、二人は再びたたきへ出た。R子はお尻をついて座ると、R子は「靴下、履きにくいの」と先生に言った。T保育者はR子の隣に座り、靴下を履かせながらやりとりした。
T：「R子ちゃん、朝自分で靴下履くの？」
R子：「ううん」
T：「お母さんにしてもらうの？」
R子：「うん」

〈T保育者の語り〉　　　　　　　　保育以前に語った内容から　1998.5.15（金）
　K：先生が子どもの世話をする場面には、とても微笑ましい印象を受ける。
　T：世話をすることで、感覚的に子どもとの距離が縮まる。その子の気持ちの中に入り込めるような気がする。その子の気持ちになって世話をする時、子どもも受け入れてくれるように感じる。ことばでの理解が3才児には難しい部分もあるので、身体接触を伴いながら世話をすることで、私と子どもの気持ちが繋がると共に、具体的な生活の仕方も直接体験として伝えられる。

〈T保育者の語り〉　　　　　　　　　　　　　　　　　　　　　　　　保育当日
　R子は自分の興味に向かって突き進むことが先行していて、私とも他児とも関係がつきにくい。気持ちが繋がるような場面を共有したかった。世話をするような気持ちのかけ方をしたら、R子はどう受けとるかなと考えてみた。'とにかく足に靴下を履かせる'のではなく、R子にとって心地よい体験にしたかった。

〈T保育者の語り〉　　　　　　　　　　　　　　　　　　　　　　　　保育翌日
　R子は、生活上の一つひとつを丁寧にやるという人ではなかった。靴下のかかとをを合わせてきちんと履く体験をしてもらいたいと思っていた。また同時に、靴下を履かせることに、私のたくさんの思いが重なっていた。

【事例3-3の考察】見えない糸をたぐり寄せる

　T保育者が，R子との「間」を縮めて身体接触を伴った世話をした場面である。「間」を縮めることで子どもとの心の距離も縮まるというのは，T保育者の保育行為の判断の根拠（保育当日の語り）であり，それは二者関係を大切に育もうとするT保育者の保育観に依拠している（以前の語り）。T保育者はR子の必要に応えて見えない糸をたぐり寄せたというのが，観察者の目で知ることのできる保育行為の根拠であるのだが，語りによって，T保育者の価値観に照らした必要感でもあったことが判明した。子どもとの二者関係を大切にするT保育者の価値観でみると，R子は家庭生活において繋合希求性を十分に満たされていない状態であるため，園生活でT保育者がそれを満たそうとしていたのである。

　またT保育者は，「体験」を再三強調しており，以前の語りでは主語がR子でなく子どもになっていることも看過できない。これは当場面を超えて，T保育者がクラスの子どもに等しく，ひいては子ども一般に対して願っていることであると考えられる。3才児でもあるため，保育者の存在感，子どもにとっての直接的な援助の必要性は高い。この時期の子どもにとって，先生が今どこにいるのかを把握できていること，先生は困った時に手を貸してくれる人であることを知っておくことは，【事例3-2b】でT保育者が語っている不要な不安を退けることに繋がる。園生活に安心感がもたらされることで子どもたちは自分のあそびを見つけることに関心が向けられるようになっていくのである。けれどもR子の場合は投錨点を欲していないように見えることが問題となっている。そのためにT保育者が描いている保育方法上の道筋は，身体接触を伴う世話を細やかに行うことで，やってもらうことの心地よさを存分に味わう体験となるよう丁寧にかかわり，自分がR子にとっての投錨点になろうとしているのである。

　このT保育者の保育行為とその根拠を語った省察は，できるようになった生活行為を頑なに「自分でできるでしょう」「自分でやりなさい」と，子ど

もが自分でやることに過重な価値を置く保育観とは一線を画している。T保育者は，自分が世話をすることと子どもの生活行動の自律を負の因果律でとらえてはいないのである。子どもの生活行為の世話をすることの価値に照らし，T保育者はR子が靴下を履くにあたり丁寧に手助けをした。'生活上の一つひとつを丁寧にやる人ではなかった' という過去把持が，目の前のR子の姿に触発され，今が「間」を縮めて世話をする好機であると察知し行為化したのだろう。好機をとらえることは「間合い」をとることそのものといえる。日々過去把持を積み重ねてきたからこそ，保育者は適切に「間合い」をはかり，好機を見定めることができるのであり，根拠のない直観で保育行為を行っているのではない。

　適切な「間合い」をもって「間」を縮め，世話をすることで，子どもとの人間関係が築かれることについてT保育者は，「感覚的に子どもとの距離が縮まる」「その子の気持ちになって世話をする時，子どもも受け入れてくれるように感じる」「私と子どもの気持ちが繋がる」とことばを重ねている。一つの主題，一つの現象について，かくも慎重にことばを重ねて表現しながら，T保育者固有の子ども理解が形成されていく。このことから，語りという省察様式の有用性を，丹念なことばの模索が可能な点に認めることができる。ともあれ，見えない糸は滑らかな右肩上がりの直線に喩えられるほど単純に自動的に長じ，伸ばした状態で安定するものではない。糸が安定して長い状態を呈するまでには，保育者の日々の細やかな目配り心配りで，「間合い」をはかって「間」を伸張させる積み重ねが必要なのである。

　では次に，T保育者のとる「間」と「間合い」の輻輳した表現場面をみてみよう。

【事例3-4】 スーパーマンのジャンプ

　これは序章で紹介したM男の事例である。他児と同じようにジャンプしたいM男の幾度もの挑戦と，最後にまるで自然に出たような思い切りをT保育

者が絶妙な「間合い」で支えた場面であった。ところが，序章で取り上げたとおり，この場面でT保育者は背筋を伸ばし，両腕を水平に伸ばして，今からいよいよ飛ぼうとしているM男の決意に同期する行為があったにもかかわらず，まして観察していたKの印象に残る「間合い」によってその行為がなされたにもかかわらず，T保育者はその行為を記憶していなかった。

　序章では，T保育者がこの保育行為を記憶していないことを話題にしたため，多少出来事の記述を省略して記載した。またT保育者の語りも序章では，実際には憶えていないという内容のみを記した。ここではT保育者の保育行為に読み取れる「間合い」を問題とするため省略部分の重要性が増すことから，出来事の記述と，T保育者の語りを内容的には省略のない形に加筆修正し，題名も改めて転載する。なお加筆部分は斜体で記す。

〈T保育者の語り〉　　　　　　　　　　　　　　　　1998.9.24（木）曇り

　　M男は3才児クラスでも活発な男児で，好きなあそびを見つけて取り組むことのできる子どもである。他児ともイメージを共有して一緒にあそぶことができる。その反面，未経験のあそびや日頃あそび慣れていない他児とのかかわりには躊躇する，新規さに対して慎重な一面も持ち合わせているようだ。一学期途中から始まったお弁当も，幼稚園で食べられるようになるまで日数を要した。

　　*10月のある日，M男は肩からスーパーマンのマントを着けてひらつかせ，ままごとのテーブルに立ち上がった。スーパーマンになりきった口調で，何か独り言を言っている。T保育者はM男の姿を見て近づき，向かい合って立った。目を大きく見開き，声は出さずに口を動かしている。明らかに，テーブルの上に立っていることを注意しているのがわかるのだが，表情は驚いていて，かすかな笑みを見てとれる。やがてT保育者はM男をテーブルから抱き下ろした。*T保育者は保育室内にプラフォーミング積み木の階段を組み立て始めた。M男は最近よく一緒にあそんでいるS太ら男児4名で，T保育者の組み立てを取り巻いて見ている。

　　階段が出来上がると，M男以外の3名の男児たちは順々に上って飛び下りるあそびをし始めた。他児は高いところから飛び下りるスリルを繰り返し味わっているが，M男だけが，上ってもジャンプできない。その都度T保育者に手をとってもらい，飛ばずに下りることを4，5回繰り返した。ジャンプできないからとい

第3章　保育者の語りから人間関係の創出性を読み解く試み　117

って，あそびから離れる気もないらしく，何度でも列の最後尾につく。次はまたM男の番である。

　階段の上に上ったM男の表情は，それまでとは明らかに違って口元が引き締まっている。何かを決意したような顔に見える。前をじっと見た後，M男は階段の脇に立っているT保育者に視線を移した。しかし，その目はそれまでのように照れくさそうではないし，T保育者に向けて手も伸ばさない。T保育者もM男に手を伸ばそうとはせず，M男と目を合わせたまま背筋をスッと伸ばし，両腕を水平に，指先まで伸ばした。飛行機のポーズのようである。その姿を見た次の瞬間，M男は前方に視線を戻し，一旦かがんで勢いよくジャンプした。飛び下りたM男の背中に向かって，T保育者が「おー」と声を発した。

〈T保育者の語り〉　　　　　　　　　　　　　　　　　　保育当日

K：この（保育記録の記述部分を指して）M君のジャンプは，観ていて胸がすくようでした。

T保育者：ああ…（記録を急いで読んで）え？　私？　M君がジャンプした時，こういうポーズをとったんですか？

K：…？…ええ

T保育者：（座ったまま両腕を水平に伸ばして宙をみる）。全然憶えてない。えー，本当？…まったく憶えてないです。うーん…。憶えてない。
　　ここは全然，意識なかったです。私こんなことしたんですね（両腕を伸ばしながら）。

K：そうなんです。

T：これ，（笑）おかしい。全然記憶がないなと思って。結構意識的にいろいろしてるけど，あ，全然意識しないでやってることもあるんだと思って（笑）。

K：なんか，マスゲームの一コマみたいなポーズで（笑）。

T：（笑）。スーパーマンだと言ってる人が何人かいて，一番最初にあれをつくりたいって言った人は「スーパーマンだ」って。「スーパーマンのマントがほしい」って言われたんです，先学期。

K：はい。

T：スーパーマン知ってるのかなっていうのもあるんです。知ってるんでしょうか

K：いえ，私はテレビではトンと見ませんけど。…ウルトラマンの類なら，いく

つかまた，出てるみたいですけど。
T：ね，出てるみたいですね。だけどスーパーマンなんですよ。
K：ビデオか何かで親御さんが？
T：見てるのかしら。で，M くんがスーパーマンを知ってるかどうかは，ちょっと私はわからないんですけど，，とにかくスーパーマンって言われたので，あれならきっとスーパーマン空飛んでるから，こう（ポーズ）なのかなと，ちょっと，きっと思ったんだと思う。
K：ああ，はい。

〈T 保育者の語り〉　　　　　　　　　　　　　当事例選定後の語り　2000.3

　それまでの威勢のよい M 男が，プラフォーミング積木の階段から飛べずにいたので，気持ちが萎えてはいけないと思い，なんとか励まそうと考えたところまでは憶えている。でも M 男が階段から飛び下りる時，私がこのようなポーズをとったことは憶えがない。何気なくやったことだと思う。
　いつも私は，飛び下りるのが不安そうな人には，手を差し伸べて片手を支え，呼吸を合わせて飛べるようにすることが多い。しかしこの時の M 男は，威勢よくスーパーマンになりきっていたので，自分で格好よく飛べるように励ましたかった。

【事例3-4の考察】保育行為の根拠と判断

　当事例は序章において，保育者が省察する対象は保育者の記憶に残ることに限られるという問題提起になったものである。ここでは，T 保育者の保育行為に焦点化して，「間」と「間合い」の視点から事例を見直すことにする。
　M 男がスーパーマンになって高い所から飛び下りるあそびをしたがっていることを知った T 保育者は，ままごとのテーブルは適切でないことを伝えた後で，プラフォーミング積木を組み立て，飛び下りるに相応しい場を，M 男たちの見ている前で構成した。「ここなら飛び下りてもいい」ということばは発していないが，M 男の見ている前でつくった点や，M 男の興味が持続しているうちに行った点からも，T 保育者が M 男に中断させたあそびが集団の中で承認される仕方で続けられるよう「間」と「間合い」に配慮したと考え

られる。

　改めてあそびが複数の男児によって再開してから，M男が飛びたいが飛べずにいるところへ，T保育者は援助の手を出した。けれども数回繰り返して，M男の決意が感じられたところで，T保育者はそれまでとは異なる援助に転じた。飛ぶポーズをとり，決意した表情で立っているM男と並ぶ位置と向きで立ち，全身でM男の決意に同期するようなポーズをとったのである。M男が飛ぶための瞬発力を発揮するのに，絶妙な「間」と「間合い」をもって後押ししたといえよう。

　保育者の配慮とは，今この状況下で見えない糸の長さをどうとるか，どのような保育行為が援助となるか，その援助をいつ，どのような行為に体現するかを繊細に咀嗟に見計らうことであると，この事例は示唆している。またこの時のT保育者が，後で記憶に残らないほど「何気なく」この行為を行ったことは，保育技術の向上とはこのような見計らいがいつもできる状態を身につけることであると物語っている。子どもが自分のやりたいあそびを見つけて主体的に取り組む保育において重要な保育技術は，時として子どもとの身体的・心理的位置関係を横並びにし，子どもにとって最適な「間」と「間合い」がとれること，その必要性を繊細かつ咀嗟に察知できることを指すのである。

　それでは，適切な「間」と「間合い」は保育者がいつも知覚に基づいて判断しているといえるだろうか。当事例が保育者の記憶に残らなかった場面であることは，T保育者の意識的な判断を経た行為ではなかったことを示唆している。ならばこのT保育者の保育行為は判断とは別の，何によって体現されたのだろうか。T保育者は，M男ほか数名の男児が夏休み前からスーパーマンのあそびをしたがっていたという背景を語っており，T保育者が男児たちのスーパーマンになりきるあそびを援助しようという目的動機を含む理解の仕方が既に形成されていたことを意味している。このことから，T保育者の '子どもたちがスーパーマンになりきるあそびを通して入園初年度の園生

活を楽しんでほしい'という願いとしての目的動機が，M男の飛ぼうとしている姿によって触発され，咄嗟の保育行為を生み出したと考えられる。子どもについての日々の解釈は保育者の内面に過去把持として堆積し，保育者固有の子ども理解を呈していく。保育者はその子ども理解を内面に有して，保育の場で新たな現象に出会うのである。保育者の内面に子ども理解が形成されているから，現実に目の前に現われた子どもの姿に触発されて保育者の目的動機が生起し，保育行為が発現するのである。保育者が日々の省察の積み重ねによって理解を形成していなければ，保育の現象に出会う度に場当たり的な行為，すなわち根拠と一貫性に欠ける保育行為によって子どもにかかわることになるだろう。

　この場面におけるT保育者の在りようは，投錨点とは異なる。M男のあそびがジャンプであったことは期せずして象徴的であるが，ここでのT保育者はM男がそこから飛ぶための，崩れないと信じられる足場になっていたと考えられる。M男は既に保育の場の住人として，互いに投錨点となり合う仲間とのあそびに熱中し，あそびの中で自己発揮しようとしている。M男にとって必要な保育者の在りようは，まさに信じられる足場であった。T保育者の保育行為の妥当性は，他ならぬM男の爽快な着地とその際の表情に照らして評価すべきであろう。

　次は，子どもたちが日常のどのような経験から保育者との「間合い」を体得していくかを検討する。登場するS子は，事例2-1のS子と同一人物である。

【事例3-5】豆に手を伸ばす
〈背景および概要〉　　　　　　　　　　　　　　　1999.5.13（木）
　T保育者は脚が痛くてかがむ姿勢がとりづらい状態で保育していた。
　子どもたちは最近，桜の実を「お豆」と呼んでいて，落ちたお豆を拾うあそびがクラス全体で多く見られる。この時も子どもたちは園庭でしゃがんで

お豆を探していた。T保育者は子どもたちの中にいて，立った姿勢で自らもお豆を探している。お豆を目にしたT保育者は，「あった，お豆，ほら。S子ちゃん」と言い，砂利の中に混じっているお豆を指さした。脚の痛みをこらえてそろりそろりと手を伸ばし，もう少しで指がお豆に届くという時，S子がそのお豆をつまみ上げた。

〈T保育者の語り〉　　　　　　　　　当事例選定後の語り　2000.3.9（木）
　　小砂利に混じっているお豆を見つけ出すのは，3才児のこの時期には少々難しい。私の脚が痛くてすぐにはかがめなかったことと，子どもたちが自分で見つけ，拾いたい気持ちを尊重したいという考えが，ちょうど彼らの識別ペースと合っていたのかもしれない（笑）。お豆を探すあそびはしばらく続いた。この場面はその初期の時期であった。子どもの視覚体験としては目新しく，最初だし丁寧にかかわろうと考え，私もできるだけ一緒に探していた。

【事例3-5の考察】子どもが見えない糸を調整する

　ここに現われているT保育者は，明らかに保育者として特異な身体的コンディションにある。そのためT保育者は俊敏な動き，細かな動きがとりづらい。だからお豆に伸ばした手の動きも，観察者の目には画像のスローモーションのように見えた。

　S子がこの時，先生の動きづらさを察知していたかどうかはわからない。しかし観察者の感じとったC子の行為の意味は，身体の痛みをおしてお豆を拾おうとしている先生が，これ以上手を伸ばさなくていいように，'私が拾う'と申し出たような様子に見てとれた。どちらにしても，子どもはこうした様々に生起する状況の中で他者とかかわりながら生きることで，相手の置かれている状況に気づき，過去把持しているのだろう。過去把持は現象に触発され特定の方向に向けた志向性に転化する。現実の他者の姿に触発された時，過去把持の中で醸成してきた志向性が目的動機となって行為を生み出す。S子がT保育者に必要性を察知し「間合い」をもって自分を動かしたことは，

S子の成長であると同時に，保育者が伸張を繊細に操作している見えない糸は，こうしていつのまにか相互に調整し合うものになっているのがわかる。見えない糸であるが故，視覚情報を基に論理的に判断し調整するよりは，このS子の行為や【事例3-4】でT保育者がとったポーズのように，感覚的な経路で行為がまさに咄嗟に発現する場合も多いのだろう。見えない糸の調整を子どもが担い始めると，保育者の存在は子どもにとって時に護るべき他者であり，時に他者を護る仕方のモデルともなる。

最後に，T保育者と子どもたちの生活において，子どもがT保育者との「間」と「間合い」を体得していく過程に位置づけられそうな場面の検討を行う。H子・S子は【事例3-1】に出てきた子どもである。

【事例3-6】山への道を引き返す
〈背景および概要〉　　　　　　　　　　　　　　1999.12.6（木）快晴

T保育者の脚はまだ完治していないので，素早く動くことはできない。

砂場であそんでいる子どもたちを見ていたT保育者は，誰にともなく「ちょっとお山行ってくる」と言った。砂場に入っていたフリーの教諭が顔を上げて「行ってらっしゃい」と返事をした。A幼稚園の砂場は学年毎にあるため，この砂場には基本的に3才児しか使っていない。砂のあそびに夢中になっていた3才児たちはT保育者のことばかけに反応しなかったため，フリーの教諭は意識的に自分の返事を子どもたちに聞かせたようであった。

A子・H子・S子は「行ってきまーす」とフリーの先生に言い，T保育者と連れ立って山への道を歩き出した。H子は一人駆けだした。A子・S子もH子の後から走り出したが，S子は途中で足を止め，道を引き返した。T保育者に「走って行っちゃった，H子ちゃん」と言う。T保育者はS子に笑顔を向け，「大丈夫よ，先生ゆっくり歩いて行くから」と答えた。S子はその後も特別にことばを交わすこともなく，先生と並んで歩き続けた。山に到着すると，先に来ていたH子・A子と一緒につり橋で「ワニが来たわよー」な

どとはしゃいで，10分ほどあそんだ。

〈T保育者の語り〉　　　　　　　　　　当事例選定後の語り　2000.3.9（木）
　　脚が痛くてあれ以上速くは歩けない私に，S子は心を添わせて引き返したのだろう。「大丈夫よ」は私なりに「先に行ってもいいわよ」というサインを込めたつもりだったが，S子は私と一緒に歩くことを選んだのだと思う。

【事例3-6の考察】子どもの行為に映る保育者の姿
　T保育者は脚が痛むので，山へ登る道を子どもと一緒に駆け登ることはできない。手を繋いで歩く場合は，子どもと同じペースで登れるが，H子のように走っていく子どもには到底追いつけない。H子が駆け出すと，つられたようにA子・S子も駆け出した。山の頂上までさほど長距離ではないので，3才児でも走ればすぐに着く。しかしS子は，走り出して程なく思い直し，先生のところまで引き返してきた。そして先生と並んで一緒に山道を歩き直して頂上へ行ったのであった。2学期も終わりに近い12月のことである。S子とT保育者の間にかなり親密な関係が出来上がっていたことが，この場面から推察できる。
　このS子のとった行動には，二つの解釈が可能である。一つはS子にとっては山へ行くこと，山で何か楽しいあそびをすることだけでなく，一緒に山へ行くということも，S子には大事な目的動機であったことである。自ら引き返してきたことからS子は，T保育者の述べるように先生と一緒に歩いて登ることを選んだものと思われる。S子のT保育者へのかかわりの志向性は，これまで堆積させてきたと思われるT保育者についての過去把持・二人の関係についての過去把持がT保育者の姿に触発され，目的動機に転化したと考えられる。リソースとされた過去把持の内実が，S子のT保育者へのかかわりを'引き返して同行する'行為として実現させたと考えられる。【事例3-4】でT保育者がスーパーマンに対し咄嗟にポーズをとったこと，【事例

3-5】で同じＳ子のとった行為は同様の経路で生み出されている。

　二つめの解釈は，走れない先生を一人後ろに残して走っている自分を制止し，道を引き返して先生との「間」を縮めたＳ子という見方である。相手の状況を考慮し相手に添う居方はどのようなものか，相手に必要な自分の居方はどのようなものか，という基準で自ら考え，「間」を縮める判断をしたと考えられる。これは，【事例3-3】でＴ保育者がＲ子に靴下を履かせた判断と類似している。一つめの解釈に立つとＳ子は過去把持が現象に触発されて感覚的に，二つめの解釈に立つと学んできたことを基に知覚的に判断したということになる。【事例3-5】でのＳ子が感覚的な触発を受けて動いたことと比較すると，後者の可能性は子どもの価値観，判断力が徐々に形成される様相を示している。子どもに育っていく価値観や判断の基準は，保育者を含む身近な大人のそれを過去把持し体得していくもののようである。

第２節　事例考察のまとめ－構築されていく関係性を支える省察－

　本章でみてきた６つの事例は３才児のものであり，幼稚園という集団生活に初めて入った子どもたちであることから，家庭や身近な大人以外の人との関係を結ぶ経験のあまりない子どもたちの，人間関係が芽生え深まっていく様相を読み取ることができた。

１．子どもの育ちと保育行為

　子どもの成長と保育者の配慮・行為の視点から，読み取れたことは以下のとおりである。

①子ども同士における関係構築の第一歩として，心地よさの体験を共にすることが重要である。この重要性に気づいているから保育者たちは，入園直後やクラス・学年が変わった時など環境の変化を迎えた時期に，新しい環境に子どもたちが慣れることを最優先課題に挙げ，心地よさを共に味わえ

る人間関係の橋渡しや保育者自らがその体験を共にすることを心がけるのである（【事例3-1】）。

②実際，入園して日の浅い子どもには，先生の姿が見えないと心の安定を保てない子どももいる。子どものもつ繋合希求性が際立つからである。これは集団施設保育において，特に入園間もない子どもにはよくみられる現象である。繋合希求性の際立つ子どもの経験を集団施設保育の欠点とせず，繊細に眼をかけ手をかける〈保育〉では人間関係創出の契機とすることができるのである（【事例3-2a】）。

③だが子どもたちが新しい環境に慣れ，自己発揮を始めると，保育者は見えない糸の存在を意識するようになる。なぜなら子どもにとって必要な人間関係の経験として，保育者からは「間」を置いた子ども同士の関係構築を願うようになるからである。子どもの繋合希求性が満たされ続けるよう，保育者は糸を伸ばす「間合い」を精妙にはかる。子どもの姿から「間合い」を察知した保育者は，片づけなど集団生活での規範行為を求めることとの葛藤があってさえ，規範行為の要求を退けてでも「間」を伸張して子どもが自己充実できることを優先する場合がある（【事例3-2b】）。

④しかし子どもの成長発達は二度と下がることのない上り坂のように開花実現を重ねるわけではない。体験し損ねたと思われること，まだ十分でないと思われる経験に気づけば，保育者はあえて見えない糸をたぐって「間」を縮め，身体接触を伴う世話を丁寧に行うなど，より幼い段階とも思えるかかわりを保育の課題とすることもある（【事例3-3】）。

⑤保育者は保育中に自らの価値観に照らして子どもの行為を解釈しており，その解釈が省察で深められつつ過去把持として堆積していく（【事例3-3】）。

⑥またあそび込めるようになった子どもに対しては，先生の支えや手助けを必要としているか否かをよく観て保育行為の「間」と「間合い」をはかる。必ずしも知覚に基づく判断とは言い難く，感覚的な察知で行為化する場合もある。そのような保育行為は，実現したい状態を明確に見据えて目的的

に行っているのではなく，長期間積み重ねたとらえの過去把持が，今日にしている子どもの姿に触発され行為化するものである（【事例3-4】）。
⑦「間」と「間合い」を調整しているのは，常に保育者の側ばかりとは言えない。子どもも生活を共にする他者（ここでは保育者）についての知識・情報を過去把持している。過去把持は他者の姿に触発されて動機となり行為化される。【事例3-4】でみた保育者の行為に至る経路と同様であることから，子どもは保育者の他者とのかかわり方をモデルとして取り込んで過去把持していることがわかる（【事例3-5】，【事例3-6】）。
⑧子どもの側でも，状況と相手の状態をよく観て相手にとって必要な自分の居方を考え，伸びていた見えない糸を敢えて縮める方向に判断し自分を動かすことができるようになる。【事例3-3】でみたT保育者の判断と同様であり，ここにも子どもが保育者の行為を内面に取り込む様相が認められる（【事例3-6】）。

2．〈保育〉における保育者の在りよう

保育者の在りようが子どもにとってどのようであるかという視点で読み取れたことは，以下のとおりである。
①保育者は子どもがまずは保育の場の住人として居られるため，次に住人として自己発揮できるための投錨点となる。投錨点としての保育者は，子どもの安心感を保障する。保育者は見えない糸を短くして子どもの視界に居続けるところから，徐々に伸ばしていく。保育者は，子どもが新しい環境から歓迎されていると感じ取れるよう配慮しているのである。子どもの側では，物理的・心理的に新たな環境を自分の居場所とし，自分もこの環境の主体であろうと思うようになる。この段階で子どもは環境に目が向いている（【事例3-1】，【事例3-2ab】）。
②家庭での生活，家族内の人間関係により，子どもは投錨点をもはや欲していない場合もある。その場合保育者は，自らが保育の場での投錨点であろ

うとし，そのような関係性が創出し得ることを子どもが感知できるようかかわる。見えない糸を意識的に縮めるのである（【事例3-3】）。

③保育の場の住人として自己発揮し始めた子どもにとって保育者は，投錨点である必要がない。しかし安心感の保障は必要であるため，保育者は子どもの足場となって自己発揮を力づける。子どもが崩れないと信じられる足場になろうとするのである。子どもにとっての在りようを投錨点から足場に替えたことで，安心感が損なわれないよう，見えない糸を縮め場とあそびを共有する。この段階になると，子どもは環境に目を向け自分をなじませようとする必要がなくなっているため，自分の内面に目を向けている（【事例3-4】）。

④子どもも見えない糸の調整を保育者をモデルに学び，過去把持している。それが発揮され始めると，保育者は子どもにとってモデルであり護るべき他者となる。子どもが保育者を含む他者の投錨点となろうとし，足場になろうとしているとも解釈できる（【事例3-5】，【事例3-6】）。

以上のことから次の二点が明らかである。
①子どもは他者に向ける行為の判断基準，関心の質，自分の欲求と相手の必要感を察知していつどのような行為を発現するか等，日頃から親密な関係の他者の言動をみて過去把持していると考えられる。【事例3-5】【事例3-6】は保育者の言動の過去把持が子どもの人間関係のもち方に影響し，当の保育者にフィードバックするかのように同様の行為が向けられる様相を表していた。このような育ちが実現する前提として，子どもと保育者の関係の親密さが築かれていなければならない。子どもがいつの間にかモデル視するような親密な関係性を形成するためには，子どもの繋合希求性を保育者が満たし，安心感を保証するかかわりを日々もち続けることが，とりわけ園生活のはじまりの時期には重要である。
②子どもも保育者も，親密な他者に対する行為の発現は，「間」と「間合い」

を知覚に基づいて判断する経路と，リソースとなる過去把持が相手の姿に触発され，咄嗟に感覚的な察知を引き起こす場合があること。【事例3-3】の保育者に前者の知覚に基づく判断が，【事例3-4】の保育者，【事例3-5】の子どもに後者の察知が認められ，【事例3-6】では子どもの行為の解釈が双方の可能性を示した。

　保育者は子どもの様子をよくみて，子どもにとって必要な経験として自分がどのような位置や距離にいるべきか，いつどのようにかかわるかを瞬時に決定する身体的感覚および判断の準備状態を携えている。そのような感覚と判断できる状態を省察の積み重ねによって形成していると考えられる。たとえ保育後に省察内容からはずれてしまうとしても，「保育の実践の最中に重要なのは，その部分を子どもとともに過ごすことだろう」（序章第2節2（2））と津守が述べたことの重みは，この文脈において理解できる。保育者の行為は必ずしも知覚に基づく判断を経由するわけではない。けれども感覚に基づく察知が保育と省察の緻密な循環を背景に構築された理解の上に成り立つ場合，場当たり的ではない保育行為が生み出されるのである。ここでは身体論に踏み込んだ議論はしないが，場合によっては感覚に基づく咄嗟の保育行為にこそ，極めて繊細な子ども理解の体現が認められることを提起しておく。

3．保育と省察の関連

　保育が〈保育〉に位置づく実践であるためには，保育者の省察が非常に重要である。【事例3-4】では，長期にわたり子どもたちのスーパーマンへの憧れを過去把持してきたT保育者が，ある一瞬の子どもの姿に触発され，格好よく自分で飛びたいという子どもの願う状態を実現する絶妙な援助を体現した。この時のT保育者の目的動機は，記憶のたぐり寄せとして明確に語られることはなかったが，事後構成としては「励ましたかった」とされている。スーパーマンになれたような気分を自分の力で実現させたいと長期間願って

きたT保育者のことであるから，それは納得できる事後の語りである。記憶に残らないほどに日常的なかかわりにおいて，子どもに必要な「間合い」がとれる保育者の在りようが，'ふと気づいたら相呼応する間柄になっていた'という，生活による教育を体現しているといえるだろう。

　この事後に構成された目的動機を，浜口が「その保育者がもつ固有の理解構造の上に想起されるということであって，保育者が意識的に準備した問題概念が過去を召還するのではない」（序章第5節2）と述べていることに照らして考える。T保育者は場面を記憶していなかったのだから，当事例の語りは保育者の主体性に発した内容ではない。つまり予めT保育者が用意した問題意識によって想起がなされたのではない。観察者に提示された場面の様子を元に，保育行為の判断の根拠を構成したのである。「励ましたかった」と語られた目的動機は，飛び下りるあそびを始めたM男にそれまでの言動を重ねみて，スーパーマンになりきることを，さらに自分で実現することを'励ましたいと思ったに違いない'という省察の結果，導き出されたのだろう。T保育者は'私が現にそのような一瞬を経験したのなら，その時その場で私はこのように感じ，願ったはずだ'と考え得るような過去把持を，既に有していたと考えてよいだろう。咄嗟に意識せずに体現した保育行為が絶妙な援助となるには，子どもの姿を想起し意味を解釈する不断の省察の積み重ねで，過去把持がなされていることが必要なのである。子ども理解の過去把持の上に現象と出会うから絶妙な援助が可能になると考えられる。

　【事例3-3】では，保育場面以前にT保育者が子どもの世話をすることで「感覚的に子どもとの距離が縮まる」と語っていた。「子ども」を主語としたこの保育以前の語りは，特定の現象に定位していない，T保育者の保育観ともいうべき語りである。保育当日には，R子が「私とも他児とも関係がつきにくい」と感じてきた過去把持が語られた。上で述べた保育観の上に，R子が靴下を履かぬまま保育室へ入るという現象にT保育者は出会った。「世話をするような気持ちのかけ方をしたら，R子はどう受けとるかなと考えてみ

た」というが，それはR子が受け入れられる保育行為であるか否か，様子をみたというだけの意味ではないだろう。関係がつきにくいと感じてきたR子が，自分の世話をまずは受け入れてくれること，そこから関係創出の道のりが始まることを願ったと考えられる。この事例は，子ども一般についての理解の上に現象と出会い，保育者の願いを重ねて保育行為を判断したといえる。さらに，日頃の省察で形成してきた保育観が，出会った現象に触発されて行った保育行為の理由動機となっていることも看過できない。

　形成した保育観・子ども観が保育行為の理由動機になることについては，第5章で検討する。

第4章　保育者の語りから
子どもの主体性の尊重を読み解く試み
―事例分析の経過③―

　第3章では，保育者が「間」と「間合い」についての精緻な感覚的配慮によって，子どもとの人間関係を繊細に創出していく様相から保育者の在りようを明らかにした。保育者は，子ども観・保育観という理解の上に新たな保育の現象と出会う。さらに，出会った現象に願いを重ね，保育行為を選択する。このような保育と省察の関連は，〈保育〉における省察の不可避性を明示している。本章では，あそびの目的と手段（行為）を誰が選択しているかを明らかにし，〈保育〉が尊重する子どもの主体性とは何かを検討し，改めて保育と省察の繋がりを考える。

第1節　選択の主体であること

　現行保育が大きく転回した際，明文化されたのが主体性の尊重であったことは序章で述べた。「教育主体として自覚的な保育者―従順な子ども」または「積極的にあそびを展開する子ども―追従する保育者」といった極端な二項対立的関係の両極間を揺れながら，主体性の意味を日々の保育のさなかに模索してきた保育者たちが掴み取ったものは，「誰もが主体性を有する人間」観であったと本研究は理解している。その人間観は現存も保育の基盤として揺らいではいない。主体性とは第一義的には，後に鯨岡（1998）の提示した「自己充実欲求」すなわち'人は誰でも自分の思い通りに生きたいと願っている'という人間観に合致する，自らの個人性の追求と表現である。保育において主体性を尊重することは，人間が本質的に有している自己充実欲求を

子どもが自ら満たそうとする力を認め励ます精神であるといえる。したがって現行保育が子ども一人ひとりを個性的な存在ととらえ，あそびの生まれ方を子どもの意思や関心の表現ととらえるのは当然である。だが子どもは，園生活で何をどの程度選択できているのだろうか。

　子どもの園生活を子ども自身が主体であるように営むとはいえ，環境のうち特に物的環境については，その準備段階から子どもが選ぶわけではない。あくまで保育者が意図的に構成した環境における生活ではある。小川はこの点に関して，「子どもの志向性は環境によって制約される」と認めた上で，次のように言及している。

> 施設・設備は大人によって用意されたものであり，それが幼児の主体的利用にどう有効に働くかは，幼児のあそびへの援助論の一環に位置づけられる。
>
> （小川博久，2000，p.68）

子どもの選択の範囲には制約があり，選択したあそびの内容もそれが有効になるか否かは保育者の援助にかかっている。つまり保育における主体性は，本来的に子どもと保育者の相互的なものでしかあり得ない。保育者が子どもの主体性を育む役割を背負っていることと，両者が相互主体的である現実はどのように整合するのだろうか。

　ところで人間の主体性について社会学者の大澤は，行為に対する直接的な選択だけでなく，その選択に至る志向の方向性や前提まで選択してはじめて，人は行為の主体者であることができると述べている。それが他者によって選択される場合，行為者は行為を現実化する動作主に過ぎない存在とみなされる（大澤真幸，1995，pp.13-14）。しかし大澤に依拠すると，子どもは単に保育者の意図する行為の動作主とも解釈できる。果たしてそうであろうか。小川と大澤の論の接面に生起する葛藤は，大澤が論述の対象として子どもを視野に入れていないことに起因するかもしれない。子どもは，ゆくゆく二重の選択をどちらも自律的に判断し選択できる大人に成長する途上を生きている。

自律的・主体的な人間としての成長を援助するために保育者は子どもの選択の結果が子ども自身の生活にとって有効であるよう配慮して環境を構成し，援助しているのである。

　それならば，子どものあそびに潜在する二重の選択を実際に誰がどのように行っているのかを知る必要があるだろう。小川の言及を，保育者の構成した環境の枠内でのみ子どもの生活が展開するというように短絡的に誤解すると，結局子どもは保育者の願いに縛られて，保育者の意図する方向に成長させられる動作主ということになってしまう。本研究は，子どもの目的動機を保育者が最大限生かし，実現できるよう援助することで，子どもの主体性尊重が保障されているのではないかと考えている。なぜなら，そうであることを目指したのが序章で述べた現行保育の出発点であると同時に，目的動機（何のために，つまり実現したい状態）は行為選択（何をするか）に繋がるからである。そこで本章では，環境が子どもの主体性を護り発達させる方向にはたらくよう媒介する保育者の営みを具体的に抽出することによって，二重の選択の主体が誰であるかを明らかにし，保育者が子どもの目的動機をどのように尊重しているかを読み解くと共に，保育と省察の関連を考察する。

　なお行為の選択の二重性に着目し言及した保育の先行研究はなく，既に用いられている選択に関する用語がない。本研究では，保育の場の記述としてより違和感がなく事例の理解を妨げない用語を用いたい。そこで，行為の前提となる選択を「内発的な目的動機」と同義にとらえ，「目的動機の選択」とし，直接的な行為の選択は同じ理由で「行為選択」と表記する。

　園生活に慣れていく過程で主体性の育ちが読み取れると考え，いずれも3才児クラスの事例とした。事例選定の視点は次の3点である。①子どものあそびの成立を観察できていること　②あそびを選んだ子どもの目的動機について，ある程度の推測が立つこと　③保育者の援助が，環境構成という観点から明らかであること。このような視点で選んだ事例は，子どもの目的動機

がそれぞれ異なる。【事例4-1】は，年長のあそびに入れてもらった過去の体験を自分で再現しようとした事例で，3才児の4月。【事例4-2】は，家庭から関心事を持ち込んで，園で実現しようとしたあそびで，同年同クラスの10月。【事例4-3】は，A保育者の用意した物に触発されてあそびが成立した事例で，同11月のものである。

【事例4-1】映画館をやりたい
〈観察記録の抜粋〉　　　　　　　　　　　　　　　　2000.4.29 快晴

　　O太・U男・T男が保育室の壁の前に衝立を運んできた。壁には黒板がある。3名は衝立の後ろに回り，Y男が「映画はじまりー，映画はじまりー」と衝立の向こう側に向かって呼びかけをする。ちょうど保育室に入ってきた4才女児2名が，客席の前列に座る。Y男・T男B男・A男は後ろの黒板にチョークで描いている。近くで見ていたA保育者が「私もやりたーい」と言いながら衝立の後ろに入った。が，すぐに出てきて教卓へ行く。緑色画用紙で草をつくり，急いで衝立に戻って貼る。またすぐに教卓へ行き，細い竹の子を2本持って戻る。「はい，お兄ちゃん竹の子持ってきてくれたから，竹の子もしよう」と言いながら竹の子を男児たちに見せ，すぐに衝立に貼る。貼り終えたところで客席前列で4才女児たちの隣に座る。

A：客席から「あ，竹の子があるぞ，ちょっと触ってみよう」
Y男：右手にはめている象の指人形で竹の子に触る。
A：客席周辺の子どもたちを意識している様子で「あ，触っています。…かくれんぼしよう？　もういいかい，まーだだよ，もういいかい」
O太：衝立の前に出てきて「まだ…お休み」と告げる。
A：客席の方を向いて手を前に組んで立ち，お客たちに「ちょっとお休みです」と言い，製作机に行く。製作机からY男に「象さーん」と手を振る。
Y男：先生の呼びかけに応え，象を動かす。
O太：衝立の横に店を運んできて，映画の切符を売り始める。切符は黄色紙を切って黒サインペンで描いたもの。「切符ほしい人ー」と周囲を見回しながら呼びかける。
A：「切符くださーい」と言って近づき，一枚もらって客席前列に座る。
D男：黙ってO太に手を出し，切符を受けとって先生の隣に座った。

A：客席から「あ，象さんも来ました」
Y男：笑顔で「おー」と象を掲げる。
A「あ，猫ちゃんも来ました」
Y男：左手にはめている猫の指人形を見る。象と猫を向かい合わせにし，お辞儀をさせる。
A：「あ，こんにちはしてまーす。あ，ジャンプしてまーす」
A保育者のことばを受けて，Y男の象と猫，T男のうさぎ，O太のきりんがジャンプをし始めた。
A：「今度はじゃんけんポンしてまーす。じゃん，けん，ポン」
ここで男児たちは互いの人形を向かい合わせにしたり，触れさせたりする。
A：「あ，今度は追いかけっこ，待て待てー」
人形たちが衝立の前を走り回る。
A：他児に着替えの手伝いを頼まれ，客席をたつ。
O太：店でU男と切符をつくっていたが，衝立の後ろへ回り，猫のぬいぐるみを一人で動かし始める。しばらくやって，客席に向かって「観たい人はチケット買ってくださーい」と言う。衝立の後ろに入ってきたH子が持っていたブロックを黙って取り，それを動かしながら「夏だから虫。ジージー，ミーン」と言って猫と虫を連動させる。H子はいなくなってしまった。O太は衝立の前に立ち，誰にともなく「終わりでーす。もう映画館は終わりでーす」と告げた。衝立を二枚合わせにし，向きを変える。
U男：手をメガホンにして「映画館は終わりでーす」と大きな声で客席に伝える。

〈A保育者の語り〉　　　　　　　　　　　　　　　　　　　　　　保育当日

A：映画館のあそびは先週，O太が5才児の保育室で「映画を観てきた」ということで，一度体験している。だから映画館と聞いて私は，あれだなと思った（1）。O太がやりたいのはこういうことじゃないかな（2）と考えながら，できるだけ彼のやりたいイメージに近づけようとしていた。
3才のこの時期では演じることは無理なので，衝立に隠して何かを動かせればいいかな，と考えた（3）。店を持ってきたり，切符をつくって売ったのも多分，5才の人たちがやっていたのだろう。それを，真似やってみようとするところがすごいと思う。お客さんから隠れて何かやりたいけれど，どうやればいいかはまったくわかっていないようだったので，私が声をかけた。

K：O太一人で5才児の映画を観てきたのか？

A：一人で観てきた。「観終わったら帰ってきてね」と伝えておいたら，帰りの時間ぎりぎりまで行っていた。O太一人の経験だったので，他の人たち（U男・T男・Y男ら）には，O太と同じ映画のイメージはなかったはずである。でも，個々のイメージが異なっていたかもしれない中で，それぞれが楽しめていたと思う。

〈A保育者の語り〉　　　　　　　　　　　　　　　　　　　　　　1年後

　O太の映画館あそびは印象に残っている。5才児の映画館で客として体験したことをもとに，数日後，自分でもやってみようとしている姿を見て，なんとか実現できるように後押ししたいと考えた。やってみたことが，楽しめるようにしたいと思っていた。でも改めて考えると，私は実際に人形を動かして見せることを主にしてかかわったが，O太にとってはチケットをつくって売ったり，場を設定することでも充分だったのかもしれない。演じることより，以前体験したことを今度は自分で企画することが，既にあそびであったのかもしれない（4）。そうだとしたら，私はあそこまでやらなくてもよかったことになる（5）。

【事例4-1の考察】憧れが目的動機に

　当事例は，観察しているKには映画館のあそびの動機がO太にあるとはわからなかった。事例の記述からわかるように，映画館での上映に積極的な参加をしていたのはO太よりはY男だったからである。このような場面では観察者の保育理解には自ずと限界があり，保育者の語りをもって初めて場面の文脈や参加者の志向性が理解できる。

　O太にはどうやら，数日前に5才児クラスで映画館のあそびに参加した経験が憧れとして過去把持されており，この日，自分で再現しようという目的動機をもったようである。園内で自由に異年齢が交流できるあそびを主とした保育であるため，担任保育者の目の届かない場所にも子どもの興味・関心は及び，クラスのメンバーに限定されず刺激を受けることが十分あり得る。入園してまだ日も浅い4月に，5才児のあそびへの憧れを自力で再現しよう

としたO太の旺盛なバイタリティに，A保育者は「すごい」と感心している。A保育者はこの感心に動機づけられ，映画館再現への援助に動き始めたのだろう。けれどもA保育者は，5才児クラスでO太が映画観に参加していることを認識してはいたものの，その場を共有してはいなかった。多分，入園間もない4月のことであるから，保育室に他児を残して5才児クラスに長い時間いることができなかったと推察される。だがもちろん，A保育者にはこの園の5才児たちが日頃どのように映画館のあそびをしているかについて，十分な情報と知識がある。だからA保育者の知っている5才児の映画館を，3才児4月の段階でできそうな範囲において再現することが，A保育者の目的動機となった（1）。しかしA保育者の解釈したO太の目的動機はあくまで不確かな解釈であり，解釈したO太の目的動機を実現することをA保育者自身の目的動機としたことになる。

　A保育者はこの場面について二度言及しているが，二度の語りの内容には相違が認められる。保育当日では，「O太がやりたいのはこういうことじゃないかな」（2）とO太の目的動機を解釈していたことに言及した。一方この省察の時点では矛盾もあり，「3才のこの時期では，演じることは無理」（3）との考えがあったと述べているが，実際の保育行為は演じることへ向けた先導になっていた。1年を経て再び同じ場面について省察すると，A保育者の保育行為についての自己評価が一転した。O太の抱いていた目的動機と，A保育者が解釈したO太の目的動機にはズレがあったかもしれないという疑問が生じている。保育行為の内実が，実は演じる方向でなされていたことも，1年後には省察された。しかし実際には，A保育者の演じる方向での援助がなければ，映画館あそびの体をなさなかったであろう。つまりO太の経験とあそびの遂行力では，一人で行為選択をし映画館を成立させることはできなかった。A保育者が一緒にあそぶことでO太の行為選択の結果は，映画館あそびの有効打になり得たのである。

　また1年後の省察では，O太の目的動機が演じることに特化してはおらず，

「自分で企画することが，既にあそびであった」（4）可能性もあったと考え，「あそこまでやらなくてもよかった」（5）とも述べた。保育場面のA保育者は，解釈によるO太の目的動機を実現することを自分の目的動機としていたのだから，解釈の妥当性が揺らげば，保育行為の援助としての妥当性が揺らぐことになる。子どもの目的動機の解釈の妥当性を問うことは，保育行為の判断の根拠の妥当性を問うことに等しい。だから解釈の妥当性は保育者の重要な省察テーマになるのだと思われる。当事例の場合は保育から既に1年を経ているため，解釈の妥当性を解明できないばかりか，翌日の保育でO太とのかかわりに直接反映させることもできない。けれども現象から時間を経て，保育者が立ち位置を後退させた状態で省察する内容が，おそらく第3章で明らかになった子ども観・保育観として過去把持され，今後の保育に影響すると思われる。保育直後の省察と時間を経て行われる省察の差異については第6章で，過去把持については第5章および第6章で検討する。

　O太の目的動機は，5才児クラスでの経験を再現することであり，A保育者は当然この目的動機を尊重してかかわっている。問題は，この目的動機を実現するための行為選択が誰によってなされたかである。O太はY男に比べ，A保育者の先導に直接的に従った行為が少ない。人形を動かすことで上演できることがA保育者のことばからわかり，それをしてもいるが，自ら映画館をお休みにする，チケットをつくって売るなどは自らの判断で行為している。上演がY男の参加によって比較的イメージどおりにできていたために，過去把持していた5才児クラスでの経験の細部が想起され，そうした行為を生起させたのかもしれない。しかしA保育者の援助なしには，やはり参加した他児たちがイメージを共有できる映画館のあそびにはなり得なかっただろう。したがって行為選択は，O太とA保育者双方が行ったと解釈するのが妥当であると思われる。入園して間もない3才児には，子どもの行為選択に対し保育者が選択肢を提示することで，子どもは自分の意志で選択したと感じることができる。自分の選択であそべた経験が達成感をもたらし，その後の園生

活を主体的に生きてよいことを学ぶ。あるいは主体的であろうとする意欲や志向性が生まれる。子どもの目的動機を尊重する保育は，子どもの主体的な，時に気ままで自分勝手な行為を放任することではなく，子どもが抱いた目的を最大限の経験として実現しようとする保育である。

次の事例は3才児10月末のもので，子どもが家庭生活での好きなあそびを既に園生活でも日常的なあそび内容としている子どもの事例である。

【事例4-2】 ゲーム機づくりかピストルか
〈背景〉
B男は日頃から製作を好み，登園すると製作机に向かうのが日課のようになっている。手先も器用で凝った物も苦にせずつくり上げる様子から，家庭でも製作を行っていると思われる。

〈観察記録の抜粋〉　　　　　　　　　　　　　2000.10.30（木）曇り

　　登園したB男は，箱と紙でつくった製作物を手に持って，観察者Kの側にいたが，その日は保育室内であそんでいる他児の動きをじっと追っている。制作物は，ピストル状の形である。しばらくしてKの側から離れ，製作机に行って座った。手に持っている物を机の上で「ブーン」と言いながら動かす。目は男児3名のはしゃぐ姿に釘づけになっている。A保育者が通りがかりにB男の手元を覗き込み，「持つところが曲がらないようにしようか？」と尋ねた。B男はかすかな声で「ん…」と言うが，どのような意味の返答であるかは定かでない。

　　A保育者は歩き出して振り返り，「おいで。一緒にやろう」と誘う。すぐに向きを戻し，別の製作机へ行った。B男はすぐに立ち上がり，A保育者の後について移動した。A保育者はピストル状の制作物の持ち手を補強し，「できたでしょう？」と笑顔でB男に手渡した。B男はそれを受けとると，かすかに微笑んで「これでテレビゲームやる！」と嬉しそうな表情でA保育者を見上げた。A保育者は一瞬絶句した表情を浮かべ，「…（笑），よかったねえ」と答えた。B男はそのままその製作机の前に座り，テレビゲームのリモコンを持って独り言を言い始めた。

〈A保育者の語り〉 保育当日

A：B男は大人となら話せるのだが，友だちとは何気ないコミュニケーションすらなかなか成立しない。大人を拠り所にしていいだろうと考え，これまで見守ってきた。2学期に入ってからは，私からあそびに誘うことをしばらく試みてきた。しかしたとえば，ジャングルジムで私が「やってみようか」と言えば，B男は脚が震えていても登る。本当はやりたくないのに私が誘うから断れないのか，他児がやっているのを見てやる気になったのか，B男の姿からはわからない。それで私は，誘い方に気をつけなくてはならないと思った。

K：「僕は怖いからやらない」と伝えることができないのだろうか？

A：多分それができないのだろう。B男独特の人との接し方の感覚みたいなものがあって，私にはまだそれができていない。B男は，人とかかわる経験が少なかったのかもしれない。

K：B男は家庭でどのような生活をしているのだろうか。

A：母親が実家の仕事を手伝っているので，祖母と留守番をする機会が多いらしい。大人にとっては手のかからない子どもだと母親は言っている。今日は登園してすぐ「ゲームをつくるから紙をちょうだい」と言ってきた。私は「ゲームなら固い紙がいいわね」と答え，何種類かの紙を選んでB男に見せた。「どれがいい？」と聞いたら，「それはダメ」「それがいい」とはっきり選んだ。もし私が「この紙がいいわよ」という言い方をしていたら，B男は嫌でも受け入れてしまったのだろうか。それがわからないので私としても，どこまでB男自身にまかせようか迷ってしまう。B男は私の方から引っ張るのを待っているのかもしれないが，私はB男に意思を伝えてもらいたい。それから，できるだけB男が他児と接することのできる状況づくりを心がけようと考えて保育している。

K：今日B男がつくったゲーム機を，私は，彼が「これでテレビゲームやる！」と言うのを聞くまではピストルなのだと思い込んでいた。

A：私も途中からはピストルだと思っていた。B男の持ち方もまるでピストルさながらであった。だから持ち手が柔らかくてクニャクニャするのを，曲がらないように直してあげようと考えた。そうしたら，「これでゲームをする」と言われて（笑），イメージの違いに気づいた。「先生これはピストルじゃないんだよ」と言えないところに，私の対応の仕方が問われるのだと思う。引っ張りすぎないようにしようとする反面，B男には，人から誘われないと自分では選ばない経験がたくさんあるとも思うので，それらを経験しないまま時期を過ごし

てしまう怖さも感じている。3才児の今の時点ですら他児との生活経験の差を感じるので，私としては，見過ごしてもおけない。

【事例4-2の考察】保育者の関与と役割

　B男が製作をしてあそぶことが，どのような環境条件とその選択によって成り立ったかを考えてみる。B男がゲーム機をつくろうとはじめに思い立ったのが家庭であったか登園時点であったかは不明であるが，登園した時点でそのことをA保育者に伝え，早速材料選びにとりかかったことから考えて，家庭からイメージを持ち込んだと思われる。どちらにしても，目的動機は内発的である。

　次に具体的な行為選択の主体を考える。まずA保育者が予め選んだ数種類の紙をB男に提示し，B男はその中から自分のイメージに合うものを選択した。紙選びは，製作あそびの重要な要素であるから，選択を誰が行ったかが本稿の問題となる。A保育者はB男が「はっきり選んだ」ことを，その時のやりとりを交えて語っているので，それは間違いないだろう。けれども，既に園に用意のある紙の中からA保育者が数種類を選んで提示したことを考えると，純粋にB男ひとりの選択であったとも言い難い。A保育者が提示した環境の影響は明らかであるため，この場合の行為選択はB男とA保育者の双方が行ったと解釈すべきであろう。

　さて，A保育者がB男の製作物をピストルと勘違いしてかかわり，さらにそれをB男が訂正しようとしなかったことが，ゲーム機のリモコンの可動性をなくすことに繋がった。このA保育者の勘違い自体は観察者Kも同様の勘違いをしたことからも致し方ないことであったと思われるし，ここでは是非を問わない。むしろ問題は，B男が内発的な動機によってゲーム機づくりを始めたにもかかわらず，B男の目的動機がA保育者の勘違いによる保育行為で揺るがされたのか，行為選択の主体性を放棄したかのように見えることである。A保育者が持ち手を補強したことは，B男のあそびにどのような影響

を与えたのだろうか。ゲーム機としての持ち手の在りようについて，B男がどのようなイメージを持っていたのかは不明である。しかしB男はその補強によって「これでゲームやる！」と言い，改めて机の前であそび始めた。しかも，それまで他児の動きに目をやっていたB男が自分のあそびに取り組み始めたのだから，B男は先生の補強したゲーム機を使うという行為選択をしたと考えてよいだろう。つまり，A保育者の勘違いによる補強が偶然功を奏してB男のイメージどおりのリモコンになったのであるにせよ，単にB男が先生の勘違いを訂正できなかったにせよ，つまり，A保育者はB男がイメージを実現してやりたいあそびをするための行為選択に，結果的には環境をとおして間接的に手助けしたことになり，A保育者の保育行為は少なくとも結果的には，援助として成立していたことになる。この行為選択もまた，B男とA保育者のそれぞれが行ったといえよう。

　本事例では二重の選択をいずれも子どもが行い，保育者は製作を手助けする形で直接的に行為選択に関与した。保育者は子どもの目的動機を尊重し，形ある実現に向けて積極的に手助けする援助の構図をとりながら，いわば，行為選択を協働で行った。子どもの目的動機の実現が保育者の目的動機となるため，A保育者は子どもの目的動機を解釈し，その実現に向けて保育行為を選択した。【事例5-1】と本事例は，子どもの主体性を尊重する保育の特徴を三点示唆している。①子どもの行為選択に対する保育者の関与は，あそびへの参加・手助けなど直接的な関与と，選択肢を提示する間接的な関与があり，いずれも子どもの行為選択を妨げることはない。②相互主体性という前提の上で子どもの主体性を育てるためには，子どもの目的動機の解釈から出発することが決定的に重要である　③子どもの目的動機の解釈の妥当性を問うことが，保育者の省察の重要なテーマとなる。

　小川（1988）は保育者が子どもの動機の芽生えに注目することについて次のように論じている。

幼児の自主性が育つような経験をするためにまず必要なことは，幼児の中に○○をしてみたいという欲求（動機）が育つことである。これは，保育者がことばで要求して生まれるものではない。幼児が自分をとりまいている世界（環境）に触れ，そこから生まれるものである。たとえば，幼児，特に年齢の低い幼児の多くは，砂や水に出会うや否や，それに触れたいという欲求をもつ。その意味で，砂場や水場は，保育に必要な環境設定ということになる。
　幼児の自主的な活動が発展するためには，砂場だけに限ったとしても，水や砂があれば十分だというわけではない。幼児の達成動機は次第に発展する。穴をたくさん作りたいなど，こうした動機を育て，かつ実現させるには，シャベルもじょうろもバケツもカップも必要になるだろう。こうした道具もまた環境設定の重要な要素の一つになる。　　　　　　　　　　　　　　　（小川博久，1988，p.214）

　小川の論述に照らしても，目的動機の内発性と保育者の行為選択への関与は，〈保育〉を行為レベルで成立させている重要な一側面であることがわかる。子どもが主体的な生活者であるよう，保育者がことばでそれを要求しても無力である。直接，間接に関与の仕方を変えながら徐々に，子どもが二重の選択の主体に育つよう保育者の不可視な配慮が必要なのである。その配慮の行為化がすなわち援助である。
　ところで子どもが内発的な目的動機を抱くことは，いつも，どの子どもにとってもたやすいわけではない。誰からも自分を動かしてもらえない，意思をもって自分を動かさなければ何も始まらない自由は，子どもの個性により，あるいは場合により辛いこともある。けれども〈保育〉は子どもに自由を課しているのではない。保育者は，子どもが'偶然出会った'と感じられるような環境を構成して目的動機の生起を誘ったり，好きなあそびが見つけられずに持て余す時間を共にすることもある。子どもの主体性の発達を，右肩上がりの直線で，しかも非可逆的な発達としてとらえてはいないからである。だから保育者は，子どもが園生活に慣れてきてもなお，環境に願いを託す仕方で子どもの目的動機に対し，間接的なはたらきかけを続ける。次は，保育者の環境構成が子どもの目的動機と一致し，あそびが続いた事例である。

【事例4-3】薄紙の花づくり　　　　　　　　2000.11.6（木）曇り
〈観察記録の抜粋〉

　M子は保育室中央に出ているお店で，腕輪をつくった。薄緑色画用紙の輪に黄色・緑色の薄紙の花がついている。A子・N子も加わり，腕輪をつくっては店に飾ることを始めた。店の柱に貼っていく。通りかかったKに「いらっしゃーい」と呼びかける。

　A保育者が材料棚から箱を下ろして製作机に行き，薄紙を1枚ずつ取り出しては机上のかごに入れていく。かごに入れた薄紙の中から数枚を店頭に移して置き，M子らに「これも使ってくださーい」と言う（1）。その時3名は，腕輪と同じ要領で冠をつくっていた。M子は製作机に移動して製作を続けている。A保育者は様子を見ながら材料の提供をしていった。A保育者が場を離れてから，およそ30分間，M子の製作は熱中して続いた。

　A保育者が戻ってきた。M子がはめている腕輪に目を留めて「それきれーい」と笑顔で褒めた（2）。M子の腕輪は水色画用紙の輪に色とりどりの薄紙で花が一巡についている。かぶっている冠は，白い画用紙の輪にピンク色の薄紙の花が一つついている。M子は先生に賞められた腕輪をKに見せに来た。「ほら」と，誇らしそうに腕を掲げて見せる。Kは「きれーい」と言い，冠を指して「こっちもお花たくさんつけたら，きれいじゃない？」と伝えた。M子は早速，材料棚から薄紙の入った箱を下ろし，中からピンク・オレンジ色の薄紙を選び出した。

　ままごとコーナーに座り込んで薄紙を丸めているM子のところへ，I子がやってきた。「それちょうだい」とM子に頼む。M子はきっぱりとした口調で「M子ちゃんの！」と答える。I子は憤慨した表情で「みんなの物！M子ちゃんにはわからないんだ」と投げつけるように言い，側にいたC子の肩を抱き込んで「Cちゃん一緒にやろう。もうM子ちゃんは入れてあげない」と言う。誰もことばを発することなく険悪な空気の中，M子・I子・C子がままごとコーナーで輪になって座っている。M子が薄紙を手で弄びながら，大きくしゃみをした。I子とC子が笑う。そこから3人は和やかに話を始めた。M子が製作を再開し，オレンジ色の薄紙を細く折っているところに，I子が「M子ちゃん，さっきはごめんね」と小声で伝えた。M子は自分の手元を見つめたまま，黙って大きく頷いた。I子はそこで「あはははは」と，2人に向かって笑いかけた。

　M子はオレンジ色の薄紙を花にして，冠の横につけ，それをかぶってままごとコーナーから出ていった。

〈A保育者の語り〉　　　　　　　　　　　　　　　　　　　　保育当日

　あの薄紙は今日初めて保育室に出した。朝，「使うなら，ここに置いておくから」と伝え，かごに入れて製作机に置いておいた。腕輪と冠の製作に至るまでには，女児たちのあそびの経緯がある。最初はA子が誕生パーティをするため，プレゼントの腕輪づくりを始めた。腕輪から冠に広がり，M子が本当に頭にかぶれる冠をつくりたいと言ってきたのである。その後モーニング娘の踊りになり，シンデレラあそびになるなどイメージの変遷を経て，A子とN子はお店やさんに移っていった。M子にとっては，初めはシンデレラの冠づくりだった。今日は薄紙という物に惹かれてあそびが続いたような感じだ。

【事例4-3の考察】　子どもの経験と保育者の役割の変容

　薄紙の花づくりはヒロインになろうというM子の内発的な目的動機を実現する行為選択であった。これまでもヒロイン遊びとして装飾物をつくるあそびは続いていたからである（A保育者の語り）。行為選択としての花づくりは，A保育者がこれまでのあそびの経緯と変遷をふまえ，ヒロインあそびが続くと予測して準備しておいた薄紙が，子どもによって有効に利用されたあそびである。A保育者が環境に託した願いや意図が誘発したともいえる。A保育者は「物に惹かれてあそびが続いたような感じだ」と述べているが，薄紙は前もってA保育者が選択した物だから，A保育者の'好きで選んだあそびを継続し，じっくり取り組んでほしい'願いを抜きに，M子ひとりの行為選択とは解釈できない。A保育者が構成した環境が子どもたちの目的動機に整合していたことで，子どもの行為選択としてのあそびがスムースに行われたといえる。保育者の関与は，環境に願いを託す間接的な方法によってなされた。

　M子も他の女児たちもこれまでのあそびの経験を生かし，培ってきた人間関係を温めながら主体的に行為選択を行っている。A保育者はM子の行為選択の方向性と深まり具合をみながら，必要な材料を補充したり，つくられた物を褒めたりして関与してはいるが，直接的な行為選択は何ら行っていない。当事例は，保育者の影響を環境から間接的に受けつつ，子どもが行為選択を

行っている。あそびが始まってから保育者は，参加するような直接的な関与をせず，子どもの主体性が際立つようあそびの続行と展開を励ましている。具体的な保育行為としては，子どもの目的動機が薄れないようことばで繋がりを確認したこと（1），褒めたこと（2）である。

第2節　事例考察のまとめ－保育のさなかにおける選択とその主体－

　本章では，好きなあそびを見つけて取り組む園生活で，3才児が何を実現したいか（目的動機），どのようなあそびによって実現しようとするか（行為選択）という二重の選択の主体であるか否か，事例を通して検討した。いずれの事例も子どもの目的動機は内発的であり，子ども自身が好きなあそびを見つけて取り組むことから一日が始まっていた。行為選択は，保育者がどの程度，どのように関与するか，3つの事例から読み取れたことを表2に示す。

①いずれの事例においても，子どもの目的動機は内発的であった。

②子どもの目的動機が，子どもひとりの力では実現できない場合，保育者は子どもの行為選択に対し，あそびへの参加という形で直接的に関与していた。やりたいあそびが見つかっても，できずじまいになる経験が重なれば，子どもは主体的に目的動機を抱いて園生活を生きられるとは感じなくなるだろう。保育者は，やりたいと思ったあそびが可能な限り実現できるよう，この時期，積極的具体的に関与するのだと考えられる（【事例4-1】）。

③保育者が選択肢を提示することは，子どもが'先生の言うとおりにやった'あるいは'やらされた'という感じ方をせず，自分の意思で行為選択をしたという達成感をもたらすだろう。この達成感は，子どもが主体的に目的動機をもって園生活を送ってよいことを学び，子どもの内面に主体性の基盤を形成すると考えられる（【事例4-1】）。

④子どもは家庭から持ち込んだ関心事を，園生活で展開しようとする場合がある。その場合，保育者は子どもの行為選択には，材料の提供・提案，製

表2　二重の選択の主体

	目的動機の主体	行為選択の主体
事例4-1 (2000.4.29)	子ども	子ども 保育者（あそびへの参加）
事例4-2 (2000.10.30)	子ども	子ども 保育者（手助け）
事例4-3 (2000.11.6)	子ども	子ども 保育者（環境構成）

作物の補強といった，可視的で直接的な関与を行った。子どものあそびの遂行力が高くなり，様々な行為選択を子どもの意思で行えるようになると，保育者は子どもの行為選択がよりイメージどおりに実現できるよう，材料提供にとどまらず製作の仕方にも踏み込んで手助けを行っている。子どもはやりたいあそびを，'こんなふうに実現できる'ことを，保育者から学ぶことになるだろう（【事例4-2】）。

⑤保育者は子どもについての過去把持をリソースとして保育行為を選択するため，子どもとの園生活が積み重ねられるにしたがって，環境へ願いを託す間接的な関与もより適切に行えるようになるのだろう。そう考えると保育者の関与の間接性は，子どもが自分で選んだあそびであるという自負に繋がるから，子どもが園生活の主体としての自覚や自信を育てるために重要な保育行為の変容であると思われる。このように，子どもの選択から自信と意欲が引き出され，次の主体的な選択に繋がるサイクルが子どもの主体性を尊重する保育の一つ目の成立基盤であるといえよう（【事例4-3】）。

⑥保育者の保育行為は，子どもの目的動機を解釈することから始まり，目的動機を実現するための直接的な参加・手助け，間接的な配慮として行われた。子ども自身が見据えた目的動機を実現するために行われることが，保育行為を援助とするゆえんであり，子どもの主体性を尊重する保育の二つ目の成立基盤であるとるといえよう。

⑦省察において保育者は，保育中に子どもの目的動機を解釈したことを想起し，解釈の妥当性を自問していた。既に体現した保育行為の是非を自己評価するためには，保育者が保育場面で内面にどのような動きがあったかを意識化し，自分の目的動機が何であったかを対象化して明らかにする必要がある。内面という不可視な領野に眼をこらすことは，子ども理解にとどまらず保育者の自己理解にも必然的に省察が及ぶ。

第3節　子どもの主体性を尊重する保育

　第3章で検討してきた人間関係の創出性と本章で検討した行為選択の主体の問題を振り返って総括し，〈保育〉が子どもの主体性を尊重する保育であるための要点を括り出すと共に，保育を支える保育者の省察の内実を整理する。

1．子どもの目的動機を基点とする保育

　これまでともすると，子どもの発達の議論では，主体性が意識されるのは大抵意思と意思の葛藤が生じた時であるととらえられてきた。鯨岡（2006）も子どもと大人の間主観性に関する以前の論を発展させ，間主観性を基盤とする相互主体性を論じているが，そこで子どもの相互主体性をとらえた契機はやはり子どもと養育者の意思が葛藤を起こす場面であり，葛藤場面を通じて際立つ個人の個人性として主体性を論じている。このように子どもの主体性は欲求の主張によって他者に受けとられる意思という側面でとらえられてきたと言ってよいだろう。

　けれども保育において子どもの主体性を尊重する精神とは，子どもの園生活の出発点からなされていることで，けんかやトラブルにおける子どもの主張場面だけでなく，平穏そうにみえる場面においても保育者は，今ここでこの子どもにどのような主体性を認めることができるかを察知しようとする志

向性が常にはたらいているはずである。鯨岡の相互主体性論を例として，欲求の主張でとらえる主体性と本研究が保育場面から掬い出した主体性の相違を考えてみよう。

　鯨岡が論拠とする事例は基本的に我が子と養育者の二者関係であり，対象児の大半が離乳食段階の乳児である。乳児と大人の関係は非対等性が濃厚である。離乳食を自力で食することもできない乳児と大人（ましてや養育者）の間には，欲求の表出―受容という関係が，例外を除いて選択の余地なく求められる。密着性の高い関係が養育者に，子どもの情動が'わかる'実感をもたらす。つまり間主観性を成立させる機会は当然多い。養育者はこの'わかる'実感の心地よさによって，とにかくまずは子どもの欲求の表出を肯定的に受容するのである。'わかる'感覚が養育者に心地よく，'わかってもらえて受容される'体験が子どもに心地よいという間主観の好循環が生まれるのである。ところが子どもの成長に伴い，養育者が全面的には受容しかねる欲求の表出がなされるようになると，生じた葛藤から子どもの個人性が際立ち養育者に意識され始める。それでもなお養育者は，改めて我が子を一個の主体として意思ある存在として受容し直す。たとえ自分に都合の悪い表出であっても，表出に対する是非とは別に，'あなたはそうしたいのね'と意思の存在自体を受容するのである。やがて養育者の側でも自分の意思や状況を子どもに伝えるようになり，現象的にはいよいよ葛藤場面の体をなすようになる。葛藤そのものとは異なる文脈で，子どもは養育者が自分の欲求を飲むばかりの相手ではないことを，おぼろげながら認識するようになる。このように描かれた鯨岡の相互主体性の発露とそこに至る過程は，子どもと養育者の二者関係における個と関係の発達過程として異論がない。

　けれども保育の場における子どもは幼児であり，保育者は養育者と異なり日々職責において子どもと出会っている。だから一対一で向き合って間主観性の発現に浸る場面は決して多くない。保育は集団施設保育と同義であるため，同程度の発達段階を生きている他児に囲まれて園生活を送ることになる。

既に子どもは家庭という養育環境から踏み出して，社会に位置づく存在として園での人間関係を生きているのである。保育者は養育者のようにかかわりたいと思う，あるいはかかわる必要を感じる時に必ずかかわれるわけでもない。こうした対象の違いから，子どもの主体性の表れと意味も鯨岡が描いたものとは異なる面が認められる。子どもの表しが，欲求の表出とは質が異なるのである。保育の場における子どもは目的動機を携えて登園する。保護者に見送られ，社会としての園に出向いて自らを一日どのように動かそうかと，時に期待を時に不安を抱えつつ登園する子どもは，そこが何かをして過ごすところであることを既に認識している。家庭の乳児とは，そこに居ることの意味がそもそも異なるのである。

　子どもの表しに関して，津守（1980）は「子どもは，その世界を遊びの行為に表現する」(p.14) と述べている。乳児もあそびをするが，よりまとまりのある表現としてのあそびは幼児期に至って模倣が盛んになる時期から行われる。内面の表しとしてのあそびである。保育者は子どもが内面を表す行為としてのあそびに対し，生活の範疇で生起する多岐にわたる教育課題を達成することを職務とする者である。だから子どもの自由な表現を基点とすることが重要で，子どもがあそびを選ぶことを認め促すのである。鯨岡 (2010) は後に保育者のエピソード記述から，保育の場で生起し保育者によって尊重される子どもの主体性について，先の間主観性および相互主体性の観点から新たな論を展開した。鯨岡は活動としての表現を「正しいか間違っているかではなく，自分がこうしてみたいという自分の主体としての思いをもっとも素直に表現できる活動」(p.227) と述べている。心の内にあるものを行為に表現することは，その人が一個の主体であることの証であり，子どもはあそび（活動）にそれを表現するのである。

　子どもの目的動機を解釈した保育者は，基本的に子どもの目的動機を実現することを自分の目的動機とする。ただしこの目的動機は，保育者が子どもの言いなりに追従する奉仕のような保育を志向しない。実際の保育者の目的

動機は，'子どもがこういうイメージを抱いているようだ' という解釈と'私としてはこのようなあそびを実現したい' 'あそびを通してこのような経験をしてほしい' という願いが包摂して成り立っている。この二つが次の瞬間保育行為を判断するための根拠となるもので，保育後の省察で保育行為の判断の根拠として想起するのはこの「解釈」と「願い」で成り立つ目的動機である。

　子どもの主体性は，'自分を今この環境（の制約の中）でどう動かしたいか' を選択できることをもって，まずは尊重されているといえよう。目的動機を抱き，行為選択も保育者に直接間接の援助をされながら，しかし保育者の配慮によって子どもは自分で実現したという達成感を味わっているはずである。達成感を実感できる経験が，自己肯定感・自信の拠り所となり，次のあそびを見つけ，より主体的に取り組もうとする意欲に転化する。3才児でスタートする幼児の保育では，まずこうした循環を創出することが課題である。子どもが二つの選択の主体になるための道のりのはじめに，選択してよいと感じられる空間をつくり，選択は保育者によって支えられ実現可能性をもっているのだと子ども自身が感じとれることが重要である。

　保育者の子どもとのかかわりの「間合い」は絶妙な一瞬をついて顕現される。それは，人間関係を創出することの価値を高く認め，目指す関係における自身の在りようを不断に省察する保育者の研鑽のたまものである。親密な人間関係がなぜ重要視されるかといえば，他者と親密に繋がっていると実感できることによって子どもは，自らの個性的な成長の方向を確かなものとして生活することができるという考えに依拠している。子どもが自らの個性的な成長の途上に確かに位置づくよう，一人ひとりにとっての伴走者になることが，保育における主体性の尊重であるのだろう。だから保育者は，子ども自身がやりたいあそびを選択することを認め，そのあそびのイメージ実現に対し援助となる方向で保育行為を選択する。第3章および本章では，子どもの目的動機を基点とする保育が，人間関係創出と行為の選択が絡んで成り立

っていることを明らかにしてきた。

2．保育と省察の関連

　まず保育者の子ども理解は，特定の現象に定位した個別具体的な理解と，現象から時間を経て俯瞰する立ち位置から子ども一般についての理解（子ども観）が認められた（第3章）。保育行為は，子どもの目的動機を実現するためになされており，可能であれば子どもの行為選択に任せようとするのが〈保育〉である。けれども子どものあそびの遂行力が未熟であったりイメージの実現が困難である場合は，直接間接に行為選択への関与をする（本章）。

　保育者の願いは，過去把持してきた子ども理解の上に同定される。【事例4-3】では，A保育者がヒロインあそびについての過去把持によって形成してきた子ども理解の上に，新たな素材との出会いを願っている。素材との出会いがヒロインあそびのイメージをよりリアルに実現させるだろうと期待して，A保育者は薄紙を用意するという環境構成を行った。保育場面では実際に女児たちが今日もヒロインあそびの道具をつくり始めたので，「これも使って」と材料を提供した。もし女児たちの関心が別のことに移っていたら，A保育者は薄紙を誘い水にしてヒロインあそびの続きに引き戻そうとしたとは限らない。願いを託し環境構成を行うことは保育者として当然のことであるが，構成した環境を子どもが用いるかどうかは，基本的にその日の子どもの意思によるというのが，子どもの主体性を尊重する保育であると考えられる。

　この点が，村石の述べた「カーネーション」に代表される，ほぼ一日中保育者の提案で子どもがあそばされる保育とは基本精神が大きく異なる（序章第1節2）。〈保育〉においては，想起に始まる現象の再受容と，次なる保育に向けた発信的な意味合いの省察の間に，保育者の願いが成り立つ。願いを環境に託し発信することからも，〈保育〉が「思いつき」で「場当たり的」に「子どもに追従して」行われていないことを信頼できる。

以上のことから，子どもの目的動機を基点として行う保育は，子どもが主体として保育の場を生きるという宣言を認めているといえる。何をしたいか（目的動機），それをどのように実現するか（行為選択）を選択できる時，確かにその人は自分の意思と願いによって自らを動かすという意味で主体である。保育の場における子どもの主体性は子どもが自ら目的動機をもつことであり，子どもの主体性を尊重する保育は子どもの目的動機を保育者が解釈し，その実現を目的動機として保育行為を選択する保育を意味する。子どもの目的動機を基点にする保育がなぜ重要であるかを考えると，子どもの生活は衣食住を満たすことを除いてあそびによって構成されるからであり，好きなあそびに興じている時に，好きな大人によって導かれるのが最も自然に教育効果が高まるからであると思われる。したがって，保育者が子どもの目的動機を生かし，子どもの選んだあそびの展開で園生活の質を高めようとする在りようは，生活による教育の体現であり，子どもにとっては'ふと気づいたら好きなあそびに夢中になっていた'という自然な生活が損なわれないのである。

また【事例4-1】では，現象から1年を経た省察において，保育行為の根拠となった子どもの目的動機の解釈の妥当性を問う内容が認められた。保育行為の判断の根拠を問うことは通常，'なぜその保育行為を行ったか'を明らかにし，自覚に至った根拠について'その根拠は妥当であったか'と問うことを意味する。子どもの目的動機の解釈の妥当性を問う省察は，'なぜそれが保育行為の根拠となり得たか'を問うている。

時間を経て俯瞰した立ち位置でなされた省察に表れた保育観は，田代（2013）が提起した事後に構成する理由動機と考えられるかもしれない。この示唆はまた，田代が述べた保育者の自己理解に向かう省察が，〈保育〉に位置づいている可能性を示唆しているだろう。そこで，省察における保育者のパースペクティヴの移動を第5章の検討課題とする。

第5章　省察におけるパースペクティヴの移動
― 事例分析の経過④ ―

　これまでに，保育者が省察を研究者に語ることの意義と，子どもの主体性を尊重する保育の特質を明らかにしてきた。前者（第2章）においては，語る行為から生まれる保育者と研究者の並ぶ関係と対面関係が認められ，その関係性が語りの文脈形成に重要な影響を与えていることが見出された。後者（第3章，第4章）においては，子どもの主体性を尊重する保育で保育者が，日々子どもの目的動機を基点に保育行為を体現し，長期間かけて子どもとの関係創出に努めることを保育の具体性に定位して例証した。保育者は子ども一人ひとりについてとらえてきたことを過去把持し，過去把持の堆積によって子ども理解を形成している。形成された子ども理解が子どもの姿に触発され目的動機に転化する。子ども理解が保育者の身の内に沈殿しているため，即応的に行為を発動していても一貫性が損なわれない。積み上げた子ども理解に基づいて保育行為は選択されるからである。

　保育行為に至る経路は，必ずしも知覚的判断に拠るとは限らない。子どもの姿に触発され極めて感覚的に行為化する場合も少なからずあることが明らかとなった。またこのように繊細な配慮によって関係を創出する過程で，保育行為の選択は子どもの目的動機を尊重する方向でなされている。保育者は関与の度合いと仕方をその都度子どもの状態，発達の様相，個性を踏まえて判断しているのである。

　序章において，省察主体である保育者の立ち位置の問題に言及した（序章第3節3）。「保育中の保育者の立ち位置に定位し，自身が見据えていた子どもの姿と保育者自身が考え感じていたこと」を身の内に引き戻すところから省察することと，「事後的に保育の現象を俯瞰し，文脈を完遂させようとす

る」省察が，異なる記録論によって求められていることを指摘したのである。後者は第三者によっても構成可能であることに鑑みると，田代（2013）がSchützの理論を踏まえて行った目的動機と理由動機に関する論述とリンクするだろう。保育者の目的動機は保育行為の判断の根拠であるため当事者の視座でしか語れないのに対し，理由動機は保育者その人の過去の経験に保育行為の動機を見出すことであるため，当事者でも第三者でも事後に構成し得るからである。繰り返し省察するたびに，対象となっている過去の現象は，省察主体である保育者にとって時間を隔てる。遠のくに伴って保育者のパースペクティヴは移動することになる。

　そこで本章では，パースペクティヴの移動は保育者の省察を深めるのだろうか，という問いにアプローチしたい。①保育当日と翌日に同じ現象を対象としてなされた省察を事例とし，パースペクティヴの移動の有無および結果として生じること　②パースペクティヴの移動と目的動機・理由動機の表れに関連があるか否か　以上二点の分析を行い，保育者が一つの関心事について省察を積み重ねることの意味を考究する。

第1節　省察対象とパースペクティヴの移動

　田代の指摘に鑑みると，パースペクティヴが移動することで省察対象に保育者自身の在りようが含まれてくることになる。そのことを確認するためにまず，省察対象が子どものみであるか保育者自身の保育中のありようも視野に入るかを分類する。続いて，パースペクティヴの移動が省察にどう影響するかを分析していく。

　省察内容の聴きとりは，保育当日に語られた内容について翌日にも行った。保育の循環的未完性に鑑みると，保育者は今日の保育のことだけを省察して翌日以降の保育に臨むのではなく，より包括的にこれまでの文脈を概観するような内容も含まれるのではないかと考えられるからである。

1．省察対象

　分類に当たって，保育者の個性による相違も予想されるため，二名の保育者に同様の調査を行った。およそ一年間の保育観察は，A保育者が12回，S保育者が8回であった。各保育者の省察対象の分類結果は以下のとおりであった。

　保育者の省察対象は子どもの行為の意味をとらえ，場面の意味を考えるもの（項目1）と，自分がかかわったことを視野に入れて同内容を考察するも

表3　A保育者の省察対象の分類

	保育当日	翌日	3か月後	計
項目1. 特定の子ども・場面についての解釈	18	8	2	28
項目2. 特定の子ども・場面に対する保育行為の説明・評価	15	17	8	40
項目3. 自分の保育技術	4	20	0	24

表4　S保育者の省察対象の分類

	保育当日	翌日	3か月後	計
項目1. 特定の子ども・場面についての解釈	36	13	3	52
項目2. 特定の子ども・場面に対する保育行為の説明・評価	34	22	1	57
項目3. 自分の現状・保育観	5	12	3	20

の（項目2）とが含まれていることがわかる。つまり保育者は，子どもや場面に関することのみならず，自らの在りようも省察対象としているのである。また，A保育者とS保育者では，三つ目の項目が異なっているが，これは保育者の個性により省察する内容の傾向に相違があることを示している。

2．省察対象の変容

表3，4で，保育当日と翌日の数字を比較する。項目1が子どもの行為や場面についての意味を省察した内容で，対象は子どもである。項目2は子どものあそびや状態について，保育者自身とのかかわりで省察している内容で，省察対象は直接的には子どもであるものの子どもをとおして間接的に自分自身をも含んでいる。項目3は保育者自身の保育技術や保育観に関する内容で，より直接的に自分自身の在りようを見据えた省察となっている。両保育者とも，子ども（項目1）もしくは間接的に自身を対象とする内容（項目2）は保育当日に多く省察されており，翌日の省察では減じている。それに対して保育者自身の在りようを直接的に問い直す省察（項目3）は，二人とも総数が少ないながら保育当日より翌日に飛躍的に増えていることである。この分類結果は，保育者が省察を重ねることで省察対象および内容が変容すること，さらには保育当日のみならず翌日以降にも子どもの姿や場面を想起し省察することで，保育者自身の在りようが対象化されることを意味するだろう。田代（2013）は「こどもの側に立つ視点」ばかりでなく「こどもと共に生きる在りようを問う視点」をももつことの重要性を提唱したのであった（p.303）。上記の表からは，田代が後者に挙げている保育者自身を直接的に対象とする省察が，保育当日における現象の生々しさが薄れた翌日に顕れやすいことが読み取れる。

次に，この数字に表れている各保育者の省察内容の変容を，具体的な語りを追って分析していく。

3．A保育者の省察内容の変容

【事例5-1a】一緒にあそびたいのに
〈背景〉

　保育観察期間を通じて，子どもたちが口々に先生を呼び，先生の関心を引き寄せようとする言動が頻発した。A保育者の省察内容もこの現象に関するものが多くなり，語りの聴きとりにおけるやりとりの中でそれは「せんせい」コールと称するようになった。

　「ナースコール」は入院患者がベッド枕元のスイッチを押して，ナースに緊急を知らせる行為を指す。特定の他者に対して「今そばに来てほしい」「これをやってもらいたい」「自分をみてほしい」など様々な心情に基づく要求を敏速に伝えるという意味で，「せんせい」コールは「ナースコール」との共通性に鑑みてA保育者と聴き手Kの間で生み出された用語である。3事例はいずれも，A保育者の省察が「せんせい」コールを受けるという現象と，一人ひとりの要求に応じる保育行為の間を繋ぐものである。

　A保育者の担任クラスは4才児である。4才児入園の子どもがクラスの約2/3を占めている。

〈観察記録の抜粋〉　　　　　　　　　　　　　　　　　　1995.4.24 快晴

　R男とN男はやりたいあそびが食い違い，先生を呼んで仲介を求めた。A保育者が丁寧に両者の意思を聴いたところ，R男は園庭でN男とあそびたい，N男は保育室で剣をつくりたいことがわかった。どちらも自分の意思を通そうとしているのだが，折り合いがつかないでいるらしい。

　　A：「Nくんはどうしたいの？」
　　N男：「剣つくりたいの」
　　A：「じゃあR男くんは何したいの？」
　　R男「外行きたいの」

A:「Nチャンは行きたくないの？違っちゃったわねえ。（R男に）じゃ，お外行ってくる？」
R男「ん…」
A:「じゃあRチャン，今度Nチャンが行きたい時，一緒に行こうか。今日は，（N男なしで）行ってくる？」。他児が「せんせい」と呼んだが，その子に顔を向けて「ちょっと，Rチャンにお話してからね」と伝え，またR男に向き直る。R男と共にたたきへ出ると，外靴に履き替えるのを手伝い，「行ってらっしゃーい」と手を振って見送る。
N男：保育室に残って剣づくりを始めた。
R男：園庭へ出て約20分後，「せんせい，来て」と先生を園庭へ誘った。それまでも先生が出てきてくれるのを待っていたような様子であった。
A：園庭へ出て，「Rチャンお待たせしました」と言う。M子の「せんせい」コールに対し，「M子ちゃん，ちょっとごめんね。先生Rチャンとお庭であそぶってさっき…（M子が見せようとして手に持っている物に目を留めて）それかわいい…じゃ，帰ってきたら，またね」と言う。「Rチャン待ってー」とR男の方へ走っていく。
それからしばらくR男と二人でそとあそびを楽しんでいたところに，保育室からD男の「せんせい」コールがあった。R男に「先生ちょっと，Dチャンのところに行ってくるね」と断り，滑り台のR男に両手で大きく手を振って保育室へ向かった。

〈A保育者の語り〉　　　　　　　　　　　　　　　　　　　　保育当日

①先週から「せんせい」コールの激しい状態が続いている。しばらくは続くのではないだろうか。②一人ひとりの子どもにとって「せんせい」の意味は違うような気がする。だから今は，とにかく一人ひとりの「せんせい」に応えようと思っている。③私は「せんせい」「せんせい」と言ってくる子どもにかかわっている。そのせいで，④黙々とあそんでいる人たちへの気持ちの向け方が足りていない。また，「せんせい」コールをされると⑤つい「待って」と言ってしまう。私はできるだけ⑥「待って」と言わないようにして，でも子どもには待っていてもらいたいと思っている。

第5章 省察におけるパースペクティヴの移動　　161

〈A保育者の語り〉　　　　　　　　　　　　　　　　　　　　　　　　翌日

　⑦今は一人ひとりとの関係をつくろうとしているので，「せんせい」コールに対して，とにかく受け入れ，受けとめていこうと思っているのだが…。
　しかし「はい」「はい」と要求に応じるだけでなく，⑧中には私の応答の仕方によって，自分で考え工夫してあそぶことができる子どももいるのかもしれない。今はまだ，⑨「はい」「はい」と「せんせい」コールに応えるので精一杯で，⑩コールしない子どもたちの様子が把握できていない。子どもたちの「せんせい」コールの中から，⑪私が何を選んで聞きとり，応えているのだろうか。

【事例5-1aの考察】パースペクティヴの違い

　保育当日の省察内容は次のとおりである。当事者である保育者にしか省察できない内容を「当事者」，当事者でも第三者でも省察可能な内容を「第三者」と表記する。

①しばらく続くだろう（解釈）　　　　　　　　　　　　　　　　　一当事者
②一人ひとり「せんせい」の意味は違う（解釈）（目的動機）　　　　　一当事者
③言ってくる子どもにかかわっている（保育行為）　　　　　　　　　一第三者
④あそべている子どもへのかかわり，配慮が不足（保育行為の評価）　一第三者
⑤つい「待って」と言ってしまう（保育行為の評価）　　　　　　　　一当事者
⑥「待って」と言われなくても待てるようになってほしい（願い＝目的動機）
　　　　　　　　　　　　　　　　　　　　　　　　　　　　　　　一当事者

　「目的動機」「願い」「解釈」「保育行為」「保育行為の評価（⑤）」は当事者にしか言語化のしようがない。なぜならA保育者が過去に積み重ねてきたとらえがリソースとなって成り立っている内容だからである。「保育行為」「保育行為の評価（④）」は第三者であっても話題にし，是非を検討することもできる。保育を観察した者だけでなく，保育者の事例発表を聞いた者，保育記録を読んだ者にも前後の脈絡が示されれば保育行為の検討は可能である。ただし「保育行為の評価」の分類のみ，当事者（⑤）と第三者（④）に分かれた。一般的には「保育行為の評価」は上で述べた「保育行為」と同様，保

育の当事者でなくとも検討可能な内容であると思われる。しかし⑤は，これまでの保育の経緯を踏まえて反省が重ねられてきたにもかかわらず，それでも「つい」というA保育者の実感が基盤となった評価であるため，第三者にはできない評価であると判断した。保育者の省察にはこれら二つのパースペクティヴが見出された。以下，当事者意識つまり保育中の保育者自身のパースペクティヴを「当事者パースペクティヴ」（上の分類で「当事者」に当たる），第三者的意識つまり現象を俯瞰した客観的なパースペクティヴを「客観的パースペクティヴ」（上の分類で「第三者」に当たる）とする。

　当事者パースペクティヴに立つ保育者は保育のさなかに身を置き直し，そこで考え感じていたことを，省察している現時点の視座で身の内に引き戻そうとしている。ここでは聴き手となっている研究者が並ぶ関係に在り，批判の目に晒されていない安心感の中で保育者は，保育中の自身に立ち戻りやすいのではないかと考えられる。客観的パースペクティヴに立つ保育者は，保育の現象を対象化しているのであるから，文字通り第三者と同様の立ち位置に立っている。したがって研究者との対話関係にあり，協働で保育の現象を検討できる状態にあるといえよう。当事例におけるA保育者の保育当日の省察では，全体として'当事者パースペクティヴ→客観的パースペクティヴ→当事者パースペクティヴ'という流れが読み取れた。当事者パースペクティヴで保育中の実感を身に引き戻し，それを客観的パースペクティヴでみつめ直し，改めて当事者パースペクティヴに戻っていく，往復運動のように省察が進行しているのである。さらに前半の当事者パースペクティヴと後半のパースペクティヴには，違いが認められる。前者は子どもの目的動機の解釈としての，後者は自分の胸の内から発した願いとしての保育者の目的動機である。どちらも当事者パースペクティヴであるから保育のさなかに定位して省察している保育者特有の省察であるが，保育中に保育者のベクトルが外（子どもという存在を多分に含む）に向かった状態の生き直しと，内へ向かった状態の生き直しの違いであり，両者は語り分けられている。つまり省察対象に

は，当事者パースペクティヴであっても保育者自身が含まれることがわかる。保育当日の当事者パースペクティヴにおいても，保育者のパースペクティヴの移動が認められるのである。これは，保育のさなかで保育者が子どもを注視したり自問したりすることでベクトルの向きが変わっており，保育中の立ち位置に立ち直した時，ベクトルの変化が保育者の内面で再現されるためであろう。当事者および客観的パースペクティヴを往復する中で，保育者は主観を分析的に自覚していく過程を経験しているのである。

　翌日の省察内容は次のとおりである。
⑦一人ひとりと関係をつくろう（目的動機）　　　　　　　　　　　ー当事者
⑧応答の仕方が違えばあそべる子どももいるかもしれない（保育行為の可能性）
　　　　　　　　　　　　　　　　　　　　　　　　　　　　　　ー第三者
⑨応じることで精一杯（保育行為の評価）　　　　　　　　　　　　ー第三者
⑩コールしない子どもの把握不十分（保育行為の評価）　　　　　　ー第三者
⑪私は何を選んでいるのか？（保育行為への問い）　　　　　　　　ー第三者

　目的動機を確認した後はすべて，第三者でも構成可能な内容である。保育者自身が客観的な視点で保育の見つめ直しを行っていると考えられよう。保育当日が当事者パースペクティヴで主観を自覚し，翌日は自覚を基盤に客観的パースペクティヴで保育を文脈化しているといえよう。

【事例5-1b】群がる子どもと遠くで待つ子ども

〈観察記録の抜粋〉　　　　　　　　　　　　　　　　　　　1995.7.17 雨
　保育室の製作机で思い思いに描いたりつくったりしている子どもたちが，「せんせい」コールを始めた。「こんなふうに描いてほしい」「これを切ってほしい」という要求がほとんどである。A保育者は「一人ずつね」と言い，手で制する仕草を見せた。すると子どもたちは落ちつき，順番を待って自分の要求を一人ずつ伝えた。穏やかな雰囲気の中で先生の助けを得た子どもたちは，その後もあそびを展開していった。

〈A保育者の語り〉　　　　　　　　　　　　　　　　　　　　　保育当日

　①週明けで雨でもあり、今日の「せんせい」コールは仕方ないと思い、②丁寧に応えていった。最近は、5人くらい一度に「せんせい」「せんせい」と言ってくる時は、③「それじゃあ先生わからないの」という私の状況を子どもたちにわかってほしくて、④「ちょっと待って」と伝えるようにしている。

　⑤一人ひとりが自分のあそび出しをつくるのに、ある程度私の助けが必要なのだと思うので、⑥みんながスタートしてあそびが軌道にのるまでを、なんとか助けようとひたすらやっていた。

〈A保育者の語り〉　　　　　　　　　　　　　　　　　　　　　翌日

　自分のやりたいあそびがはっきりしていて、でも自分ではできないことを私に助けてもらおうとしているのだと思うと、一人ひとりかかわっていく忙しさを単に「ああ忙しかった」だけでなく、もっとプラスの意味に感じてもよかったと思う。明確な「せんせい」コールに対しては気づいて応えているのだが、遠くで呼んでいる人のところへは忙しくて行かれなかった。強く出ないと先生には伝わらないというふうに子どもたちが感じてしまうのは、困る。

【事例5-1bの考察】省察内容の客観化

保育当日の省察内容は次のとおりである。

①週明けで雨だから仕方ない（解釈）　　　　　　　　　　　　－第三者

②丁寧に応えていった（保育行為）　　　　　　　　　　　　　－第三者

③私の状況をわかってほしい（願い＝目的動機）　　　　　　　－当事者

④「ちょっと待って」と伝える（保育行為）　　　　　　　　　－第三者

⑤自分のあそびをつくる出だしの助けが必要（解釈）　　　　　－当事者

⑥あそびが軌道にのるまでを助けよう（⑤の解釈に基づく目的動機）

　　　　　　　　　　　　　　　　　　　　　　　　　　　　　－当事者

　当事例も当事者のパースペクティヴと第三者パースペクティヴの往復運動が認められる。また①②、③④、⑤⑥が対になり、短いながらも「仕方ない。丁寧に応じようと思い、そうした」といった短い文脈が読み取れ、聴き手の

理解がより高まる論理性が認められる。さらに、当事者パースペクティヴにおいて、願いとしての目的動機および解釈に基づく目的動機が語られた。やはり保育者は保育中に動いていたベクトルの向きを辿り直すと同時に、保育者としての主観の分析的自覚が高まる様相が表れている。これは聴き手との並ぶ関係（第2章第2節）による安心感であると考える。独りで保育のさなかに意識を投錨させて省察するのと異なり、また批判の眼を向ける聴き手との相対関係とも異なり、理解しようとしている聴き手に理解されようとして語る省察は、保育者自身の内面をより深く伝えるために保育中の自分を丹念に精査する省察となるのだろう。さらに、ジャーゴンに頼らず自分の保育の表現として聴き手に届けようとする意識によって（第2章第1節）、自分を保育のさなかに引き戻すことに専心していくとも考えられる。

翌日の省察内容は以下のとおりである。
⑦自分ではできないことを助けてもらおうとしている（解釈）　　—第三者
⑧もっとプラスに感じてよかった（とらえ方の妥当性）　　—第三者
⑨明確な「せんせい」コールに応えている（保育行為）　　—第三者
⑩遠くで呼んでいる人もいた（解釈）　　—第三者
⑪しかし忙しくて行かれなかった（保育行為の評価）　　—第三者
⑫強く出ないと先生には伝わらないと感じるかもしれない（見通し）
　　　　　　　　　　　　　　　　　　　　　　　　　　　　—第三者

すべて第三者的パースペクティヴで省察されている。【事例5-1a】から時系列でみると、「せんせい」コールという現象をめぐり、省察の回を重ねるごとにパースペクティヴは当事者から第三者の方へ移動しているといえよう。また文脈形成も徐々に明瞭化しており、ここでは⑦⑧が「意味あるコールなのだから、もっと前向きにとらえてよかった」、⑨⑩⑪が「私は伝わりやすいコールへの対応に追われ、遠くで呼んでいる人のところへは行かれなかった」という連続した短い文脈を呈している。最後にはこれら二つの文脈を踏まえ、未来時制で子どもの姿を見通して総括しているようである（⑫）。

当事例の分析は，先の【事例5-1a】における分析結果を支持している。

【事例5-1c】先生はどうすればいいの
〈観察記録の抜粋〉　　　　　　　　　　　　　　　　　　　　1995.10.30 晴れ

　　数名の子どもたちが一斉に「せんせい」コールをし始めた。それぞれがA保育者のそばへ寄って自分のしてほしいことを伝える。A保育者は，とにかく順に一人ひとりに耳を貸し，かかわっていく。だが「はい」「はい」と要求どおりに動くというよりは，「先生はどうすればいいの？」「何をしてほしいの？」と子どもに尋ね，やりとりしながら援助の方向性を探り，決めているようだ。

〈A保育者の語り〉　　　　　　　　　　　　　　　　　　　　　保育当日

　　①目的もなさそうな様子で,「剣つくりたいから」と言っている人もいた。それはそれで②次のあそびを探しているのだと思ったけれども，この頃私はそのような子どもの態度や表現に対して③「どういうことをやりたいの？」と問い返すことも意識的にしている。④以前はどうして「せんせい」「せんせい」と言うのだろうと感じ，あれこれ考えていたが，⑤困った時や必要な物がほしい時，大変なことになったから来て助けてほしい時なのだとわかってきた。ただただ呼んでいるのではなく，やはり必要があって呼んでいるのだと感じるようになってからは，⑥当たり前のことかもしれないと考えている。単に私を呼ぼうとしているのではないと思うと，⑦もう少し具体的にイメージしたり表現することを，無意識のうちに子どもに求めるようになった。

〈A保育者の語り〉　　　　　　　　　　　　　　　　　　　　　翌日

　　①子どもたちにすぐ答えを言っちゃったと感じるかかわり方をしていた時期があった。その頃の私は「せんせい，こうなっちゃった」と言われると「じゃあ，こうすれば？」と即答していた。②でも少しずつ，本人が迷ったり考えたりする時間がほしいと考えているので，そういうかかわり方が増えてきているかもしれない。

　　子どもたちが今私に求めているのは，「そう」「そう」,「はい」「はい」ではなく，③もう少しはっきりと具体的に力を貸してほしいということが多いようだ。それで，④子どもにも具体的な表現をしてほしいと思い，そのように応答してい

るのかもしれない。⑤私自身が，今度はこうしようとか，こう考えているからこうするんだと言い切れない方である。⑥こうやって自分で保育を振り返る機会があったり，「こうなんじゃないか」と誰かに言ってもらうと，自分を自覚したり自分がなぜその行為をとったかについて「そうなのか」と考え始めるところがある。

【事例5-1cの考察】過去把持の統合

保育当日の省察内容は以下のとおりである。

①目的もなさそうなあそびもある（解釈）　　　　　　　　　―第三者
②次のあそびを探しているのだろう（解釈）　　　　　　　―第三者
③意識的に「どういうことをやりたいの？」と尋ねる（保育行為）
　　　　　　　　　　　　　　　　　　　　　　　　　　―当事者
④以前は「どうしてだろう」と感じ，あれこれ考えた（過去の解釈）
　　　　　　　　　　　　　　　　　　　　　　　　　　―当事者
⑤困って，必要があって助けを求めているのだ（解釈）　　―第三者
⑥当たり前のことかもしれない（解釈）　　　　　　　　　―第三者
⑦具体的なイメージと表現をしてほしい（願い＝目的動機）　―当事者

当事例でも当事者パースペクティヴと客観的パースペクティヴの往復運動が認められる。「目的動機を解釈できないあそびもみられるが，それも意味ある一つの段階なのだろう。そのようなあそびの目的動機も理解したくて独りで考えた時期を経て，今は必要な助けを求めているのだととらえ，目的動機は子どもに尋ねている。私としてはイメージと表現の具体性を求めている」という長期の文脈をなしている。A保育者は当事者意識から脱自して，これまでの「せんせい」コールの現象と保育についての過去把持の断片を，自身の経験という文脈で統合したと考えられる。

翌日の省察内容は以下のとおりである。
①以前はすぐに答えを言っていた（保育行為）　　　　　　―第三者

②考え，迷う時間が必要（保育観）（理由動機）　　　　　　　　―第三者
③具体的に力を貸してほしいということのようだ（解釈）　　　　―当事者
④具体的な表現をしてほしくてかかわっている（願い＝目的動機）―当事者
⑤私は論理的に組み立てて保育するタイプではない（理由動機）　―第三者
⑥こうした機会に自分がみえ始める（省察と語りの意味）　　　　―第三者

　翌日もパースペクティヴの往復がみられた。しかも「せんせい」コールという現象の省察を超えて，これまでKと継続的に行ってきた語りの場の意味にまで対象が及んだ。不可視な対象に省察が及んだだけでなく，継続してきた期間の過去把持から「自分がみえ始める」経験が意識化されたと考えられよう。

　さらに保育行為の理由動機と考えられる語りも表れた。翌日の省察，しかも長期にわたる循環過程の終盤で理由動機が表れたことは，過去把持が統合され現象の文脈が形成されたことによって，保育者は自分自身の在りようを自覚しやすい状態になることが示唆されていると思われる。

4．A保育者の事例考察のまとめ

　事例はA保育者にとって，「せんせい」コールという現象に一人の主体としてかかわった経験についての省察である。言い換えると，「せんせい」コールの現象と'一人ひとりに応じる'保育行為の間を繋いできたA保育者の内面の動きと変容の自覚化・言語化である。このようなとらえ方で事例の流れを整理したのが資料1である。保育者の省察は，単一のパースペクティヴで行われるのではない。当事者パースペクティヴと客観的パースペクティヴを往復し，主観を分析的に自覚していくと共に，現象を俯瞰して全体の文脈を形成する経験がなされている。

　次に，資料1に照らしながらパースペクティヴの移動における過去把持の重要性について考察する。

　資料1の中で「当事者」「第三者」と表記したところに注目する。3事例

とも保育当日と翌日の比較では，保育当日に当事者パースペクティヴと客観的パースペクティヴの往復，翌日には客観的パースペクティヴで省察する傾向が認められた。当事者パースペクティヴの割合を単純に比較したのが表4である。

当事者パースペクティヴで省察する傾向は，単に保育当日の方が翌日より高いだけでなく，3事例を通して省察するごとに減少する傾向がある。特に【事例5-1b】で皆無になったところを境に，以降は明らかに少ない。このことは，特定の現象を課題としてからの時間経過が，保育当日・翌日を問わず，保育者のパースペクティヴを保育の場から漸次遠のかせることを示唆している。今日の保育の出来事と今日の省察内容という対応性が薄れるのだと考えられるが，それはなぜだろうか。

保育者は日々保育を行っているため，省察の課題を意識していても，今日新たに生起した問題や継続する状態の新局面を経験する。だから日々，子どもの行為の解釈と保育行為の目的動機は省察される。文字どおり今日の振り返りである。その上で，それとは別の，長期的に連なる文脈の形成と推移があることを事例は示している。3事例で省察された内容は次の表5のとおりである。

A保育者は目の前で明確に要求を伝える子どもたちへのかかわり・コールせずにいるが先生を同じように求めているはずの子どもたちへの配慮不足の反省を繰り返しながら，次第に「待って」と言うことも根拠ある判断に基づいて意識的に言うようになり，その変容自体を自覚した。この自覚は以降の保育に「私は…」という理由動機としてはたらくことが予想される。理由動機については後で検討する。本節で明らかなのは次のことであろう。保育と省察の循環過程で保育者は，日々省察する子どもの行為の意味解釈や保育行為の目的動機を過去把持として内面に堆積させていく。それらは次の保育において子どもの行為の解釈に還元されると同時に，さらなる堆積の下に沈殿していく。こうして積もっていく過去把持を手がかりとして省察することは，

資料1　パースペクティヴの移動

〈現象〉「せんせい」コールを受ける

事例5-1a（4月24日）
[保育当日]
・しばらく続くだろう（見通し）　　　　　　　　―当事者
・一人ひとりに「せんせい」の意味（保育観）（目的動機）　　　　　　　　―当事者
・言ってくる子どもにかかわっている（保育行為）　　　　　　　　―第三者
・あそべている子どもへの目配り不足（保育行為の評価）　　　　　　　　―第三者
・「待って」と言われなくても待てるようになってほしい（願い）（目的動機）　　　　　　　　―当事者
・つい「待って」と言う（保育行為の評価）　　　　　　　　―当事者

[翌日]
・一人ひとりと関係をつくろうと思っている（目的動機）　　　　　　　　―当事者
・応じることで精一杯（保育行為の評価）　　　　　　　　―当事者
・コールしない子どもの把握不十分（保育行為の評価）　　　　　　　　―第三者
・私は何を選んでいるか？（自問）　　　　　　　　―第三者

事例5-1b
[保育当日]
・週明けで雨だから仕方ない（解釈）　　　　　　　　―第三者
・応じていた（保育行為）　　　　　　　　―第三者
・私の状況を分かってほしい（願い）（目的動機）　　　　　　　　―当事者
・「ちょっと待って」と伝える（保育行為）　　　　　　　　―第三者
・自分のあそびをつくる出だしの助けが必要（解釈）　　　　　　　―当事者
・あそびが軌道にのるまでを助けよう（目的動機）　　　　　　　　―当事者

[翌日]
・自分ではできないことを助けてもらおうとしている（解釈）　　　　　　　　―第三者
・もっとプラスに感じてよかった（とらえ方の妥当性）―第三者
・明確なコールに応えている（保育行為）　　　　　　　　―第三者
・遠くで呼んでいる人のところへは忙しくて行かれなかった
　1）遠くにいるあの子は今私の助けを必要としている（解釈）　　　　　　　　―第三者
　2）忙しくて行かれなかった（保育行為の評価）　　　　―第三者
・強く出ないと先生には伝わらないと感じるかもしれない（見通し）　　　　　　　　―第三者

事例6-1c（10月30日）
[保育当日]
・目的もなさそうなあそびがある（解釈）　　　　　　　　―第三者
・次のあそびを探しているのだろう（解釈）　　　　　　　　―第三者
・意識的に「何をしたいか」尋ねる（保育行為）　　　　　　　　―当事者
・以前は'どうして？'と考えた（解釈できない状態）―当事者
・必要があって「せんせい」と呼ぶ。問題ではない（解釈）　　　　　　　　―第三者
・当たり前の現象かもしれない（解釈）　　　　　　　　―第三者
・具体的なイメージと表現をしてほしい（願い）（目的動機）　　　　　　　　―当事者

[翌日]
・以前はすぐに答えを言っていた（保育行為）　　　　　　　　―第三者
・考え，迷う時間が必要（保育観＝理由動機）　　　　　　　　―第三者
・具体的に力を貸してほしいようだ（解釈）　　　　　　　　―当事者
・具体的に表現してほしい（願い＝目的動機）　　　　　　　　当事者
・私は論理的な組み立てに基づいて保育するタイプではない（理由動機）　　　　　　　　―第三者
・こうした機会に，自分がみえ始める（語りの意味）　―当事者

〈保育行為〉一人ひとりに応じる

表5　当事者パースペクティヴの割合の推移

事例5-1a　保育当日	0.66
翌日	0.5
事例5-1b　保育当日	0.5
翌日	0.0
事例5-1c　保育当日	0.2
翌日	0.25

表6　A保育者の省察内容の変容

	省察内容
4月24日　保育当日	言ってくる子どもにかかわっている
翌日	「待って」と言ってしまう コールしない子どもの把握が不十分 私は何を選んでいるのだろう？
7月17日　保育当日	意識的に「ちょっと待って」と言う
翌日	明確なコールに応えている
10月30日　保育当日	遠くで呼んでいる人のところへは行かれなかった ★強く出ないと先生には伝わらないと感じるかもしれない
翌日	意識的に「どういうことをやりたいの？」 ★以前はすぐに答えを言っていた

今日の出来事との対で'反省―予測'に繋がる短期的省察サイクルの形成とは別に，長期的に保育を俯瞰する文脈を形成し，次第に保育当日・翌日の区別なく客観的パースペクティヴでの省察を濃厚にする。このようにして循環過程の時間軸が伸び，堆積が増幅したある時点で自身の歴史性に意識が向かう。

このような仮定に基づいて事例に戻ると，当初は保育当日と翌日のパースペクティヴに差異があったが，次第に両日とも客観的パースペクティヴから省察する傾向が顕れること，理由動機が循環過程の最終段階に顕現したこと

も納得できる。A保育者は「せんせいコール」の現象をめぐり，日々保育行為を体現する基盤となる省察を資料1のように積み重ねた。日ごとにパースペクティヴが客観化している様相が理解できる。

第2節　過去把持の様相

　前節で示唆された過去把持が堆積する様相を，S保育者の二日連続で省察の聴きとりを行った事例で端的に確認しておきたい。

【事例5-2a】ブロックを奪われる
〈背景〉
　S保育者の語りにおけるW男に関する省察は，頻度の高さだけでなく話題の継続性も高かった。それほどS保育者の関心や問題意識がW男に向いていたのだと考えられる。保育観察との併行調査によって聴き手Kの理解したところでは，S保育者が長期間，W男の様子から読み取る課題に対して，納得できる保育が行えていないという意識が続いたことが，省察の継続をもたらしたようである。
　W男は活発な4才児で，自分で工夫してあそびを充実させる力が育ってきた反面，他児とかかわって意思疎通をしながらあそびを共有したり，同じあそびで共に楽しむことが困難な面も目立つ。どうやらW男は，他児に自分の気持ちを伝えて相手の状況や心情を汲み取ることができにくいため，S保育者はW男と他児のトラブルが起きる度に意思の伝え合いを援助し，橋渡しの役割を担うことが多い。W男が他児と気持ちを伝え合い，たとえトラブルになっても相手と交渉したり折衷したりできるようになってもらいたいと願いながら，S保育者は日々保育を模索していた。2つの事例はそれぞれ保育当日または翌日のみの聴きとり結果である。長期にわたる省察では，保育当日と翌日のパースペクティヴの相違が大きな意味をなさないことが前節で明ら

かとなっていることから，事例としての妥当性は損なっていないと判断した。2事例を通じて考察の対象とし，【事例5-2a】で省察された内容が事例【5-2b】の保育および翌日の省察にどのように反映しているかを検討する。

なお当クラスは，10名が3才児からの持ち上がりの子どもで24名が4才児入園である。W男は3才児で入園して持ち上がった子どもで，3才児クラスから担任は同じS保育者であった。

〈観察記録の抜粋〉　　　　　　　　　　　　　　　　　1995.2.23 晴れ

　　遊戯室でワッフルブロックであそんでいたW男は，同じクラスの男児仲良し4人グループとワッフルブロックの取り合いになった。力ずくで取られてしまい，声を上げて泣き始める。S保育者が女児からトラブルの知らせを聞いて遊戯室へ駆けつけてきた。W男に「何が気に入らなかったの？」と尋ね，どうやら4人グループが相手だとわかると4人にも事情を尋ねる。双方の説明を聞くも，事の全貌を掴んで対応する間もなく，他児の緊急の知らせで遊戯室から出る。

　　W男はいよいよ怒り出し，4人を叩いたり蹴ったりする。4人はワッフルブロックで構成あそびをする傍ら，W男にからかうようなことばを浴びせる。再び女児の知らせでS保育者が遊戯室に入室した。入るなり，状況を鋭く観ながら4人のところへ直行し，お尻をたたく。逃げる4人に「ダメ，いらっしゃい」ときっぱり言う。4人はすごすごと先生のところへ戻る。S保育者は4人を平均台の上に座らせ，自分も並んで腰かけた。話の内容はKには聞き取れない。

　　しばらくして4人はワッフルブロックの立方体をW男に渡した。W男はまた自分のあそびを再開した。S保育者は4人グループと一緒に他のあそびをし始めた。

〈S保育者の語り〉　　　　　　　　　　　　　　　　　保育当日のみ

　　W男はとても目敏くて，面白いことをすぐに取り入れる力がある。けれどもその反面，相手の都合や状況には気がつかない。テレビを観るような注意力と集中力には優れていても，人に対するなんとも言えない配慮のなさがある。

　　4人がW男を受け入れながらあそぶのは，今の段階では無理だと思っている。彼らは4人グループで切磋琢磨し，あの中で人間関係も変化しながら経験を共有しているところである。そうかといってW男の気持ちもわかるので，やりたいあ

そびがやれるように人間関係の間をとりたいのだが，相手に無理させてまで彼の思いを達成することがW男にとってどのような意味があるのか疑問だ。ただ，今が折り合いをつける時期だとは感じている。でもW男の興味が移りやすいので，人間関係のトラブルに私が気づいてあげられない時がある。

あの4人は'邪魔された'と感じると攻撃的に拒否するところがある。最初は不愉快だからやっているにしても，だんだんあらゆるイライラの解消のようにエスカレートする場合もあって，そんなかかわりは4人にとってもW男にとっても実りがない。状況は理解できたので，一回お尻をパパパンとやって，ハッとしたところでゆっくりと，私の知っている今朝からの彼ら双方の状況や気持ちを説明し伝えた。

【事例5-2b】金メダルがほしい
〈観察記録の抜粋〉　　　　　　　　　　　　　　　　　　1995.2.24　晴れ

遊戯室で，男児4人グループ（前出の子どもたち）が金メダルを持っていた。金メダルは，紅茶の缶の蓋で，4人は金メダルに見立てて誇らしそうに持ち歩いている。W男は「それちょうだい」と言うが拒否された。W男はワッフルブロックであそびたそうに見ているが，これも4人グループが既に使っている。4人は金メダルをW男に見せびらかす。

S保育者はW男と話し，この紅茶の缶の蓋が，先生へのプレゼントとしてW男が自宅から持ってきたものであることが判明した。しかし4人にとっては保育室の空き箱入れの中から見つけたもので，彼らにとっては既に大事な金メダルとなっていることもわかった。

〈S保育者の語り〉　　　　　　　　　　　　　　　　　　　　　　翌日のみ

今，クラスで金メダルをつくるのが流行っていて，4人も金メダルを宝物にしている。'他のやつが持ってないだろう'という気持ちで紅茶の缶の蓋を得意に思う気持ちは理解できる。子どものそういう部分は見て見ぬふりをしてあげてもいいと思う。W男はそれを家から持参した人だから，先生にあげるつもりだったのにY男が持っているので'取ったんだ'と思ったのだろう。最高の所有権は自分にあって，貸すのはいいけれど基本的には自分の物だと思っている。でも4人は空き箱入れに入っていたのだから，誰が何に使ってもいい物だという認識でス

タートしている。W男とのスタートの違いを埋めるのは，話をしていて難しいと感じた。理解させようとしても無理があるので，双方の思いを伝えるしかなかった。

　W男に対して4人がやるやり方は，どこかまずい。普通のけんかとは思えない何かを感じることが多い。4人はやる側だから，W男の痛みがわからずにいる。4人の中でも力関係があるが，それは今までの人間関係を基に自分たちの力で乗り越えていける。でもW男と4人の間にはその関係がないから難しい。私はその都度，試行錯誤でかかわっている。

　あの後W男は遊戯室でやりたいことが見つからず，私も他に彼が楽しめそうなことが今ここにはないと感じたので，一緒に保育室へ戻った。

【事例5-2abの考察】過去把持から次の保育へ

　S保育者の経験した日々の循環過程としての省察内容を整理し，何が過去把持されていたかを分析する。S保育者はW男および4人グループについて次のような省察を行った。

　S保育者は【事例5-2a】で「今が折り合いをつける時期だ」という認識を意識化したものの，翌日の保育へ企図する形で実現を持ち越した。つまり翌日にはこの認識が過去把持に転化した状態で【事例5-2b】の金メダルの取り合いを経験したことになる。過去把持の内容は，翌日の保育に企図された時点で目的動機に転化する可能性をもつが，翌日の金メダルの出来事においてS保育者は，敢えて目的動機に転化させなかった。W男と4人グループの関係を現段階で近づけるようなはたらきかけをしても，「無理だ」と解釈したからである。過去把持されている子ども理解は保育者の身の内に，実現の好機と感じる子どもの姿に触発されるまでは保持され，保育行為の目的動機には転じない。実現の好機とはあくまで子どもにとってよりよい経験の好機であるため，省察において保育者が同定した問題意識を解決するために行為化されるわけではないのである。過去把持している「今が折り合いをつける時期だ」という企図が目的動機として行為を引き起こさなかった別の要因は，

表7　S保育者の解釈

	W男についての過去把持と保育中の解釈	男児4人グループについての過去把持と保育中の解釈
事例5-2a　保育当日	・面白いことを取り入れる力がある ・テレビを観るような注意力と集中力がある ・人に対する配慮のなさがある ・興味が移りやすい ・やりたいあそびができるように助力したいが，相手に無理させてまで達成するべきか疑問だ	・W男を受け入れてあそぶのは，今の段階では無理だ ・グループ内の人間関係も変化しつつ経験を共有してきた ・邪魔されたと感じると攻撃的に拒否する ・イライラの解消のようにエスカレートする
企図：今が関係の折り合いをつける時期だ		
事例5-2b　翌日	・金メダルになった紅茶の缶の蓋を家から持参し，先生にあげるつもりだった ・4人が取ったと思ったのだろう ・自分の物だと思っている ・他にやりたいあそびが見つからなかった	・空き箱入れから缶の蓋を見つけ金メダルにした ・金メダルを得意に思う気持ちは理解できる ・誰がどう使ってもいいはずだと思っている ・W男の痛みがわかっていない ・やり方がどこかまずい。普通のケンカとは思えない
判断：状況を理解させるのは無理だ		

　前日に省察した「今の段階では無理」「相手に無理させてまで…」という過去把持の方が，子どもの姿と整合していると解釈でき，保育行為の判断の手がかりとして有意性をもったことであろう。両者の言い分に正当性を認めざるを得ない状況で，折り合いをつけるという企図は目的動機としての触発を受けなかったのである。

　過去把持が多様に堆積し，それぞれ拮抗関係をもちながら，状況に応じて保育行為の判断の手がかりに用いられる様相が読み取れる。またこのことは，複数の過去把持が拮抗することが判断に多様な可能性を与えること，および

第5章　省察におけるパースペクティヴの移動　177

　企図された特定の過去把持が目的動機に転化するかどうかは、子どもの姿の解釈によって決まるのがわかる。省察によって生成し堆積した過去把持が未来の保育に企図されるのは、保育者の省察の範疇であるが、保育行為に至る目的動機への転化は子どもの目的動機の解釈と突き合わせることなしには決定されない。子どもの主体性を尊重する保育は、今この子どもにとって必要な経験は何か？　という問いから離れては行えないからである。

第3節　理由動機の発見

　「私は〇〇だから」という自身の歴史に動機の所在を求める省察は、おそらく必ずしも意識化されるものではないであろう。「なぜあの人を殺したのか自分でもわからない」と供述する殺人者の犯行理由について、その殺人者の存在を知らなかった第三者が家庭環境、生育歴を調査し、殺人者の人生の歴史に何らかの動機を同定することは、報道されているとおりである。だがこれは、当人の自覚に基づく供述でない場合が多い。

　理由動機が省察される前提として、田代は保育者が自身の姿や状態を視野に入れることを指摘しており、本研究でもすでに保育者が保育の現象から時間を経ると客観的パースペクティヴを獲得することが明らかとなっている。本章第1節では、特定の現象を対象とする循環過程の終盤で、A保育者が保育者としてどのような傾向を有しているかについての自覚が語られた（【事例5-1c】）。保育者が保育行為の目的動機を省察する場合には、行為のさなかでめぐらした即時的な思考経路を辿ることになる。その後、自らの姿を客観的に対象化して、客観的パースペクティヴから改めて保育行為の動機を省察した事例に、「私は…」というものが含まれていた。長期的な省察で過去把持してきた自身の行為について、客観的パースペクティヴがこれまでの保育者としての自分を総括的に振り返る視点をもたらし、理由動機が自覚されたと考えられる。

自分を客観視することではじめて，これまでの時間を遡って歴史を辿り，今直面している現象との関連を省察できるであろう。そういう意味で自覚は，既に自分の内面にあったものの発見であるといってよいだろう。けれども田代（2013）の指摘からは，事後の構成性も否めない。そこで本節では，保育行為に関する省察の総括として自覚される発見的な理由動機の事例と構成的理由動機の事例を取り上げ，保育者が自身の動機を同定することの意味を検討する。保育者としての特徴が自己発見された事例である。

【事例5-3】保育者としての私の特徴
〈観察記録の抜粋〉　　　　　　　　　　　　　　　　　　　　1998.1.22
　　T男は数名の男児と，自分たちでつくったそりで滑るあそびを楽しんでいた。ところがそりの一部が破損したため，T男はガムテープで補強しようと考えたらしい。そこでT男は，そりにあぐらをかいて座ったまま，S男にガムテープを保育室まで取りに行かせた。この場面を観察記録で知ったE保育者は，T男とS男の記録に記されたやりとりについて考えを述べた後，T男の人間関係の持ち方，T男とS男の関係性への問題意識へと話題が移りながら語りは続いた。
　　その後，別の男児2名の関係についての言及を経て，Kが次の質問をE保育者に向けた。「人間関係が変化してくるっていうのは，まあ一概には言えないと思いますけど，先生からみれば自然に変わっていくことが多いものですか。それとも先生が割と意識して，かかわりの中で変化するように仕向けるというか，そういうかかわり方をすることも多いんでしょうか」。本事例は，この質問に対するE保育者の返答部分である。

〈E保育者の語り〉　　　　　　　　　　　　　　　1998.1.27（火）保育5日後
　　E：ん。それ私，今悩んでることに（笑）触れるんだけど。
　　K：そうなんですか。
　　E：あの，…やっぱり，<u>私の，保育者の，かかわりっていうのがあんまり多くない（1）</u>。
　　　一言で言えばね。実際，<u>「多くない」っていう感じでとらえてらっしゃる方の意見も聞いて（5）</u>，やっぱり改めて考えてみると，子どもの人数が多いせい

もあると思うけれども，子どもの，グループダイナミズムに，こう，負ってたり，任せたりしてるところが，多すぎるかもしれない（2）。そこが今，自分の課題でね？　それが，自然に子どもの力とか出会いがあって，変わっていく場合もあるけれども，どうにもそれが動かせずに，すごく子どもが辛い思いをしたり，もっともっと広がる可能性が狭まったりしてることが，今のこの保育の場ですごく多いような気がして。うん。だからもう少し，やっぱりそこを，動かしてあげることができ…なくちゃいけないんじゃないかと思っているのね？　だから今は，やっぱり子どもの力で動いてる関係が多いような気がする。柔らかい人のところに集まるとかね。

K：ええ，ええ。

E：パイプ役をとれる人がいると，そこが広がりやすいとかね？　そういう要素に左右されてるところが，多いような気がするんですよね（3）。まあそれでも，せめてもは，その動きを少しでもキャッチするっていうのかしら。なんか，'ああ，気がついたら変わってたわ'ではなくて，'ああ，あそこのところでちょっとあの人が，ああいうふうに動いてくれたから，変わるきっかけになったな'とか，'あそびが二日続かなかったけど昨日のあそびがあったから，三日後にまたちょっと，関係がもててるなあ'とか，そこをやっぱり，うまくこっちが掴んでるっていうことが大事かなって思って…るんですけどね。

K：私は人間関係の変化にE先生はすごく敏感なんだなって，お話を聴いて感じていたので，その一つひとつに意図的なかかわりがあったのかなと思って。

E：「あったのかな」って，…そうよね（笑）。そんなに「あった」と直接思えることは，あんまりないもんねえ。

K：っていうか，最近の私の観察する眼の置きどころが，先生ばかりジロジロではなくなってきて，意識して変えたわけではないので，先生がかかわっているところを観ようという意識はあるんですけど，先生が「じゃあ，あそこの人たちのところへ行ってくるわね」って立ち去った後も，そのあそびを観続けることが多くなってきて。だから先生の行為とかかかわりをちゃんと観ていないという，これは私の反省としてなんですけど。

E：それは私の動き方の特徴っていうか，…特徴とも関係してるような気もする。割と，てんてんてんって行っちゃうから。追ってたらとても，子どものあそびが観えてこないっていうか。自分でもわかるような気がしてね？　もうちょとこう，…滞在してかかわる部分が増えるといいと思うんだけど，なんか私，なかなか落ちつかないところがあって（4）。

【事例5-3の考察】発見する私

　E保育者が自身の保育者としての特徴について述べているのは,'子どものあそびへの関与が少ない'ことである（1）。このことについてE保育者は,語りながら省察を深め,その理由と評価にまで言及した。一つのあそびに長くかかわらない理由は,「子どもの,グループダイナミズムに,こう,負ってたり,任せたりしてる」からであると言う（2）。その結果,たとえば「パイプ役をとれる人がいると,そこに広がりやすいとかね？そういう要素に左右されてるところが,多い」のが現状であり（3）,「なかなか落ちつかないところがある」と評価している（4）。

　一つのあそびに深く長くかかわらず,移動が多くて「落ちつかない」とはE保育者が自己発見したことであるが,実は既に他者からかかわりが「多くない」と指摘された経験があることを明かしている（5）。他者の意見を契機に気づいた自分ということになる。「そこが今,自分の課題」と述べていることから,E保育者は他者の指摘に納得したのだろう。第1節でもA保育者が,Kとの語りの場で省察する機会が自分への気づきの端緒となると語っていた。保育行為が他者の客観的な視点でどのようにみえるかがフィードバックされることが,そのまま保育者の自己発見になるのは当然でもある。保育者が理由動機を省察する契機をもたらす他者の存在意義は,第3章で検討した保育者と研究者の関係性構築の重要性にも繋がるだろう。

　E保育者が発見した保育行為の理由動機すなわち保育者としての自分の特徴は,おそらく一人ひとりの育とうとする力に最大限任せ,介入すべき保育行為の間合いを慎重に見極めようという姿勢であり,子どもの主体性を尊重する保育の基本精神そのものである。「グループダイナミズム」に任せるとE保育者が述べているのは,人と関係の可変性への敬意であるとも思われる。人も関係も停滞・生成・など様々な様相を含み変容していく。変容しながら育つことへの信頼と,変容を変容として受け入れ生かそうとする保育観でもあるだろう。この精神がE保育者の身の内の指針になっていると考えられる。

保育は保育者にとって，刻々と繰り広げられる子どものあそびに即応を求められる，極めて行為性の高い営みであるため，身の内の指針は必ずしも日常意識されてはいない。むしろ他者との対話を契機に発見する場合が多いのかもしれない。先に述べた殺人者の理由動機のように，当人にはまったく自覚がないまま第三者が同定するものとしてもあり得るのは，歴史性というものがたとえその歴史を生きてきた本人によっても，いかに可視化しにくいものであるかを顕わしている。第1節のA保育者が一つの現象をめぐり半年以上も省察を継続し，その間保育行為に関する過去把持を堆積させてきたことからも，発見の契機が保育者個々の省察によっては容易に，短期間では得られないことがわかる。ここに，他者からの刺激を得る機会として園内でのカンファレンス，園外での研修等の重要さおよびそうした場に求めるべき役割が示唆されている。

　しかし理由動機の発見は，それまでまったく意識になかったものの発見とは異なるだろう。保育行為の特徴はすべての保育行為に滲み出ており，子どもとのやりとりの一つひとつに反映してきている。意識していなかっただけで，実は特徴に繋がる保育行為とその目的動機は過去把持されてきたはずである。自己理解に繋がる過去把持の堆積がなされ，発見的に自覚できる状態にあったから，他者の声に触発され過去把持が統合して自分の特徴が抽出されるのではないだろうか。素地なくして他者の意見に自己理解を委ねているのではなく，自分自身をみつめようとする省察を積み上げているから，他者の声は余白に書き込まれる斬新な視点として省察してきた'私'を端的に統合するはたらきをする。過去把持の統合は，日々循環過程を生きる職責を果たし続けることを前提に，さらに脱自して客観的パースペクティヴに立ち直す局面で実現する。理由動機に意識が到達することで，保育者は改めて自分自身の在りようを自覚できる。

　津守も保育者の心の状態によって省察内容は異なると，自身の体験を述べている。

省察するときの心の状態が，たいへん大事なんじゃないかと思うんです。保育の
　　実践の最中にとらわれないで，その子の心に直接触れるようにできたときには，
　　保育の実践もうまくいくときであります。全く同じことで，考えるときにとらわ
　　れないで，そのこと自体を考えられるときには，自分でも思いがけずおもしろい
　　ことに気がついたりするんです。
　　　つまり，考えるときに自分自ら広い所に立てるような心の状態にあるとき，つま
　　り，自分の心が自由になっているときには，うまく考えられる。そこで日常性を
　　停止させて，子どもの現象をそのままにとりあげることができるときに，日常の
　　習慣的な見方を離れて，新たに広げられた視野の中で，その現象を見直すことが
　　できるのではないか。新たな意味を付与することができるのではないか。
　　　　　　　　　　　　　　　　　　　　　　　　　　（津守真，2013，p.107）

　省察は，日々の堆積で沈殿している過去把持が発見の契機に出会うための
準備状態を形成する。理由動機として発見される'私'および'私の保育
観'は，保育者自身の研鑽によって醸成されている一方，自覚という点では
発見されるものでもある。

第4節　理由動機の保持

　前節で分析した保育観としての理由動機について，日々身の内に保持され
ている様相をN保育者の事例で確認したい。E保育者の発見した理由動機は
日々の省察で常に自覚されてはいなかった。しかし理由動機が常に身の内に
指針として宿り，保育中の解釈や保育行為の在りよう，事後に振り返る場面
の選択や省察内容に影響する場合もあるだろう。保育者の内面に基調音とし
て響き続ける理由動機である。

【事例5-4a】私の目指す保育
〈観察記録の抜粋〉　　　　　　　　　　　　　　　　2012.4.26（木）雨
　　　4才児のG男が，捕まえたダンゴ虫を容器に入れ，数日来幼稚園で飼っている。

G男は霧吹きで水分を容器内に補給したり，ダンゴ虫の動きを観察したりして過ごしてきた。この日は他児3名もG男と一緒に霧吹きで水を入れたがり，容器の周りを取り囲んで交代で霧を吹いた。その中にR子がいたことを観察記録で知ったN保育者は，ダンゴ虫飼育が始まった経緯を説明し，R子の人とのかかわりが成立しにくい面にも言及した。

N保育者は3才児から持ち上がりの担任で，G男もR子も3才児入園の子どもである。この事例は保育当日のみの省察であったが，ひとしきりダンゴ虫をめぐる具体的な省察を語り，省察内容が抽象化したところで以下のことばが出てきた。

〈**N保育者の語り**〉 保育当日

N：ダンゴ虫のおうち，あるじゃないですか。ダンボールの。
K：あ，…外の，ええ。
N：あれは虫採りをY男くんがやり始めて。で，おうちの人たちあんまりダンゴ虫持って帰ってくるのを（笑）喜ばないので。っていうのもあるし，あとはこう，みんなでおうちをつくると，みんなそこにダンゴ虫入れてくれるし，(3) なんか，頭突き合わせてやれること(3) って，…いっぱいあると思うんですけど，そういうことをちょっとやりたいなあと思って。虫も，ただ捕まえて
K：ん
N：それぞれが持って帰ったり，そこへポーンて置いてるよりは，なんかみんなで頭を突き合わせてできる方がいいなと思って大きい容器にしたのがきっかけで，はじめはY男くんとN男くん。先週からかな（手帳で開始日を確認する），うん。で，ずっと置いてあるって感じ。
K：R子ちゃんあたりも（霧を吹くことに）だいぶ熱心でしたね。
N：はっはは，わかりますね。（笑）ダンゴ虫，R子ちゃん捕まえられないんですけど，触ってました？
K：いや，触ってはいない。ひたすら観て。
N：（R子が人とのかかわりが困難で，子ども同士でもあそびが共有しにくいことを語る）。ああでもよかった。ダンゴ虫，くいついてくれてるなら。
K：ん。シュッシュはね。
N：あ，シュッシュね（笑）。
K：「やるー」って言って手出して。ちゃんとみんなそれぞれ「どうぞ」「どうぞ」やってて。R子ちゃんも。

N：ん，ん。…なんだろう…私の，ずっとこだわってることは，群れること（1）。
K：ん
N：人と人が群れるっていうのを，私はすごく大事にしたいし，そこ，を，子どもたちが群れてる場面っていうのを，つくりたいし見たいし，…だから，そういうこと，で，子どもたちが過ごすことを大事にしたいなあと思う（1）。一方4才児なので，やりたいことを一人ひとり実現させてあげないと欲求不満が溜まる年令だと思うので，その2本立てをしたいな，この一年は，って思っています。

【事例5-4b】群れてきた子どもたち　　　　　　　　2012.5.30（木）晴れ

　園庭の山の麓に，アリ研究所の看板が立った。4才児クラスの男児4名がアリの飼育を始め，問題に直面しながら本を調べて飼育方法を変えるなど，N保育者と試行錯誤をしている。この日の省察ではアリ研究所ができた経緯を語った後，「群れてる場面っていうのを，つくりたいし見たいし…」という【事例6-4a】で語った保育観に照らし，このあそびをどのようにとらえているか短いことばであるが語った。

〈N保育者の語り〉　　　　　　　　　　　　　　　　　　　　　　保育当日

N：アリはT男がきっかけだったんですよ，始まったのは。
K：へーえ
N：T男がアリを虫かごに入れて，金曜日置いていったの。先々週。そして休み明け，覗いたら，全部死んでいた。アリがね。
K：えー
N：「あ，死んじゃったよー」って言って。「じゃあ，新しい容器に入れ替えますか」って。そりゃ死ぬよねって。
K：ん
N：「こんなふうに虫かごに入れられて閉められて，靴箱に入れられて，2日も経ってたら死ぬよね」（4）って言って，「大きいのがあるから，大きいのに入れてみようよ。アリって確かおうちつくるはずだよね」って言って。あの子たちはあそこにアリの巣があることは知っていて，巣の横にクッキー置いたりし

てたので。
K：うん，ん。
N：じゃあここでアリを集めようってことになった。とりあえずザバッと大きい容器に土を入れて，帰った。
K：ええ。
N：そしたら次の日，また死んでいた…。はははははは
K：えへへへへ
N：それで，「**やっぱりこれは難しいね**」（5）って言って，「本でも見ようよ」って言ったらT男がいい本を探してきてくれて。そこに載ってたのは，アリは違う種類を一緒に入れるとけんかをするから，同じ仲間を入れなきゃいけないっていうことと，
K：はーあ，そうなんだ。
N：あと，アリの巣は土の中にあるから，容器の周りに黒い紙や布を張らないと，アリが弱って，
K：光が入ると？
N：光が入るから。そうするとアリが巣をつくらないってことがわかったんですよ。それから盛り上がったのが，アリ研究所。
K：なるほど。
N：まだ表面から見てもはっきりわからないけど，少し穴ができてきて，ってことを先週からずっとやってて。ま，その間に氷鬼したりサッカーしたりしなかったり，なんですけど。
K：ん
N：そういうことをやっている，今日，最近，ですね。ちょっとダンゴ虫も，女の子が毎朝捕まえてきてくれて，必ずポンって入れてくれたりとかして続いてるんですけど，今はアリの方が楽しくなってきていて。
（この後，今日のあそびについてあれこれ話題が飛び，T男の人とのかかわりの難しさに言及した。他児と仲間であることをN保育者がT男に初めてことばで訴えた場面についてKに説明した。T男の個人情報が多いため省略する）
N：そういう話を初めて言えたんですよ。…それはやっぱりアリ研究所でみんなとやれていたことも大きかったと思う。
K：ん
N：男の子たちが，ま，この間も群れるっていうことを話しましたけど，
K：はい

N：群れる場面としてのアリ研究所だったり，氷鬼やりたいって言ってたりして。あとは昨日くらいから，先生抜きでT男とそのメンバーたちでサッカーができるようになってきた（2）。

K：へー

N：メチャメチャなんですよ。ゴールも置かない。人混みを，渡り歩いてるサッカーなんだけども，やってるメンバーたちはわかり合ってる。

K：へへへ

N：ん。そういうのをちょっとやり始めたっていうのが，あの人たちの最近の，様子，ですねえ。

【事例5-4ab の考察】意識にとどまっている私

【事例5-4a】では，やはり終盤になってN保育者の保育行為全般に通底する理由動機が語られた。「私の，ずっとこだわってるのは，群れること」（1）である。前述のとおり理由動機は保育者の過去の経験に保育行為の動機を見出すことである。保育者が脱自的な態度をもって'私'を軸に保育場面を省察する時，意識にのぼってくるのが，人として保育者としての自分の在りようである。脱自的な態度で現象を客観視した時，自分がみえ始めるのはこれまでの事例分析と合致する。

N保育者は，ひとしきり子どものあそびの経緯と解釈をKに説明した後，少々唐突に自身の目指している保育を言語化した。この唐突さは，語りながらN保育者の過去把持が総括され，理由動機が同定されることがあると示唆しているだろう。「群れる」ことが，元々N保育者の身の内で言語的明示的な指針になっていたかどうかは不明であるが，「ずっとこだわってるのは」と述べていることからも聴き手は長年の経験で築き上げたN保育者のこだわり，保育観であると考えてよいだろう。【事例5-4b】になるとその日の保育場面を，「群れる場面としてのアリ研究所だったり，氷鬼…先生抜きで…サッカー」（2）と，先立つ理由動機に引き寄せて解釈がなされた。

子どもが群れをつくり始めるような環境を構成したいということが，N保

育者の保育行為全般に通底する理由動機に違いないのだが，保育行為の下敷きとして意識されているからには，これが同時に保育行為を選択する際の目的動機にもなっていることになる。A保育者，S保育者，E保育者と異なるN保育者の特徴は，意識に常に保持している理由動機が，保育行為と直結していることである。したがって省察では，保育中の子どもの姿の想起を通して理由動機が自己確認される。先の対象保育者たちが沈殿している理由動機を発見するのとは自覚の仕方が明らかに異なる。

　ところでN保育者は他にも，今年度4才児の担任である職責から，もう一つ「やりたいことを一人ひとり実現させてあげる」という年間の目標を挙げている。N保育者の省察は2事例とも，大半が子どものあそびの経緯をKに解説することになっており，その中で子どもの行為の意味解釈や保育のさなかに見据えていた目的動機が織り込まれている。これらは当事者パースペクティヴでの省察である。【事例5-4a】はY男のダンゴ虫，【事例5-4b】はT男のアリへの関心を共有し，その子どもの目的動機が実現できるようあそびに参加している。ダンゴ虫は家に持ち帰るよりも幼稚園で飼育するようダンボールを用意したし，アリに関しては子どもと一緒に試行錯誤しながらもより大きな容器に入れ替えること，本で飼育方法を調べることを提案した。ダンゴ虫をダンボールで飼育したのは，「みんなでおうちをつくると，みんなそこにダンゴ虫入れてくれるし」，「頭突き合わせてやれること」だから，群れの形成に繋がると考えたのが目的動機であった（3）。このようにN保育者の選択する保育行為は，N保育者の目指す保育すなわち子どもが群れる場面を実現するという，後で語られる理由動機が明瞭に反映した目的動機によって体現されている。では，N保育者の保育は自分の保育観を実現することが目的であろうか。

　アリを大きな容器に移す提案をしたのは，虫かごでアリが生きられる適切な飼育になっていなかったことの反省を，自らもあそびの主体としてもう一人の主体であるT男に伝え，飼育方法を改善しなければアリを飼いたいT男

の目的動機が実現できないと考えたからである（4）。この選択はあくまで問題に直面しているＴ男に，諦めずにアリの飼育を工夫して続ける未来の姿を実現したいという目的動機であった。また，本で飼育方法を調べるという提案も，更なる問題に直面し，一人の主体として「やっぱりこれ（アリの飼育）は難しいね」と伝えるところからＴ男の熱意を励ますことが目的動機であったが（5），その後本でアリの生態がわかっていくプロセスではおそらく，興味を示す他児をＮ保育者は意図的に巻き込んでいったのではないかと思われる。現に出来上がったアリ研究所のメンバーは，事例冒頭で記したとおり男児4名だからである。

　このように，Ｎ保育者の〈保育〉には明確な傾向が認められる。Ｎ保育者は保育観に顕われる‘私’を日々明瞭に保持しており，保育行為全般に通ずる理由動機となっている。直接的な目的動機は子どもの目的動機の実現であるが，Ｎ保育者の行為選択は常に自身の理由動機との摺り合わせで自覚的になされる。

　Schützの理由動機は目的動機と同義ではない。田代が保育者の省察に理由動機が意識化され得る視野の広がりを求めるのも，目的動機と理由動機の出自が異なることを前提としているからである。しかしＮ保育者の事例は，保育行為の判断の根拠として見出される理由動機が，保育場面で目的動機としてはたらくことがあり得ることを示している。保育者の保育者生命の歴史において培われた保育観が理由動機として，日々の保育で目的動機と同義のはたらきをする。子どもとの日常的具体的なかかわりにおいて，理由動機が子どもの姿の解釈と突き合わされ，目的動機を構成し行為化する。このような保育もまた，‘私の保育’を実践しようとする保育者の主体性の体現と考えてよいだろう。

第5節　事例考察のまとめ―パースペクティヴの移動が
　　　　もたらすこと―

　パースペクティヴが当事者のそれから客観化することで保育者に経験されることは以下のとおりである。

1. 保育当日の省察では，当事者パースペクティヴと客観的パースペクティヴの往復が認められた。当事者パースペクティヴでなされる省察は，主として保育行為の判断の根拠となる目的動機である。目的動機には，保育中の保育者にとって外へ向けられた意識と内へ向かう意識によって，二種類が認められた。前者は子どもの行為の解釈から同定された目的動機，後者は未来の子どもに実現したい姿を同定し，願いとして見据えた目的動機である（【事例5-1a】）。当事者パースペクティヴによる省察は，保育当日の語りに多かった（【事例5-1ab】）。保育当日の生々しさの残る状態で，保育者は保育に立ち返り，主観を分析的に自覚していく。（【事例5-1abc】）

2. 翌日の省察では，客観的パースペクティヴによる内容が多く語られた。また一つの現象をめぐり省察を重ねるごとに，保育当日と翌日の区別なく客観的パースペクティヴによる省察内容が増加し，省察の語りに論理的文脈が形成されていった。客観的パースペクティヴでなされる省察は，分析的に自覚した保育者自身の主観を基に，脱自的態度で保育行為を評価し，積み重ねてきた過去把持を統合し文脈形成していく。過去把持の統合は，保育者に自分をみつめ直す視野をもたらすため，理由動機の発見に繋がる。（【事例5-1c】）これらのことを表7に整理した。

　保育当日に保育を振り返り省察する時，パースペクティヴの往復によって様々な見地から現象を想起し，保育の記述的再生が行われる。その中で保育者は主観の分析的自覚を経験する。一方，翌日以降に同じ現象を

えることは，同一の子どもや人間関係に関する様々な過去把持を交えて行う省察となり，保育行為の妥当性をより広い視野で検討するパースペクティヴによって保育の文脈を見出していく。まさに'私の保育'にしていく省察である。そこで保育者が経験しているのは，自分のみつめ直しであるといえる。

3．省察し過去把持された内容のうち，保育者の関心において有意性の高い事柄は，未来の保育へ企図される様相が認められた。企図された省察内容は，子どもの姿の解釈によっては触発を受けて目的動機に転じる可能性があるだろう。しかし事例では，行為化しないと判断されていた（【事例5-2ab】）。このことから，保育者は自分の関心ある課題を解決するためにではなく，あくまでも子どもの目的動機を実現することが子ども自身にとってよりよい経験になるよう保育行為を選択することがわかる。子どもにとって好機でなければ，省察で同定した課題は目的動機としないのである（【事例5-2ab】）。

4．理由動機は，保育観として他者との相互作用で発見され自覚に至る場合

表8　当日と翌日の省察の違い

	保育当日	翌日
省察の パースペクティヴと 内容	当 ←→ 客 | 意識の方向 | 目的動機 | | 外へ | 子どもの解釈 | | 内へ | 願い |	客 保育行為の想起 保育行為の評価
省察の機能	保育の記述的再生	保育の文脈的把握
保育者の経験	主観の分析的自覚	自分のみつめ直し

もあれば(【事例5-3】),常に身の内の指針として保持され,保育における目的動機に転じる場合もある(【事例5-4ab】)。後者は田代(2013)の提唱したSchützの理由動機とは異なる。田代が保育者に自分自身をみつめ直す省察の重要性を提唱し引用したSchützの理由動機は,事後にしか構成できないものであるからこそ,脱自的態度で客観的パースペクティヴに自分をみつめ直した時に自覚されることである。しかし身の内の指針として常に自覚され,省察において確認される理由動機が保育者にはあり得ることを本研究は明らかにした。

5. 保育者は目的動機によって保育行為を選択する。保育者は,子どもの目的動機の実現が子どもにとってよりよい経験となるよう,自らを動機づける。つまり保育者は理由動機の自覚も含め,子どもの主体性を尊重して子どものよりよい保育を実現するために省察を行うのである。

6. 保育者の省察が子どものよりよい保育のためになされるからには,今日の省察は必ず翌日以降,未来の保育の創造に繋がるものである。未来の保育に何を企図し,保育に企図がどのように生かされるかについて,第6章で検討を行う。

第6章　保育者の企図と目的動機
　　　──事例分析の経過⑤──

　これまでに検討してきたのは，保育者が過去を対象とした省察内容であった。浜口の提起した循環過程において，過ぎ去った保育の省察はさらなる保育に還元する。

　保育者が未来に眼を向けることはこれまでも目的動機という形で事例に表れ，考察の対象としてきた。第5章では，省察とさらなる保育の間を繋ぐ未来に向けた省察が行われていることが確認できている（第5章第2節.【事例5-2a】）。保育者が未来完了時制で見据える目的動機は，まさに未来に実現したい可能態としての特定の状況を意味している。したがって目的動機は保育における計画の範疇で説明される概念であることは間違いないだろう。しかし通常，保育者が保育を計画すると言う時，往々にして未来の保育行為が論じられる。明日の保育でどのような活動を行うかという計画であり，ここで問題の中心となるのは未来の保育内容である。目的動機は‘何をするか’ではなく，‘どのような状態を実現したいか’を問う保育主体の意識を指している。両者の違いは区別されるべきであろう。Schütz（1976）は目的動機と同様に未来時制に属する概念として「企図」を挙げており，企図とは「未来完了時制において構想され決定された行為そのもの」であり，「すでに完遂されたと想像されている意図された行為のこと」である（pp.29-30）。

　ところで【事例5-2a】で保育者が未来に見据えた目的動機は，翌日の保育で実現に向けた保育行為が発現しなかった（【事例5-2b】）。このことは，子どもにとっての好機を待つ〈保育〉の特質を表していると思われる。そこで本章では，省察において見据える翌日以降の保育の目的動機（どのような状態を実現したいか）と保育行為の企図の違いが，〈保育〉においてどのような様相

を呈し，循環過程にどう位置づくのかを明らかにする。

第1節　目的動機と企図

　教育学の見地からは，本章の目的は'保育の計画の成り立ちを明らかにすること'になるだろう。教育学では従来から Plan-Do-See 理論によって教師の省察を See に位置づけている。初等教育以上の教育は教育内容が明確に体系化されているため，今日の授業での達成度を評価し明日の課題を明確にしておく省察が必要であるため，Plan-Do-See の見方は妥当である。これに対し〈保育〉は序章で問題提起したとおり，達成すべき課題は子ども一人ひとりにあり，達成に向けた道筋は子どもの関心から始めたあそびの中に見出される。達成を目指す期間も在園期間を通じてとされているため，保育者の省察は計画─計画に従った実践─達成度の評価と同じにはなり得ない。

　前章までに検討してきた事例でも，一人ひとりに着目した保育者のその場での解釈が保育行為の出発点であり，選択の二重構造において子どものやりたいあそび，およびそれを実現する道筋の選択を子どもが行えるよう保育者の細やかな配慮が認められた。保育者は目的動機に方向づけられながら保育行為を選択しており，保育者の見据える目的動機は基本的に子どもの抱いているであろう目的動機を実現することにある。

　本研究では，河邊の述べる日々の短期的サイクルと，鯨岡が想定している長期的な成長の展望が，保育者の省察における企図および目的動機のあり方と合致するのではないかと考えている。河邊の描写からは'日々'の保育とその流れや子どもの関心事の把握を徹底することで，明日保育者がどうすればよいかを行為として明確化する企図が窺える。これに対し鯨岡のエピソード記述には，現実に日々のサイクルを経験している保育者の，実務的な意味での企図に反映する省察が明瞭に想定されているとは言い難く，長期的スパンで目的動機を描こうとしているのではないかと思われる。両者の違いは，

当事者パースペクティヴと客観的パースペクティヴの省察とも対応する未来の構想の仕方の違いではないだろうか。たとえばどの程度先の未来を予想範囲とするかによって，保育者の構想と構想実現の時間的パースペクティヴは異なるだろう。【事例5-2ab】が示唆するように，翌日の保育では保育行為として体現されない場合もあるだろう。子どもが保育者の予想外の現われ方をすることも多分に当然あり得るからである。

　本章では，明日の保育で実現可能な行為の企図と，未来に実現したい状態を見据える目的動機の生成過程を検討すべく3事例を構成した。対象保育者は3名でいずれも既出のA保育者，S保育者，E保育者である。A保育者の事例は企図として解釈可能な事例，S保育者とE保育者は目的動機の意識化が語られた事例である。

1．反省から導き出す企図

　計画は具体的でなければ意味をなさない。保育者の省察にも当然，保育行為の反省から直接導き出される企図が認められる。

【事例6-1】イメージどおりにしてあげられない
〈観察記録の抜粋〉　　　　　　　　　　　　　　　　　1995.5.8　晴れ

　　J男は製作机で画用紙に○を描いているが，思いどおりに描けないらしくその先に進まない。通りかかって覗き込んだA保育者に，「まるかいて」と頼む。A保育者は快諾し，J男の椅子に替わって座り，○を描いた。「どう？」と尋ねるとJ男は「違う」と言う。「じゃあ，（描いて）これでどう？」「…違う」というやりとりを何度もした。A保育者は描くたびに考え，画用紙を見つめ，慎重さが増す。しかし何度描いてもJ男は満足しない。万策尽きたA保育者は「もう先生できない」と言い，なんとか今までに描いた○で製作に入ってほしいことを伝えた。

〈A保育者の語り〉　　　　　　　　　　　　　　　　　　　　　　保育当日

①J男には，悪いことをしたという思いが残った。
②きちっと○を描きたいと言うのが，どの程度きちっとなのかわからず，かわいそうなことをした。
③最後に私は「もう先生できない」と言った。
④J男の要求が理解できないというのが本音にあったが，
⑤もっとつき合ってあげればよかったと反省している。
K：途中でJ男は緑のクレヨンではダメだと言った。
⑥J男の緑のクレヨンは折れていた。私は緑が3色あるから他の緑でと言った。折れた緑を使ってうまく描けずにいたので，「違うクレヨンにしよう」と言った。
⑦でもJ男は「やだ」と言う。
⑧私は隣の人の同色のクレヨンを「これ借りてやっちゃお」と言い，それで一回○を描いたがJ男は納得しなかった。
⑨J男は「じゃあ青にする」と言って自分で青の○を描き，そのクレヨンを折ってしまった。
⑩もしかしたらJ男は，クレヨンの力の入れ方に問題があるかもしれないと思った。確認して，描きやすくなるようにしてあげよう。（1）

【事例6-1の考察】企図した行為の実現可能性

　当事例は一見，典型的な保育と省察を繋ぐ短期のサイクルを形成する企図であると解釈できる。なぜなら省察された現象が単発的な出来事であり，現象としては既にその日の保育で完了しているため，保育の場でできたこと，できなかったことがそれぞれ明確に省察によって評価できるからである。したがって今後の企図も簡潔に，今日の反省から具体的な行為レベルで描けることになる。A保育者はJ男のクレヨンを持つ手の力の入れ方に問題があるかもしれないと考えたことから，今後「確認して，描きやすくなるようにしてあげる」保育行為を企図した。J男の'絵を描いて楽しみたい'という目的動機の実現がA保育者の目的動機になったと考えられることから，実現に至る行為の道筋として，描きやすくなるよう助言または手を添えるような援

助を行うという企図は十分納得できる。未来の保育でその保育行為が実現した際には，その時のＪ男の姿から，あるいはクレヨンの問題の達成程度から，また省察が行われることになるだろう。

　上記のように解釈することで，当事例は保育行為−反省−企図の直結した短期のサイクルでの企図と考えることができる。しかし再度企図概念の観点から，Ａ保育者の経験を辿ってみると，Ａ保育者は保育場面でも省察でも既に未来を見据えていたことがわかる。Ｊ男がどのような絵を描きたかったのか，具体的な彼のイメージは不明であるが，Ｊ男は目的動機を実現するための行為選択として先生の手助けを求めた。Ａ保育者は快諾し，Ｊ男に頼まれた○を描いた。Ｊ男の行為選択が目的実現にとって有効であるためには，Ａ保育者がＪ男の求める○を描けなければならない。Ａ保育者はこの時点で，それができると感じた，つまり実現可能性の高さを見積もって快諾したはずである。Ａ保育者はＪ男の満足できる○を描けた状態を目的動機として，代わりに描くという行為を企図したのである。この時Ａ保育者が企図を成立させるのにリソースとして用いた理解は，画用紙の大きさ，Ｊ男が描き損じた○の形と大きさから推測した完成体としての○という形状，それを自分が描けるという過去の経験からの類推であったろう。ところが描いても描いてもＪ男は納得も満足もしなかった。

　Ａ保育者はＪ男から「違う」と言われるたびに考え，手の動きも回を重ねるごとに慎重な運びとなった。試行錯誤したのである。だが，観察していたＫにも，Ｊ男が何を求めＡ保育者の描いた○の何が気に入らないのか理解できなかったし，Ａ保育者は企図を実行したものの企図した行為は完遂できなかったのである。企図が実現できないと判断したのは「もう先生できない」と言ったＡ保育者であった。目的動機はこの場合，企図した行為を完遂するための行為選択，すなわち描き方をあれこれ試行錯誤することの意欲を喚起していたはずである。つまりＡ保育者が「もうできない」と判断したのは，目的動機によってもはや○を描き続ける意欲が喚起されなくなったことを意

味する。その時のA保育者は「J男の要求が理解できない」と感じていた（④）。

　保育者が子どもの目的動機を尊重しようとするのは，二重の選択の主体であることが人の主体的な状態であると信じているからであろう。だがA保育者はこの場面で，J男が選択の主体であることへの手助けを達成できないと判断した。このやりとりにおけるA保育者の経験はこの判断で終息したわけだが，省察では，場面の説明に続いて「もっとつき合ってあげればよかった」（⑤）と語られた。客観的パースペクティヴに移動し，やりとりを振り返ると，たとえ○に満足できなくとも先生に徹底的につき合ってもらえた満足感が得られたかもしれない，あるいは別なところにJ男の隠れた願いが見つかったかもしれない等の見方が出てきたのかもしれない。もしくはもっと続けていれば企図したことが完遂できたかもしれないと考えた可能性もある。

　語りは方向を転じて⑥以降，J男のクレヨンが折れていたこと，違うクレヨンで描くことを提案した話題になった。このクレヨンの話題は上記の流れにおける試行錯誤の途中に挿入されるべき前後関係である。当事者パースペクティヴに戻って別の角度から保育中の試行錯誤を想起した。○を完成させた状態を目的動機に見据え，'折れていないクレヨンで描きやすくする' 'クレヨンを取り替える' ことを実行したのである。こうした当事者パースペクティヴでの経験の辿り直しの中で，「もしかしたらJ男は，クレヨンの力の入れ方に問題があるかもしれない」と気づき，そこから「確認して，描きやすくなるようにしてあげよう」という企図が生成された（⑩）。気づいた時点でA保育者は，保育場面での感覚を身に引き戻す当事者パースペクティヴに立っていたが，次の瞬間省察している現時点に立ち返り，未来を見据えて企図したのである。しかもA保育者の企図「クレヨンの持ち方に問題があるかどうかを再度見て確認し，問題があれば力の入れ方を教えよう」は，明日の保育で実行可能なものである。

　しかし，企図の実行可能性が高いとはまったく断定できない。なぜなら，

明日J男が絵を描くあそびをするとは限らないため，未来のどの時点の保育で企図が目的動機に転化するかは想定できない。明日J男が他児と鬼ごっこをすると言えば，省察時に見据えたA保育者の目的動機はその時点で棄却されることになる。もちろん保育者が早く達成する必要を感じればJ男をクレヨンで描くあそびに誘うだろう。J男が誘いに応じれば，明日の保育で企図が完遂できる可能性を引き出せる。けれども子どもの主体性を尊重する保育では，子どもに選択の意思がある場合にはできる限り子どもの選択を認め，それを叶えることに保育者自らも目的動機をもつのである。この枠組みが崩されない限り，保育者の行為レベルの企図の完遂可能性は保育者が完全にコントロールできるものではない。省察において保育者が未来の保育行為を企図しても，翌日の保育で目的動機に転じるかどうか不確かであるのは，〈保育〉における保育行為は子どもにとっての好機を待って行われるからである。

2．省察における目的動機

次に，明確な反省がありながら今後どうするかについて行為レベルでの企図は行われず，今後実現したい状態つまり目的動機が意識化された事例である。保育での行為化について，企図がなされた場合との違いに注目して分析する。

【事例6-2a】色水あそびがしたいけど
〈観察記録の抜粋〉　　　　　　　　　　　　　　　1995.6.16（金）晴れ

　　2，3日E男が休んでいた間にクラスでは色水あそびが始まった。登園したE男も興味をもち参加しようとするが，物の置き場所すらわかっていないため，一つひとつ先生に尋ねなければあそびが進まない。S保育者は他児の具体的かつあそびの発展にかかわる対応が忙しく，E男に「材料そこに入ってますよ」と伝えるだけになってしまうなど，じっくりつき合うことができない。
　　E男は特定のあそび友だちがいるわけではなく，一人であそぶことが多い。S保育者は'一人で過ごすことが問題なのではなく，一人でいる状態で楽しめてい

ないようにみえることに問題を感じている'と述べている。E男は他園で3才児保育を受け、4才児入園で当園に入った。観察年度は5才児である。

【S保育者の語り】　　　　　　　　　　　　　　　　　　　　　　翌日

　E男は前の日に欠席しててクラスの流れが、色水の流れがわかってないんだから、せっかく'あ、色水やってるな。ぼくもやりたい'って言ったところなんだから、「先生、色水やる」って言ってきた時点で、彼にはもうちょっと丁寧にかかわるべきで（1）。他の人に「材料あそこにあるわよ、はい、行ってらっしゃい」と言うのとは、対応を分けるべきだったと思って。ちょうど色水コーナーを移動させる時で手がかかってたのもありますけど、一回ゆっくりEチャンと「こんなふうにやっててね。昨日こんな話になったの」って話した方がよかった。今、一生懸命彼と信頼関係を築こうっていう思いが自分にあるんだから（2）、そこは努力すべきだったな（3）と、思いました。

【事例6-2aの考察】行為化の好機を待つ

　5才児6月に行われた一連の問題意識を有する保育の事例である。当事例では保育中のかかわりに丁寧さが欠けているという反省（1）、E男との信頼関係を実現したいという目的動機（2）がS保育者の内面に過去把持されてきたことが語られた。目的動機の過去把持は、それが抱かれた時点から今まで企図に至らずにいることを意味する。この日もE男にじっくりかかわることができない多忙な状況で企図はなされず、「そこは努力すべきだった」という反省に繋がった（3）。

　信頼関係を築くということは、具体的な行為を直接的に指し示してはいない。その目的動機を実現するための、おそらく多くの行為によって達成される状態といえる。子どもにとっての好機、また時には保育者が実行可能な状況との時間的折り合いがついた時いつでも企図に転じることができる準備状態が、保育者の内面に常に用意されている。好機を待つことは、不断の研鑽によって循環過程を過ごし続けることでもある。

【事例6-2b】職員室への出入り　　　　　　　　　　1995.6.20（水）曇り

　E男はもてあました様子で職員室に長時間いた。少し前にS男が映画をやると言い，E男はお客になるつもりでいた。結局，20分以上経ってS男は映画をとりやめ，それを知ったE男がKとS保育者に映画が始まらない理由を伝えにきた。20分間，E男はS男の映画を職員室で待っていたらしい。

【S保育者の語り】　　　　　　　　　　　　　　　　　　　　　　　　翌日

S：Eくんが職員室へ行くのは，幼稚園で充実してない部分の象徴みたいなところがあって。私とEくんの関係の中からできることでもいいし，他の友だちとの関係でできることでもいいんだけども，彼が自然な形で幼稚園の中で動けるといいなあと思ってる。でも職員室にいるのは，それはそれで彼の素直な表現だと思うから，出ていらっしゃいとか，お部屋であそびましょうとか，言っちゃうのはマズイとも思っていて。苦しいながらも「あ，Eくんここにいたんだあ。○○取ってきてくれない？」って言うんだけど，Eくんはそれに対して何ら気持ちが湧かないから，私の発言は不発に終わって「あ，じゃいいや，ごめんごめん」って独り言の世界（笑）。ほんと私，Eくんに関してはがんばってる割に不可が多いって思った（笑）。今日はやっと成就したんですけどね。「よかったー。次はMちゃんだ」と思って（笑）。

K：私がこのエピソードを記録したのは，ずいぶん長い時間E男くんが職員室でどう過ごしてたのか知りたかったんです。

S：そう…ですねえ。…なんかに集中したい気持ちがすごくあるんだけど，なかなか見つからなくて。ずーっとやってること（職員室に出入りすること）を積み重ねていっていいんだろうと思うんですけどね。映画も，成就すればよかったんですよね。私，このこと気がついてなかった。

K：S男くんもやりたいとは思ったものの，どうしたらいいかわからないと思ったとたん，投げてしまって。

S：S男くんにとってはE男くんしてなくてもいいんだよね。

K：そうそう。

S：もし私が気づいてゆとりがあって，「あ，映画ね」って気持ちを向けていたら，「Eチャンがお客さんに来てくれたから，ここに紙貼る？」って紙貼っただけでも絶対Sくんが動き出すし，Eチャン自身が'じゃあ，こうしようかな,

ああしようかな'ってやり出す（2）んだと思うんですよ。でも私，全然気がついてなくて。私にも映画が始まらないわけを伝えに来てくれたって（Kの保育記録に）書いてあるんですけど，全然記憶にないんですよ。

【事例6-2bの考察】実現しなかった目的動機

　当事例は，自身が保育中気づいていなかった場面が聴き手によって話題提供された。「もし私が気づいてゆとりがあって，『あ，映画ね』って気持ちを向けていたら，」という仮定した状況を前提に，いわば現実には起こさなかった行為を事後に企図しているのである（2）。仮定された状況は今後も類似した場面が起こり得るだろう。つまり具体的なあそびは映画館でなくとも，E男がやりたいあそびに出会い，S保育者がそれに気づいてE男の目的動機を共有するかかわりをもつことは大いにあり得るのである。そのように考えると事後に特定の状況を仮定するのは，実際には実現しなかった状況であるのだから，未だ実現していない未来の状況と同様であると考えることができる。したがってこの過去の仮定に対する企図はそのまま，先の【事例6-2a】で語られた「信頼関係を築く」ための道筋となる具体的な行為を未来の保育場面に企図したと解釈してよいだろう。

【事例6-2c】フルーツバスケットができた
〈観察記録の抜粋〉　　　　　　　　　　　　　　　1995.6.28（水）晴れ
　　はっきりとした目的はなさそうに製作していたE男が，他児の製作物を目にしたことから，りんご・メロンなど果物を製作し，フルーツバスケットを仕上げた。

【S保育者の語り】　　　　　　　　　　　　　　　　　　　　保育当日
　　朝きた時にEくんの表情が今日ちょっとへんだなあと感じた。目の焦点がへんだなあと思って。お母さんに叱られたのかとか，疲れているとか，あれこれ考えながらちょこちょこ気にして観てて。彼は相変わらずただ人にあげる物をつくってたりとか，ただお土産をつくってたりとかして，なんか，そうしないとここに

いられない何かが彼にはあるなあって思ってるんだけど。EくんがMくんの片方だけの上履きを拾って，それを一緒に遊戯室へ届けに行ったんですね？　それでEくんと一緒にいたいなあと思って一緒に歩いて。そしたら，彼の後ろ姿がなんとなくこう，一人でポツンと立ってるのが，頼りない感じって（笑）思って。で，二人で手繋いで帰ってきたんだけど。

　Eくんが「新聞紙がほしい」って言うから，「りんごつくる」って言うから，私，何がどうで新聞紙でりんごなのかなって思ったけど，新聞紙取りに行って。話してたら，昔自分はY学園に行ってて，その時につくったことがあるって。それにしてもなんで急にりんごなんだろうと思った。よく見たらYくんが赤い折り紙使ってて，それを見て自分はりんごと思ったんだろうと思った。りんごができて，私なりに茎と葉っぱをつけたんだけど，茎はOKでも葉っぱは今イチだったみたいで。りんごの形はここ（S保育者の胸）にくれてたバッヂの形がいいと思ったみたいで，バッヂとYくんの赤い折り紙と自分の経験とでこう…いったんだと思いますけど。

　赤いりんごをつくったらどんどん…。葉っぱの緑からメロンと思ったのかな，それもわかんないんですけど，「メロンつくる」って。もう梨に至ってはフルーツバスケットをつくるのが楽しくてやってたと思ったけど。梨をつくってバナナをつくって「家族4人分全部できた」って。「でもここがまだ空いてるわね」って言ったら「じゃあいちごつくろうか」って。手提げにして引き出物になりそうな（笑）フルーツができて。

　私もあんまりゆったりとかかわれなかったんだけど，いいのができてよかったなあっていうところですね。今はほんとはEくんの話をもっと聞きたいけど。あの人はちゃんと聞けばよくしゃべる人だから。しゃべる部分に対して，全部一回聞いてあげないとダメなんじゃないかなあと思うけど，保育中は難しいんですよね。だから私が今できることっていうのは，多分今まではあんまり役に立たない存在だと思われてたところを，「あ，意外とまめに手伝ってくれるし，アイディアも結構出してくれて，自分と同じように先生もこれをつくることを楽しんでるみたいだ」っていうところを，やりたいな。

　「私はこうしたらいいと思うわ」「でもぼくはこうするよ」とか，そういうやりとりができるようになってくると，子どもとの関係って違う側面を沢山出せると思うんですよね（3）。4才児の頃は「自分じゃできないから先生やって」っていう感覚が強かったのが，今は見てて'ああ，いいなあ'と思ったら'私もちょっとここを手伝いたい'っていう気持ちで入っていけるところが，大きくなって

きたんだなあと思って.

【事例6-2cの考察】実現したい自己像および関係としての目的動機

　当事例では，E男にとってのS保育者自身にベクトルを直接向けている。この省察を行う時点で，S保育者の内面には，前の二つの事例で積み重ねた'至らなかった自分''不足のあった保育行為''もしもこうだったら…こうする，きっとこうなる'が過去把持されていたであろうことは疑うべくもない。そこへ，今日の保育ではE男と一つのあそびを共有する時間をもち，'やはりこれだけやってみれば，やっただけの経験になる'という実感を得たところであったろう。おそらくこの実感がS保育者に，「今まではあんまり役に立たない存在だと思われていた」という厳しい自己評価を自身で受け入れる準備状態を形成したのでないだろうか。そして信頼関係を実現するために「意外とまめに手伝ってくれるし，アイディアも結構出してくれて，自分と同じように先生もこれをつくることを楽しんでいるみたいだ」とE男から思われる未来の自己像として，目的動機を同定している。この目的動機は未来の保育において，自己像実現のための具体的な保育行為の企図に転化するはずである。S保育者はその未来の保育に先立って，仮定としての状況において，その時実行可能な範囲の企図も省察した。すなわち，「私はこうしたらいいと思うわ」「でもぼくはこうするよ」と互いに一つのあそびの中で主体性を発揮し合えるやりとりである。

　E男と自分の関係についての理解に，これまで実現できず反省－目的動機を繰り返してきた「信頼関係構築」が再び目的動機として同定され，今日のE男とのかかわりとそれによる実感が加わったため，具体的な手段としての行為まで企図されたのだろう。E男がS保育者にかかわりを求めた時にはS保育者が対応できず（【事例6-1a】），E男のあそびに気づかなかった日も経て（【事例6-1b】），今日はようやくE男のあそびにじっくりかかわることができた。これからがいよいよ信頼関係構築の好機であると，S保育者は実感した

のであろう。

第2節　事例考察のまとめ―目的動機と企図―

　本章では二つの仕方で未来の保育を省察する様相が確認できた。第一は従来から自明視されている「計画」とも合致する，その日の保育の反省から導き出される企図である。河邊の記録論に代表される短期的な保育と省察の連続に依拠する企図で，保育当日の当事者パースペクティヴによる場面の解釈を確かな理解とする省察から，明日の保育の具体像が描かれる。もちろん，その日の反省はその日の保育行為を成立させるに至った経緯，すなわち堆積していた子どもについての理解や持ち越してきた課題という過去把持が絡まっているのだが，反省が具体的な行為を対象としているだけに，一対一対応で今後とるべき保育行為が企図されることが明らかとなった。第二に，未来の保育の目的動機を同定することである。企図が保育行為の計画であるのに対し，目的動機の場合は実現したい状態を描くことである。事例からは，今後築きたい信頼関係の内実および実現したい関係における自己像が読みとれた。
　第5章でもS保育者の省察からはK男と4人グループの「今が折り合いをつける時期だ」という目的動機が，実際には翌日の保育で好機でないと判断され，企図に転化しなかったことが認められた（【事例6-2ab】）。このように，明日の保育で着実に実行できる企図と実現したい状態としての目的動機が明らかとなったが，未来とりわけ明日の保育場面での実現可能性はどちらも不確かである。子どもの主体性を尊重することと保育者が明日を予測して環境に準備を加え，保育行為の心積もりをすることは矛盾しない。だが保育者の予測の範疇で子どものあそびが展開し，計画した援助に終始できるかどうかはあくまで結果論となる。'もしもこうなれば'という仮定であることを前提に予測と環境構成は行われ，それらを敢えて括弧入れして朝の出会いをす

る覚悟に，その日の子どもの主体的なあそびに添う準備性があるといえるだろう。

　子どもの主体性を尊重する保育においては，たとえ保育者が保育開始以前に目的動機を見据えていても，現実の子どもに出会い，その子どもの目的動機を生かして過ごす中で，予め抱いていた目的動機を実現するための企図がなされるとは限らない。保育者の願う状態を実現するための保育行為を行う間合いは，子どもの今この瞬間の状態にとって好機でなければならないからである。保育者が予め決めた活動の中で予定どおりに願いを伝え，実現することを許さない保育だからである。だから保育者は，日々の連なりとして反省即計画も省察する傍ら，好機の際にはこのような状態を実現したいという目的動機の同定も行う。

　〈保育〉が子どもの主体性を尊重するものであるためには，反省即企図の短期的サイクルにあっても，ひとまず企図を括弧入れして保育を始めることも，極めて重要である。ここで改めて津守（1979）の環境構成に関する著述の意味を確認したい。

> 直接的準備は，綿密にたくさんあれば，それだけよい保育ができるというものではない。どのような準備があればよいのかということは考える必要のある課題である。それは，人の性格によっても，日によっても異なるであろう。…（省略）…幼児と保育者が顔を見合わせて関係を結ぶところから保育が出発する。その出発点においていろいろの期待や，感情をもって登園した幼児の状況を，保育者はどのようにして認識することができるかということが問題になる。いろいろの背景をになって登園する幼児の状況をことごとく保育者が理解することは，不可能でもあり，また保育にとって必要なことでもないであろう。保育者として必要なことは，幼児が登園してきたそのときに，どのような感情や期待や意気ごみをもっているかをそのままに感じとることである。そのために必要な保育者の側の条件は，相手をわかろうとする白紙の心となって迎えることである。別のことばでいえば，無構造の心の構えで迎えることである。　　　　　（津守真，1979，p.33）

　津守の述べる「白紙」「無構造」といった表現は誤解を受けやすい表現で

あるが，レッテルを貼って色眼鏡で子どもを観てしまうと見誤ることがあるという意味でもあり，また，上で述べてきた企図や目的動機を保育者が固持し，子どもの目的動機を尊重しない保育への警告でもあるだろう。保育者の側に予め用意した基準に照らすのではなく，予測に基づく企図や目的動機を保持した上で，それはそれとして一旦脇に置き，子どもその人の現れ方を全身で感じ取るところから出発せよということである。細部にわたり予測を張り巡らし，自分の態度を予め決めてから子どもを迎えることは，むしろ今新たに出会い直した朝の子どもの状態を見誤る，あるいは無視することにもなりかねないわけで，そのような予測と態度の事前決定は「必要なことでもない」ことがわかる。

　これまでで〈保育〉のサイクルを概観できた。ここで第2章の【事例2-3】を再度振り返る。M保育者は省察内容を模索して逡巡するように語っていた。M保育者の省察がPlan-Do-SeeのSee（評価と反省）という思索の経路を辿っていないことは第3章で述べたとおりである。しかしM保育者に予測がなかったわけではない。あの子はこういう現れ方をするだろうと行為レベルで決めつけてはいなかっただけで，むしろ久々に登園する子どもの不安を的確に予測し，その不安がどのように表現されようとも受け止めてかかわろうという心の構え，言いかえれば実現したい関係性としての目的動機はあったのである。子どもたちがどのような心持ちで登園するだろうかという想像は保育前にはたらいていたのであって，想像しきれない部分があるとM保育者は述べた。もとより久しぶりの登園である。夏休み中のイレギュラーな保育であるため，昨日の続きで今日の保育行為が企図できる状況ではない。

　重要なのは，M保育者が予め，子どもの抱く不安を想定していたこと，「どうなのかな？」という満たせない茫漠とした予測をもって子どもたちを迎えたこと，そしていざ子どもたちに出会った時には自分の存在を丸ごと差し出して，子どもの不安もろとも共に在ろうとしたことではないだろうか。○○ちゃんが泣くだろう，そうしたら自分はこう言おうという保育行為の緻

密な企図は，場合によっては保育者の知覚と感覚を固くし，子どもと創出できる関係の在りようを限定してしまう。これからの共に在る時間の中で，子どもの本心はゆっくり確かめることができる。子どもの本心を，一緒に方向づける時間は今から始まるのである。子どもの自由なあそびを基点とする保育が場当たり的ではないといえる一つの根拠を，ここに見出すことができる。枠組みの緩い，子どもの意思決定に出発点を求める保育と，その保育に対応する省察は，Plan-Do-Seeでいうところの保育と省察の繋がり方とは異なり，評価の明晰さを欠く代わりに，心の動きを丹念に感じ取り，見直すことができる点に持ち味がある。予測―保育―評価としての省察という枠組みは，省察の内容を明確にする一方で保育を限定する。省察内容が明確であれば保育記録は記述しやすいが，保育の本質の一つともいえる混沌さ・偶然性を生かす教育を容赦なく捨象してしまうだろう。

　保育者の未来に向ける省察は，願いを実現する好機を待ち間合いをはかる保育が場当たり的な営みでないことを宣言していると本研究は考える。子どもの主体性を尊重する保育を行う保育者には，人が生きることへの極めて繊細な敬意と関心に基づいて，相手を尊重し生かす生き方が求められるのである。本研究の事例は総じて，そのような営みとしてある〈保育〉を可視的な研究の俎上に表し，実践をとらえ直す視点を示しているといえよう。

終章　直接体験と間接体験の往還としての保育と省察
―総括と考察―

　本研究は子どもの主体性を尊重する保育を行う保育者の経験に定位して，〈保育〉の循環過程の内実を質的に分析してきた。保育者の経験に定位することは，保育者の内面の動きをとらえることであり，必然的に省察を研究対象とすることになる。分析の結果，語りを方法論の中核として保育者の省察を研究する意義，保育の特質として人間関係創出過程と行為の選択にかかわる保育者の在りようを描述することができた。また保育者の省察における過去把持・目的動機と企図・理由動機のはたらきを明らかにすることもできた。本章は本研究を総括し，〈保育〉が保育者にとってどのような経験となっているか，Schützの「直接体験・間接体験」の視点から考察を行う。

第1節　事例分析の総括

　各章において明らかになったことをまとめ，総括する。

第2章

①保育者は聴き手に伝えたくて，自分の保育の表現として齟齬を感じないことばを模索する。用いられるのは「促す」「見守る」などの抽象的な動詞，いわゆるジャーゴンではなく，ジャーゴンが包含する意味内容としての極めて具体的な動詞である。ジャーゴンを排すことが結果的に，保育行為を保育の主体の具体性でみつめ直すことになる。ともするとジャーゴンの羅列に終始する保育記録との対比において，語りは保育者が現象の具体性を退けずに保育行為を想起し，ことばに変換することをより容易に実現する。

②保育者が聴き手に理解させるために場面の流れや自身の保育行為の動機，現象の解釈について説明する。説明した内容は現象が成立した背景そのものであるため，保育者自身の背景の意識化と聴き手の理解が実現する。

③保育者と聴き手には，並ぶ関係と対面関係が認められた。横並びの心的状態は，対象および対象へのまなざしを共有しようとする聴き手の態度からなるもので，保育者は安心感をもって省察を開示できると思われる。並ぶ関係の安心感は次のことに繋がる。

1）保育者の自由意思で沈黙することをも根本的に許容しており，沈黙が表している保育者の心的状態や意味への研究者の関心を高め，沈黙にも積極的に意味付与する結果，より繊細な保育者の省察理解が期待できる。

2）完成度の高い文脈を呈していなくとも，主題を模索して逡巡するような省察も躊躇なく語ることができるため，そうした省察内容の意味や過程をも研究対象にできる。

3）ことばに表されていない，したがっておそらく言語的な省察に至っていない感情が，横並びの関係では伝わりやすい。省察から保育を理解しようとしている聴き手への安心感は，ことばの雄弁性だけでなく，身体の在りようをもリラックスさせ，保育者が意図していないかもしれない心情をも聴き手に感じとらせる。

沈黙，逡巡，身体の表しは，いずれも保育記録には記されない保育者の身の内に現実に生起している心情であり，無意味であるとは考えられない。語りは，これらを対象として掬いとれる方法であることが明らかとなった。

対面関係に移行すると，聴き手も積極的に自分の視点で保育者の省察に関与することが認められ，保育カンファレンス等と同様の議論の可能性が示唆された。

第3章

① 子ども同士の関係構築は，園生活の初期段階において他者と心地よさを共有できることが重要である。

② 入園間もない時期には，保育者が視界から消えることで子どもの繋合希求性が際立ち，心の安定を保てない子どももいる。そのような子どもに対し保育者は，子どもが自分のことを投錨点であると感じられるよう，所在や移動を明確に伝えておくなどの配慮をする。

③ 保育者は子どもの自己発揮が始まると見えない糸の存在を意識する。徐々に子どもとの「間」を広げるための「間合い」を調整する。

④ 保育中に行った子どもについての解釈は省察で意識化され，保育者の内面に過去把持され堆積する。

⑤ 保育行為は，知覚的判断に基づくものと感覚的察知に基づくものがある。後者は堆積している過去把持が現象に触発され行為化するものである。したがって思いつきや場当たり的な行為とは，行為化に至る過程が異なる。'ふと気づいたら相呼応する間柄になっていた'という関係創出は，日常的なあらゆるかかわり行為に教育的配慮が滲んでいる保育者の在りようによって体現される生活による教育といって過言ではない。

⑥ 子どもも保育者の行為や配慮を解釈し，保育者理解を過去把持している。特に保育者の他者とのかかわり方をモデルとして過去把持し，自身の行為に反映させる。また見えない糸の長さも，子どもが保育者の「間」と「間合い」をモデルに調整できるようになる。

第4章

人が行為の主体であるための二重の選択を，徐々に子ども自身の判断で行えるようにすることが〈保育〉の基本的精神であるが，

① 保育者が参加動機をもつことで子どもの目的動機が成立するあそび，子どもの独力ではできないあそびが，幼い時期にはある。その場合保育者はも

主体的にあそびに参加し，選択肢を提示して子どもが自分で選んであそんだ達成感，充実感を味わえるようにする。

②子どもの行為選択がより多くの選択肢からなされるよう，保育者は（環境構成を通じて）配慮する。もしくは（提案・参加によって）援助する。

③子どもの主体性を尊重する保育は，第一義的に，あそびが生まれる段階で子どもが自分の意思で好きなあそびを選び，取り組む園生活を励ます。そのような保育者の在りようが'ふと気づいたら好きなあそびに夢中になっていた'という子どもの実感と共に，好きなあそびに取り組む生活による教育を実現しているといえる。

第5章

①保育当日の省察と翌日の省察には保育者のパースペクティヴに相違が認められた。保育当日は当事者パースペクティヴと客観的パースペクティヴの往復で，翌日は客観的パースペクティヴによる省察が多い。前者において主観の分析的自覚が高まり，後者において保育の文脈が形成される。

②一つの現象をめぐって継続的に省察を行うことで，保育当日と翌日の区別なく客観的パースペクティヴによる省察が多くなる。

③当事者パースペクイティヴで省察される主な内容は，以下の二通り認められた。

　1）保育中に行った子どもの行為を解釈する。

　2）保育行為の目的動機を想起する。

　3）保育者の目的動機は，子どもの解釈としての目的動機と子どもに対する願いとしての目的動機がある。これらは保育中の保育者のベクトルが外を向いているか自分の内面に向いているかを表している。

③客観的パースペクティヴで省察される内容は，以下の四つが認められた。

　1）過去把持が統合され，保育行為の理由動機が発見される。

　2）行為に先立ち保持している理由動機が，現象の想起に触発され自己確

認される
3）他者の客観的パースペクティヴに触発され，理由動機が発見される。
4）構成された理由動機は保育者の内面に過去把持され，その後の保育行為の目的動機としてはたらく場合もある。理由動機が意識化されるだけで終わらず，目的動機として行為に反映するのは，保育者の自覚的な職責意識によると考えられる。

第6章
①保育者は今日の保育の反省から具体的な行為レベルの保育課題を抽出し，未来の保育に企図する。または過去把持してきた子ども理解を統合して保育課題を抽出し，未来の保育における目的動機を抱く。
②保育者が省察において同定した企図および目的動機は，翌日の保育で即保育行為として実行されるとは限らない。子どもの主体性を尊重する保育は，その日のあそびの内容は，基本的に子どもの目的動機によるからである。したがって子どもにとっての好機と判断されるまでは，企図および目的動機は保育者の内面に過去把持されることになる。
本研究は以上の知見を得た。

総括
　保育者の省察内容は同じ現象について次第に客観化する。保育当日の省察は当事者パースペクティヴと客観的パースペクティヴを往復し，翌日には客観的パースペクティヴでの省察が増す。保育当日の往復運動において主観の分析的自覚が高まることで，パースペクティヴを後退させて俯瞰する，つまり脱自して眺める立ち位置に移動するのである。また，保育当日に当事者パースペクティヴで保育中に見据えていた自身の目的動機が意識化されたが，これには子どもをみて描いた目的動機と，自分の身の内から発した願いとしての目的動機が見出された。前者は外へ，後者は身の内へベクトルが向いて

いる。これは，保育中にも保育者のパースペクティヴの移動がなされていることを示しているだろう。また，一つの現象をめぐって省察を継続すると，次第に保育当日と翌日のパースペクティヴの差異がなくなり，どちらも客観的パースペクティヴによって省察されるようになる。このように，省察の継続は保育者のパースペクティヴを客観化すると共に，現象をめぐる文脈を形成する。

客観的パースペクティヴにおける保育者は，自分の在りようをみつめ直す省察も経験し，翌日あるいは翌日以降の未来に意識が向かう。好機を待つこと，しかもあくまで子どもの経験にとっての最適さという基準で判断される好機であるところが，子どもの主体性を尊重する保育の最大の特質であると考える。保育者が自分の目的動機実現を優先し，子どもの姿による判断を経ずに企図するわけではないのである。

翌日の省察内容に顕れた理由動機は，長い保育の経過を唐突に文脈化し背景を描けるものではないことを示唆している。【事例5-4b】でN保育者が，アリ研究所が成り立った経緯をKに説明しているのは，最終的には子どもの群れをつくりたいという自分の保育観に照らしながら保育行為を選んでいることがKに理解される内容であり，子どもが群れるという視点からみたT男の成長を文脈化したものである。この文脈が形成されたのは，N保育者が日々，今日のあそびを丁寧に見つめ解釈し，願いとしての目的動機をもって丁寧にかかわり，子どもの行為の意味と自分の保育行為の目的動機を省察し過去把持してきた積み重ねの暫定的な結果である。保育者の省察は時間の経過と共に流れ去ってしまう記憶から，自身の視点で意味を追究したい現象を取り出して対象化する行為でもある。対象化される現象の生起には，保育者の微細な配慮が埋め込まれており，保育者は子どもについての解釈と自身の目的動機を縒り合わせて意味ある文脈を形成していくのである。その場で意味が納得できたにせよ，'どうもよくわからない'ままになったにせよ，意味を見出そうと省察した内容は保育者の意識に過去把持され，その後の保育

終章 直接体験と間接体験の往還としての保育と省察 215

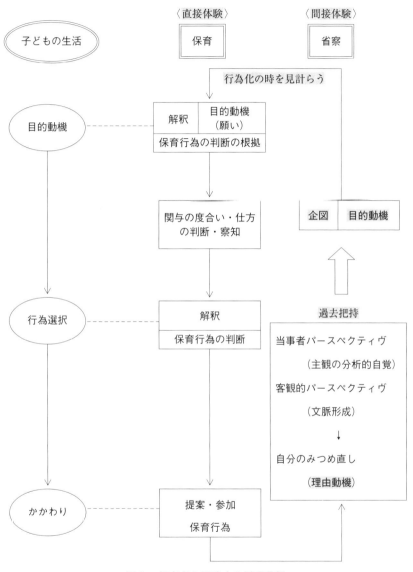

図2 保育者の経験する循環過程

と省察に作用する。

　以上のような，保育者の経験としての循環過程を図2に示した。

　本研究は，保育者の経験という視点を保育研究に投じ，保育者の経験する循環過程に定位して保育と省察の内実を解明したこと，および，従来経験則でしかとらえられてこなかった保育者の省察の在りようを解明したことで，保育研究としての新たな知見を提示できた。

第2節　子どもの主体性を尊重する保育における保育者の経験

　本研究は保育者の経験としての保育と事後の省察を対象とした。保育者は保育の場において，具体的な子どもとの直接的な関係を経験する。生活を共にするという在り方は，その在り方によって生起する様々な現象を含めて，子どもと保育者相互にとって時間的にも空間的にも無媒介な直接性を呈している。こうした関係を，Schützは「われわれ関係」と呼ぶ。本研究は，われわれ関係が保育者によって，保育を終えた省察時に異なるパースペクティヴで経験し直されることを辿ってきたのである。

　ここで改めて，Schützの「直接体験」の観点から子どもの主体性を尊重する保育の成り立ちと意義を，また「間接体験」の観点から保育の主体として保育者が省察することの意義を考察する。〈保育〉は子どもを保育する直接体験と，その体験の過程に散らばっている意味を掬い上げ考究する間接体験としての省察が連動して成り立っていることを確認したい。

1．保育者の直接体験としての保育

　保育者の繊細な配慮は子どもの行為に取り込まれていく。そのため，子どもの姿は自ずと保育者の居方，生き方を反映した姿として在る。子どもの行為（あそび）も選択は基本的に子どもが行うものの，展開の過程には保育者の意思ある提案やアドバイスが組み込まれているわけで，そのあそびは純粋

な子ども独りの経験というよりは子どもと保育者の'われわれの経験'として共通の時空間に成立している。われわれの経験において保育者は，願いとしての目的動機を見据えて子どもとかかわっている。実現したい未来の状態を見据えて行為しているのである。もちろん保育者の独断決行の過程にはならない。あくまでも，子どもの選択を最大限尊重し実現にむけた手助けを行うという〈保育〉の枠組みにおいて，保育者の目的動機は追求される。

　観察者には何気なく取り交わされているように見えるやりとりの一つひとつにおいて保育者は，子どもの主体的な選択と自身の願いをつき合わせ整合させようとする，行為のさなかにおける思索を巡らしている。保育者がなぜ子どもの選択にこだわるかといえば，幼児期を生きている子どもには，何をするかを自ら選択し，自分の意思で自分を動かすことにより実現の過程を形成していいこと，そのような生き方が社会で認められていること，身近で親密な大人に助けを求めていいこと，その人の助けを得てより充実した目当ての実現が可能になること等を，現社会に生きる一個の人間として学ぶ経験が必要であるという保育観に依拠しているからであろう。だから保育者は，必要な時に子どもが頼れる存在で在ろうとする。

　子どもの選択した行為が目的動機の実現になるように，子どもの試行錯誤に役に立つ存在で在るべく，保育者は必要な時には子どもの投錨点になる。子どもの自己充実が自分独りの存在感のみを基盤として遂行できないという，人間の本質にかかわる必要に応じているのである。

　保育者とは，自分にも善意に基づく目的動機や企図があるにもかかわらず，それらが子どもにとって必要な経験をもたらすのかという視点で，常に自問しコントロールしながら行為化する仕方で，子どもの主体性と自身の主体性の接面を生きる者である。子どもの目的動機を基点とする保育は，子どもの生活の自然性を損なうことなく'ふと気づいたら相呼応する間柄になっていた''ふと気づいたら好きなあそびに夢中になっていた'状態を実現し，そこに違和感なく教育を持ち込む保育者の在りようを基盤としている。子ども

との接面をわれわれ関係として保ち続けることは，保育者が子どもとの対話を放棄しない在りようである。省察を独りよがりにしないで，省察したことを子どもとの対話，現象としては日常の直接的な相互作用において確認しようとする姿勢がある。すなわち保育という直接体験は，保育者にとって子どもとの対話であるといえる。

2．保育者の間接体験としての省察

保育が保育者にとって直接体験であることは，実際には直接性が減じることで際立つ。事後の省察において保育者は，もう保育の当事者ではあり得ない。保育の現象が保育者にとっての直接性を減じるのは，保育者の意識としては省察の時空間である。省察が保育者にとって間接体験であるということは，保育者が子どもとの直接的な相互作用の実感の豊かさを減じてもなお，子どもとの対話から退かない姿勢を保持していることを意味するだろう。

> 対面状況以外での体験の直接性の漸次的移行は，私がそれによって他者を把握する兆候の豊かさの減少と，私が他者を体験するパースペクティヴの漸次的な狭隘化によって特徴づけられる。　　　　　　　　　　　　　(Schütz, 1976, p. 64)

Schützが述べる「私が他者を体験するパースペクティヴの漸次的な狭隘化」とはまさに，パースペクティヴの当事者性から客観性への移行であるといえよう。保育の場に生起した様々な現象を振り返る時，その現在性において現象はすべて過去になる。特定の現象と省察時の保育者の繋がりは，現象以降の循環過程を挟んで直接性が薄れていく。「兆候の豊かさの減少」である。

保育のさなかで保育者は，全方位的に環境とりわけ子どもとの相互作用を生きている。「兆候の豊かさ」を生きていたのである。したがって当事者パースペクティヴで省察する保育者は，保育における'あれこれ'の現象を拾って意味を探求することになる。'あれこれ'の現象に意識を向け返し，「兆

候の豊かさ」を改めて生き直しているといえるだろう．そうした省察内容が過去把持され，客観的パースペクティヴで統合されていく．'あれこれ'の豊かさを一つの豊かさに，しかも他ならぬ'私の保育'の文脈として一本化するために，保育者のパースペクティヴは狭溢化するのである．直接体験の主体という立ち位置では'あれこれ'のさなかに居続けることになるから，立ち位置を移動して振り返る必要があるのである．一つの主題に関する省察の視点が漸次客観的パースペクティヴへ移動しているのは，保育者が繰り返し想起するうちに現象をみる眼が他者性を帯びるからではないだろうか．「兆候の豊かさ」が当事者性そのものであるならば，その減少は当事者性の希薄化，すなわち保育の当事者である保育者が，現象に対して他者性を帯びた眼をもつことを意味することになる．他者性を帯びた自分に変容して省察を続ける保育者という観点で本研究を振り返ると，Schützが記述した「変様」のリアリティが理解できる．Schützの記述はまるで保育者の，省察している現在の現在性においてみえてくる過去化した保育場面での子どもとの関係性について述べているかのようである．長いが引用する．

　　その相手が私の前から立ち去った場合には，その相手についての私の体験はたちどころに変様してしまう．私は，彼が彼自身のいずれかのここといまにいることを知っており，また彼のいまは私のいまと同時代であることを知っている．だが私は，彼のいまに関与してはいないし，彼のここを共有してもいない．私はまた，彼が私の前を立ち去った後も時を経ていることを知っている．さらに私は反省の目を向けることによって，彼が体験を積み重ね新たな状況に直面するごとに，厳密にいえば以前とは違った人になっているということをも知るようになる．だが私は，型にはまった日常生活のなかではそうしたことのすべてを考慮に入れない．私は，彼について抱いている親しい人という心像をもち続ける．私はその人が，前から知っている通りのひとであることを自明視している．私は，自分の知識の集積のなかの，その人に関して自らが対面状況のなかで作りあげた部分を，さらなる気づきが生じるまでは，すなわちそれに反する情報を手にするまでは，不変のものと考える．とはいえ，そこで手にした情報は，共在者としての私ではなく，単なる同時代者としての私が方向づけられているひとりの同時代者に関する情報

である。もちろんその同時代者は，私が以前，直接的に体験した人ではある。すなわち彼は，いまも単なる同時代者であり，これまでも常にそうであった他の人たちにくらべれば，私が，かつてのわれわれ関係という共有し合った体験のなかで，より個別的な彼に関する知識を獲得している，そうした同時代者なのである。

(Schütz, 1976, pp. 65-66)

　保育者が子どもとのわれわれ関係を生きていることは，子どもの選択を可能な限り生かしてあそびを成立させようとする保育行為の選択の方向性，「間」と「間合い」をはかる細やかさ精妙さによって知ることができる。子どもとのわれわれ関係を生きている保育中の保育者は，見えない糸で繋がった極めて身体性の濃厚な関係性において子どもに関する個別的な知識を獲得していることになる。しかしこの点について本研究は，子どもの行為の目的動機に関する解釈以上のものを見出すことができなかった。子どもの目的動機の解釈は当事者パースペクティヴに立つ省察の中で体感的に保育者の身の内に引き戻され，意識化される。あの時私は子どものどのような姿，状態を実現したくてあの行為を選択したのかと，自らが行った過去の保育行為の根拠を巡り省察は開始されるのである。保育者は上記の Schütz が「それに反する情報を手にするまでは，不変のものと考える」と述べているようには，自身の行為選択の妥当性に楽観的ではない。

　保育行為の根拠は子どもの行為についての保育中の解釈と保育行為の目的動機であり，保育者はそれらを意識化し過去把持していく。過去把持は意味ある統合によって，文脈としての子ども理解を形成する。保育者の経験において保育と省察はそれぞれ独立しているわけではなく，全体として循環過程をなす二つの局面である。この二つの局面を連続的に生きて循環を呈することは，時間的境界の繋ぎがあることを意味するだろう。この境界を繋いでいるのが企図と目的動機である。このように，保育―省察―さらなる保育という一続きの過程が循環を呈すのは，保育と省察の連続を過去把持が，省察と保育を企図と目的動機が縫合しているからである。過去把持が機能しなければ

保育の現象は短期記憶の範疇でしか保育者の省察対象とはならないし，子ども理解も行為の単発的な解釈に留まるだろう。また企図と目的動機が機能しなければ，省察は未来の保育で子どもに還元されることがなく，保育と省察の連続は循環過程にはならない。

保育における直接体験と省察による間接体験を不断に往還する営みは，間接体験の位相で形成した子ども理解を絶対的な枠組みであるかのように過信すると，功利的な保育に陥ってしまう。一旦形成した子ども理解は遵守すべき法ではなくて，再び子どもと出会い直す時のための保育者の態度の暫定基準に近いと考えるべきであろう。省察において形成した保育者の理解は，子どもが保育者にとって「厳密にいえば以前とは違った人になっている」時に形成したものだからである。保育者の理解の妥当性は再び出会い直した時の子どもの姿に確認されるのであり，省察によって暫定的に意思決定された態度や保育行為は子どもにとって最善と思われる経験に還元できるよう，好機が待たれるのである。

保育者は子どもの成長発達に貢献する職業を選択した者であり，子どもが降園した後も，間接的な子どもとの関係を生き続ける。多くの人間の意思と選択が交叉する保育の場で生起した現象が，自分にとって，'私の保育'にとってどのような位置を占め，どのような意味をもつかを反芻するのである。それは単に子どもとの対話が間接性を高めるだけのことではなく，保育者が自分との対話を行い，子どもとの関係における自分の変容を受け入れる行為でもある。したがって翌日の保育で子どもと出会い直す時点で，保育者もまた新たな姿になっている。

3．結論―〈保育〉の対話性を生きる保育者―

〈保育〉は日常を積み重ねるプロセスであり，保育者の経験という視点からみると直接体験としての保育と間接体験としての省察の循環過程である。混沌ともいえる保育の場で生起する現象は，保育者にとって子どもとのかか

わりのリアリティそのものであるのだが，そこで下した判断や察知によって顕現させた保育行為は，体験の直接性ゆえに二度と繰り返されることがない。けれども保育者はその職責において保育の現象を自らの意識に繋ぎ止め，その意味を省察することによって保育の質を高めようとする存在である。直接性の減じた保育後の省察は，保育の現象を改めて見つめ直し間接的に追体験するところから始められる。今日の保育について反省すること，これまでに過去把持してきた理解を文脈化することは，保育者の間接体験としてどちらも未来の直接体験に企図される。このように，直接体験としての保育と間接体験としての省察が連動する両輪となって，〈保育〉は成立しているのである。

　子どもの主体性を尊重すべく子どもの目的動機を生かす保育行為は，数値では計測しようのない保育者の内面の価値，身体感覚，思索とそれらの整合によって顕現する。子どもとの有言または無言の折衝によって行為レベルの現象は生起するのである。保育者は直接体験の位相で子どもとの対話を経験する。間接体験の位相では，子どもとの対話の生き直しをとおして自分と対話する。その目的は直接体験における現象を‘私の保育’にし，子どものさらなる主体性を育む保育を実現すべく未来の保育への目的動機，企図を構成することにある。間接体験における自分との対話は，保育者にとって自分の変容を受け入れ，次の直接体験に先立ち新たな自分を用意する行為であるといえる。

　さらに保育を聴き手に語る行為は，文字どおり他者との対話であるに留まらない。計測しようのない要素を独りよがりな文脈に帰せず，他者に開示することで常に修正の可能性を受け入れるため，保育者は保育を語るのであるといえるだろう。語りによる省察は子ども・自分・他者との対話に身を晒す‘私の保育’の追究方法であり，それは，自分らしさの維持でなく子どもの育ちへの還元を期してなされる保育者特有の営みである。

さらなる研究課題

1．語りの身体性について

　保育記録は読者が広いため，誰にでも保育記録を手がかりに保育者の理解の在りようを知ることができるのが利点である。だから保育記録は広く研究の資料として用いられている。けれども保育記録は読者を限定できない。他方語りは特定の聴き手に向けて発せられることが特徴であるため，保育者と聴き手の関係性が語りの内実を左右することになる（第2章）。このことは語りによる省察内容の収集が不確実であることを意味するものの，関係性構築により，豊穣な内容の収集が可能であることも意味している。語りは宛先の明確なことばである。だから聴き手は保育者のことばの宛先として，並ぶ関係で保育者の視点に定位し，保育者の視座から保育を理解することができる。

　並ぶ関係とは，保育者と聴き手のわれわれ関係に等しい。われわれ関係が結ばれると，保育者の宛先明確なことばは口述言語の域に留まらなくなる（【事例2-4ab】）。沈黙への意味付与も，われわれ関係での語り－聴く行為の所産といえよう（【事例2-2】）。こうした語りであることによる身体性を帯びた省察については，まだまだ研究の余地が多分に残っている。保育者の語りに力があるのは，ことばが身体性を帯びているためであると考えるが，この問題については今後の課題とする。

2．本当に子どもが選択しているのではないという見方について

　岩田（2012）は述べている。あたかも「『ぼくが自分で選び取った』かのようにあらかじめ決められたゴールに誘導するという詐欺的な自主性，幻想的な主体」が創り出されているのは，「予定調和的な前提を隠し持つ」教師によってである，と（p.54）。子どもの選択がどこまで可能であるかという

本研究の立てた問い（第4章）は，こうした見方に対する反証には至らなかった。教育的意図のもとに誘導することは，実際に多々行われることであるし，またそれを完全に否定してしまうと教育が成り立たなくなってしまうだろう。けれども教育的誘導を明確に視野に入れた上で，果たして子どもの主体性といえるだけの選択が行われているのかを検討し，さらに主体性についての考察を深める必要はある。この問題も今後の課題とする。

注

1) 1989年度版幼稚園教育要領の改訂に尽力した者の一人である柴崎（1997）は，その後の1990年度版幼稚園教育要領の告示時点で当時を振り返り，幼稚園教育要領の明示した「骨格がどのような保育実践によって展開されていけばよいのかという具体的な保育のイメージになると，まだ十分に共通理解がなされていないのが実情である」(p.23) と記している。またさらに柴崎は，「保育は幼児理解，指導計画の作成，環境の構成と援助，評価と修正という過程に沿って進められていくことは，だいたい共通理解が図られつつあるといえる。だが，それぞれの過程を実際にどう取り組めばよいかという具体論になると，指導資料が刊行されているにもかかわらず，大きな差や違いがみられる」(pp.23-24) と続けている。この記述は，子どもの主体性を尊重する保育が，保育者の意識の転換だけで実践できるものではない複雑さを求めていることを端的に表しているだろう。
2) Pan-Do-Seeとは本来ビジネス用語である。「plan（計画）」「Do（実行）」「See（統制）」という繰り返されるマネージメントサイクルを意味している。さらに各個人の仕事のマネージメントに踏み込んで「plan（計画）」「Do（実行）」「check（点検・評価）」「action（処置・改善）」とするPDCAサイクルも提唱されていて，こちらは反省点を踏まえた改善を強調する用語となっている。アメリカでPlan-Do-Seeを大学の評価に導入した例があることから，日本でも教育評価の概念として援用されているものである。
3) 河邊（2008）は保育場面の「全体を俯瞰しつつ，一つ一つの遊びの状態を捉える眼差し」(pp.110-111) として「空間俯瞰的眼差し」の持続が子どものあそびの自立性および持続性を高めると述べている。河邊の展開する論は，子どものあそびの自立性と持続性を高めることの価値を強調するものである。
4) Schütz, A (1899-1959) は，ウィーンで生まれたアメリカの社会学者・哲学者である。日常生活や生活世界に着目し，現象学的社会学の基礎を築くと同時に，エスノメソドロジーにも開眼した。本研究で援用している「過去把持」「企図」「目的動機」「理由動機」は，いずれもSchützが日常世界の解明に用いた説明概念である。これらの概念は過去から現在を経て未来に繋がる時間軸の中で，人間がいかなる営みをもって生活を展開しているかを端的に説明するために用いられている。
5) Schönは「行為の中の知（Knowing in action）」と「行為の中の省察（Reflecting in action）」を区別して論じている。前者は行為に埋め込まれ，往々にして行

為主体すら気づいていないルールと手続きに従って行為していることを指し，後者は行為しながら形成される理論的枠組みを指す。詳しくは D. Schön (1983) を参照されたい。

6) 田代は「成り込み」という語を用いてはいないが，指していることは鯨岡 (1997) が「相手の『そこ』に気持ちが引き込まれ」る意で用いた「成り込み」(p.104) と同義であると思われる。鯨岡は単に感情を移入するのではなく，「自己を相手に移入」し，「相手の立場が生きられる」とも説明している。田代の述べる「こどもの行為そのものを自分が行うとしたらという直接的な投企ではないが，こどもの行為を大人の自分に置きかえるとどのような行為になるのかを想定」することは，まさに保育者が省察において子どもの立場を生きることに当たるであろう。

7) たとえば谷川夏実 (2013) は新任保育者を対象に保育上の問題状況を保育者がどのようにとらえ，変容していくかを追うため，保育者の語りから省察内容の分析を行った。また香曽我部 (2013) は保育者が「自分や他者に対する見方を大きく転換させ，時には世界を全く異なった視点から見ることができるようになる (杉浦, 2004, pp.1-12)」転機の要因や転機における変容をとらえるため，保育者の語りを研究方法とした。現状として語りは，保育者の時間軸上の変容を明らかにするプロセスへのアプローチに適した方法として用いられている。

8) 保育者を対象とした現職研究会は昭和45年に始められ，お茶の水女子大学内で昭和53年まで継続的に行われた。当時の同大学教官であった津守真，本田和子らが中心となって，現職者のグループをつくり，事例検討会が行われたものである。現在の保育カンファレンスなど園内で行われる研究会の基本精神ともいえる，現職保育者は学び続けるという保育者像を体現する集団の礎と位置づけることもできる，当時としては画期的な会であったと考えられる。当研究会については田代・小林 (2000, 2001, 2002) によって当時の資料の価値が継続的に検討されているので，詳しくはそちらを参照されたい。

9) 榎沢 (2004) は『生きられる保育空間』において，子どもと保育者が保育の場でいかに生きることができるかを考究している。生きる主体にとっての空間の意味，空間における生きよう，そこで織りなされる人間同士の関係性が詳らかにされている。

なお，本論文の各章は，既に発表してきた以下の論文を基に加筆・修正し執筆したものである。

第3章　省察の表現としての語り－事例分析の経過①－
吉村香（守隨香）・吉岡晶子（2008）語りの場における保育者と研究者の関係－保育臨床の視点から－．保育学研究．46-2．12-21．日本保育学会
吉村香（守隨香）（2012）保育者の語りに表現される省察の質．保育学研究．50-2．64-74．日本保育学会

第4章　人間関係の創出性から保育を読み解く試み－事例分析の経過②－
吉村香（守隨香）・田中三保子・柴崎正行（2000）保育における人間関係創出過程－「間」と「間合い」に着目して－．保育学研究．38-1．36-44．日本保育学会

第5章　子どもの目的動機の尊重から保育を読み解く試み－事例分析の経渦③－
吉村香（守隨香）・吉岡晶子・柴崎正行（2001）保育における子どもの主体性と保育者の環境構成－選択の構造をめぐって－．乳幼児教育学研究．10．21-31．日本乳幼児教育学会

第6章　省察におけるパースペクティヴの移動に伴う保育者の経験－事例分析の経過④－
吉村香（守隨香）・吉岡晶子・岩上節子・田代和美（1997）保育者の成長における実践と成長．保育学研究．35-2．日本保育学会

第7章　省察における未来の保育の構想と企図－事例分析の経過⑤－
吉村香（守隨香）・吉岡晶子・尾形節子・上坂元絵里・田代和美（1998）保育者の実態把握における実践構想プロセスの質的検討．乳幼児教育学研究．7．55-65．日本乳幼児教育学会

引 用 文 献

赤池一将（1998）犯罪学の基底構造—ラディカル・クリミノロジーを超えて．西原和久・張江洋直・井出裕久・佐野正彦（編著）．現象学的社会学は何を問うのか．290-322．勁草書房

安部富士男・中山昌樹・赤沼陽子・藤本吉伸（2011）子どもをどう理解するか—子どもから学んだことを手がかりに考える—．日本保育学会第64回大会発表論文集．127．日本保育学会

Bruner, J.（1990）Acts of Meaning. Harvard University Press. 岡本夏木他訳（1999）意味の復権—フォークサイコロジーに向けて—．ミネルヴァ書房

Cohen, M, Z.（2000）Hermeneutic Phenomenological Research. Sage. 大久保功子訳（2005）解釈学的現象学による看護研究．日本看護協会出版会

榎沢良彦（2004）生きられる保育空間．39，83-85，191-195．学文社

Flick, U.（1995）Qualitative Sozialforschung, 小田博志監訳（2011）質的研究入門．春秋社

Geertz（1973）吉田貞吾他訳（1987）文化の解釈学Ⅰ・Ⅱ．岩波書店

浜口順子（1983）保育における理解の発展過程—現象学的保育研究試論—．お茶の水女子大学大学院家政学研究科修士論文
　　ただし理論部分については以下に掲載
　　保育実践研究における省察的理解の過程．津守真・本田和子・松井とし・浜口順子（1999）人間現象としての保育研究（増補版）．155-191．光生館

浜口順子・佐治由美子・刑部育子（2008）保育者の資質向上をめざした保育現場と大学の共同研究（4）—観察授業におけるメール記録（iSD方式）の試行と課題—．日本保育学会第61回大会発表論文集．230．日本保育学会

浜田寿美男（1993）発達心理学再考のための序説．44，150．ミネルヴァ書房

Hammersley, M.（1992）What's wrong with Ethnography?. 50. London: Routledge

半井信義（1990）新しい指針の考え方．発達．42-11．1-6．ミネルヴァ書房

古金悦子・小林紀子（2012）保育者の成長を支える園内研修—育ち合う共感的理解の場①—．日本保育学会第65回大会発表論文集．523．日本保育学会

堀淳世（1997）幼稚園教諭が語る指導方法—経験年数による違い—．保育学研究．35-2．60-67．日本保育学会

井上眞理子（2012）保育者の力量形成―保育カンファレンスで「何を」省察するのか―．日本保育学会第65回大会発表論文集．332．日本保育学会

石野秀明（2011）幼児期後期の子どもの発達を見立てる―ある感じを土台に，発達連関図を地図に．発達．126-32．10-17．ミネルヴァ書房

磯部裕子（2007）保育という一つの物語―生活世界を語ることのアポリア．ナラティヴとしての保育学．5-6．萌文書林

伊藤哲司（2004）無藤隆，やまだようこ，南博文，麻生武，サトウタツヤ編．質的心理学．104．新曜社

入江礼子・上垣内伸子・小原敏郎・酒井幸子・白川佳子・内藤知美・守隨香（吉村香）（2013）保育者の保育観と保育実践における差異について―経験年数２-５年の保育者を中心として―．日本保育学会第66回大会国際シンポジウム．日本保育学会

入江礼子・友定啓子編　津守真（2013）保育の現在―学びの共と語る―．107-108．萌文書林

岩田純一（1990）関係としての発達．別冊発達．10．153-167．ミネルヴァ書房

岩田純一（2011）子どもの発達の理解から保育へ―〈個と共同性〉を育てるために―．94-98．ミネルヴァ書房

岩田健太郎（2012）主体性は教えられるか．54．筑摩選書

香曽我部（2013）保育者の転機の語りにおける自己形成プロセス―展望の形成とその形成に着目して―．保育学研究．51-1．117-130．日本保育学会

河邊貴子（1992）保育に生きる記録の在り方．保育研究．13-3．34

河邊貴子（2008）明日の保育の構想につながる記録のあり方．保育学研究．46-2．109-120．日本保育学会

川﨑徳子（2011）子どもへの近づき方を支える保育者の姿勢と省察について―「こころもち」を手がかりに―．日本保育学会第64回大会発表論文集．204．日本保育学会

川﨑徳子（2012）子どもへの近づき方を支える保育者の姿勢と省察について―その２―．日本保育学会第65回大会発表論文集．247．日本保育学会

金瑛珠（2001）「子ども理解」から「その子理解」へ．保育の実践と研究．6-2．2-13．スペース新社保育研究室

Kirk, J. L. and Miller, M.（1986）Reliability and Validity in Qualitative Research. Beverly Hills, CA: Sage.

Kleinman, A（1980）The illness Narratives: Suffering, Healing and the Human

Condition. 江口重幸他訳（1996）病いの語り―慢性の病いをめぐる臨床人類学―. 誠信書房

久保小枝子・松浦浩樹（2012）子どもの思いと保育者の意図―保育者の気づきと省察―. 日本保育学会第65回大会発表論文集. 248. 日本保育学会

久保寺節子（2007）保育者が熟達化していく過程について. 保育の実践と研究. 12-2. 43-50. スペース新社保育研究室

久保寺節子（2011）園内研修における対話を通した学び. 日本保育学会第64回大会発表論文集. 671. 日本保育学会

鯨岡峻（1997）原初的コミュニケーションの諸相. 87. ミネルヴァ書房

鯨岡峻（1998）両義性の発達心理学. ミネルヴァ書房

鯨岡峻（2006）ひとがひとをわかるということ. 19，202，211. ミネルヴァ書房

鯨岡峻・鯨岡和子（2007）保育のためのエピソード記述入門. ミネルヴァ書房

鯨岡峻（2010）保育・主体として育てる営み. ミネルヴァ書房

児玉理紗（2011）保育者の語れないもの―保育を語るということの内実を探る―. 日本保育学会第64回大会発表論文集. 351. 日本保育学会

森上史朗（2001）最近における発達観の変化と保育. 発達. 86-22. 2-8. ミネルヴァ書房

村石京（1992）子どもたちの育ちを見つめて―お茶の水女子大学附属幼稚園の生活から―. 184-185. フレーベル館

村上博文・源証香・汐見稔幸・松永静子（2012）エピソード記述をとりいれた園内研修の試み―保育者の語りと記述から―. 日本保育学会第65回大会発表論文集. 331. 日本保育学会

中野光（2005）解説にかえて. 竹沢清（2005）子どもが見えてくる実践の記録. 144-149. 全国障害者問題研究会出版部

中島寿子（2011）保育者の成長における振り返りの意味についての一考察（2）. 日本保育学会第64回大会発表論文集. 665. 日本保育学会

西原和久・張江洋直・井出裕久・佐野正彦編著（1998）現象学的社会学は何を問うのか. 勁草書房

能智正博（2006）〈語り〉と出会う―質的研究の新たな展開に向けて―. ミネルヴァ書房

小川博久編著（1988）保育実践に学ぶ. 214. 建帛社

小川博久（2000）保育援助論. 49，68. 生活ジャーナル

小川博久・中山昌樹・赤石元子・濱名裕・岩田遵子（2011）遊びの保育において保育

者の役割は,どうあるべきか.日本保育学会第64回大会発表論文集.142.日本保育学会

小原敏郎・入江礼子・上垣内伸子・酒井幸子・白川佳子・内藤知美・守隨香(吉村香)(2014)保育者の保育観に関する研究―保育経験年数,保育所・幼稚園の着目して―.保育士養成研究.57-66.全国保育士養成協議会.

大場幸夫(2007)こどもの傍らに在ることの意味.117.萌文書林.

楽学舎(2000)看護のための人間科学を求めて.ナカニシヤ出版

坂部恵(1990)かたり.弘文堂

佐木みどり(2005)保育における「子どもを見る」ことの考察.140-141.相川書房

佐藤智恵(2011)自己エスノグラフィーによる「保育性」の分析―『語られなかった』保育を枠組みとして―.保育学研究.49-1.40-50.日本保育学会

柴崎正行(1997)現行の幼稚園教育要領の改訂を振り返って.文部省幼稚園課内・幼稚園教育研究会編.幼児一人ひとりのよさと可能性を求めて.23-24.東洋館出版社

Schön, D. A (1983) The Reflective Practitioner. 佐藤学・秋田喜代美訳(2001)専門家の智恵―反省的実践家は行為しながら考える―.78-101.ゆみる出版

Schütz, A (1976) Collected papers Ⅱ: Studies in Social Theory, Martinus Nijhoff. 渡部光・那須壽・西原和久訳(1991)社会理論の研究.アルフレッド・シュッツ著作集第3巻.マルジュ社

Schütz, A (1976) Collected papers Ⅱ: Studies in Social Theory, Martinus Nijhoff. 渡部光・那須壽・西原和久訳(1998)現象学的哲学の研究.アルフレッド・シュッツ著作集第4巻.マルジュ社

Spradley, J. P (1980) Participant Observation. New York: Rinehart and Winston.

Steeves, R, H. (2000) Hermeneutic Phenomenological Research. Sage. 大久保功子訳(2005)解釈学的現象学による看護研究.日本看護協会出版会

Stubbs, M. (1980) Language and Literacy: The Socialinguistics of reading and writing. London: Routledge, Kegan, Paul. Michael White and David Epston (1990) Narrative Means to Therapeutic Ends. Dulwich Center Publications. 小森康永訳(1992)物語としての家族.金剛出版

杉浦健(2004)転機の心理学.1-12.ナカニシヤ出版

谷川夏実(2013)新任保育者の危機と専門的成長―省察のプロセスに着目して―.保育学研究.51-1.105-116.日本保育学会

田代和美・小林明子(2000)お茶の水女子大学幼児教育現職研究会に関する一考察.

お茶の水女子大学人文科学紀要．53．417-433．お茶の水女子大学
田代和美・小林明子（2001）お茶の水女子大学幼児教育現職研究会に関する一考察（２）．お茶の水女子大学人文科学紀要．54．291-302．お茶の水女子大学
田代和美・小林明子（2002）お茶の水女子大学幼児教育現職研究会に関する一考察（３）．お茶の水女子大学人文科学紀要．55．287-306．お茶の水女子大学
田代和美（2013）こどもと共に生きる在りようを問う視点からの省察についての一考察―A.シュッツの自己理解と他者理解についての論をふまえて―．日本家政学会誌．64-6．299-306．日本家政学会
津守真（1974）見えない糸．津守真・本田和子・松井とし・浜口順子（共著）人間現象としての保育研究（増補版）．光生館
津守実（1979）子ども学のはじまり．フレーベル館
津守真（1980）保育の体験と思索．大日本図書
津守真（1983）保育の一日．幼児の教育．82-2．48-55．フレーベル館
津守真（1987）子どもの世界をどうみるか―行為とその意味―．NHK ブックス．134，153
津守真（1997）保育者の地平―私的体験から普遍に向けて．ミネルヴァ書房．96，294
津守真（2013）津守真講演集　保育の現在―学びの友と語る．萌文書林
戸田雅美（1999）保育行為の判断の根拠としての『価値』の検討―園内研究会の議論の事例を手がかりに―．保育学研究．37-2．55-62．日本保育学会
戸田雅美（2008）保育行為の連携をめぐる問題の構造．保育学研究．46-2．65-75．日本保育学会
植村朋弘（2011）幼稚園のチーム保育における協働活動の連携と省察に関する研究．日本保育学会第64回大会発表論文集．109．日本保育学会
上田敏丈（2011）ティーチング・スタイルを視点とした保育者の語りに関する研究―TEMを用いた省察プロセスの分析―．日本保育学会第64回大会発表論文集．34．日本保育学会
渡邉保博（2008）意図的活動重視の保育から"生活の充実感"をめざす保育へ―ある公立保育園における異年齢保育の展開を手がかりに―．保育学研究．46-1．71-80．日本保育学会
やまだようこ（2007）質的研究における対話的モデル構成法．質的心理学研究．6．174-194．新曜社
山口一郎（2002）現象学ことはじめ．日本評論社

山内紀幸（2007）保育ジャーゴンの研究―社会文脈実践家としての保育者―．磯部裕子・山内紀幸（2007）ナラティヴとしての保育学．192-222．萌文書林

山内紀幸（2007）「学びの評価言語」試論―「保育指導案ジャーゴン」の解体―．磯部裕子・山内紀幸（2007）ナラティヴとしての保育学．223-249．萌文書林

安田裕子（2005）不妊という経験を通じた自己の問い直し過程―治療では子どもが授からなかった当事者の選択岐路から―．質的心理学研究．4．201-226．新曜社

あ と が き

　保育者が省察を語るのを聴きとる観察後の時間は，直接保育を観察しているのと異なる新たな保育場面の理解を聴き手にもたらす。おそらくその味わいは次の二つのことによってもたらされていただろう。一つは，保育者が自分の保育をことばに変換する内的な言語化作業のリアリティである。保育者は，「あの場面」をことばに変換するために，自身にとってしっくりと腑に落ちることばを求め，時に何度も言い直す。その言い直しも聴き手の耳に届く。「あの子が友だちをたたいちゃった，というより，あの子は自分でも思わず知らず，つい手が出てしまったのだろう」という省察は，聴き手に「ああこの保育者はそう感じ取りながら，あのようにかかわっていたのか」と，保育者の形づくっていく輪郭に添った場面理解と，それとは別な聴き手固有の新たな理解を拓く。真実がどちらの意味づけに近かったのかは，その場で子どもに尋ねなければわからないものの，この保育者にとってそのような経験であったには違いない。二つ目は，省察の文脈の明瞭化である。この保育者の関心事や一個の人間として大切にしている核のようなものが共通理解できるようになっていく手応えと言ってもよい。保育者の語りを傾聴する経験は，聴き手となった筆者にとって，この保育者が保育中にいかなる知性と感覚をはたらかせながら保育の場を生きたかを知る経験であったと同時に，この保育者との通じ合うことばの獲得過程でもあった。

　子どもの成長発達は，彼らにとって重要な大人から得る安心感が拠り所となる。安心感を得ることがそれほどの重要事となる背景として，子どもの生活全般における他者との関係性に特定の問題が生じている現状を指摘することをもって，結論とする学問領域もある。けれども保育学はそうではない。保育者の職責は，そのような背景をもつ子どもに，とにかく安心感を保証で

きるよう生活の具体性においてかかわることから出発する。安心感の保証に努めながら，一人ひとりの子どもの成長発達がどのように実現されていくか，その道筋ごと自身の身に引き受けるように日々伴走する。あそびを通してその道筋を辿れていることを確かめながら，共に生活するのが保育者という生き方である。育ちの測定や環境の問題点の特定は，保育者にとって出発点の位置に過ぎない。

　また，安心感を保証され安定した子どもは，自分のやりたいあそびを見つけ，引き込まれていく。保育者は子どもが自分の関心の追究に専心できるよう，配慮を重ね，援助する。子どもの成長発達はこのように，他者と共に在ることによる安心感を基盤に，自己発揮する方向に進行するのであり，進行過程には保育者の存在と影響が刻印されている。子どもが生きて育つ現場に共に在るという意味で，保育はやはり臨床である。そして保育の主体である保育者が保育をどのように経験したかを問うこともまた，子どもの園生活に安定と進展をもたらすためになされるのだから，臨床に位置づく営みといえる。

　保育者とは直接間接に子どもを見守り続ける生き方のことであり，見守るとは目をかけ手をかけ心を配る不断の配慮に満ちた極めて具体的な営みである。

　なお，本書は千葉経済大学短期大学部の学術図書刊行助成を受けて出版するものである。関係各位に心より感謝申し上げる次第である。

謝　　辞

　保育の場に身を置くことに不慣れな大学院生時代より，園への出入りを受け入れ，私に場の一員となる在りようを育てて下さったC幼稚園の先生方と子どもたち，また，いつもやりたい放題を見逃し赦して下さるR幼稚園の先生方と子どもたちの，多大なご協力と心ある協働に感謝申し上げます。とりわけ，本稿執筆を励まし，熱意あるご指導を賜った田中三保子先生，吉岡晶子先生，上坂元絵里先生，高橋陽子先生，尾形（岩上）節子先生，田尻望先生，吉田麻友先生に感謝申し上げます。

　拙稿を丹念にお読みくださり，丁寧なご指導と寛容な審査をしてくださった柴崎正行先生，酒井朗先生，浜口順子先生に感謝申し上げます。論文作成の指導を賜りました萩原元昭先生，親身に手助けしていただきました入江礼子先生，吉川はる奈先生に感謝申し上げます。

　各章の研究過程で，丁寧にご指導いただいた無藤隆先生に感謝申し上げます。また，PC指導と手助けをして下さった磯村陸子先生，何度も原稿チェックをしてくださった松田清美先生に感謝申し上げます。

　20余年の年月を，公私にわたり指導教官で在り続けてくださった田代和美先生に，人の臨床性を身をもって教えていただいたことは学位に優る賜でした。拙稿を謹んで田代先生に献上いたします。

　　　　　　　　　　　　有難う存じました

　　　　　　　　　　　　　　　　　　　　　　守隨　香

著者紹介

守隨　香（しゅずい　かおり）

1999年3月　お茶の水女子大学大学院人間文化研究科人間発達学専攻　単位取得退学
1999年4月　東京家政大学家政学部児童学科助手
2003年4月　千葉経済大学短期大学部こども学科専任講師。2010年より准教授
2014年　　大妻女子大学にて博士（生活科学）取得
保育者の省察に関心があり，語りの聞き取りを方法とする研究を積み重ねてきた。

主要論文

吉村香（守隨香）保育者の専門性としての幼児理解―ある保育者の語りの事例から―，
　　乳幼児教育学研究，12，111-121，日本乳幼児教育学会，2003
吉村香（守隨香）保育者が語る子ども理解と援助―聴き手の視座から―，
　　保育の実践と研究，12-2，59-69，スペース新社保育研究室，2003
吉村香（守隨香）語りの場における保育者と研究者の関係―保育臨床の視点から―，
　　保育学研究，46-2，12-21，日本保育学会，2007
吉村香（守隨香）保育者の語りに顕れる省察の質，
　　保育学研究，50-2，64-73，日本保育学会，2014

語りによる保育者の省察論
―保育との関連をふまえて―

2015年5月15日　初版第1刷発行

　　　著　者　　守　隨　　　香
　　　発行者　　風　間　敬　子

発行所　　株式会社　風　間　書　房
　　〒101-0051　東京都千代田区神田神保町 1-34
　　　電話 03(3291)5729　FAX 03(3291)5757
　　　　　　振替 00110-5-1853

印刷　太平印刷社　　製本　井上製本所

©2015 Kaori Shuzui　　　　　　　NDC 分類：376.1
ISBN978-4-7599-2076-5　Printed in Japan
|JCOPY|〈(社)出版者著作権管理機構 委託出版物〉
本書の無断複製は，著作権法上での例外を除き禁じられています。複製される場合はそのつど事前に(社)出版者著作権管理機構（電話 03-3513-6969，FAX 03-3513-6979，e-mail: info@jcopy.or.jp）の許諾を得て下さい。